D1825385

INTERNATIONAL GCSE (9–1)

Spanish

for Edexcel International GCSE

Simon Barefoot
Tim Guilford
Mónica Morcillo Laiz
José Antonio García Sánchez
Mike Thacker
Tony Weston

SECOND EDITION

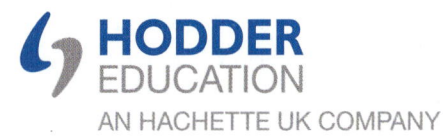

HODDER EDUCATION

AN HACHETTE UK COMPANY

In order to ensure that this resource offers high-quality support for the associated Pearson qualification, it has been through a review process by the awarding body. This process confirms that this resource fully covers the teaching and learning content of the specification or part of a specification at which it is aimed. It also confirms that it demonstrates an appropriate balance between the development of subject skills, knowledge and understanding, in addition to preparation for assessment.

Endorsement does not cover any guidance on assessment activities or processes (e.g. practice questions or advice on how to answer assessment questions), included in the resource nor does it prescribe any particular approach to the teaching or delivery of a related course.

While the publishers have made every attempt to ensure that advice on the qualification and its assessment is accurate, the official specification and associated assessment guidance materials are the only authoritative source of information and should always be referred to for definitive guidance.

Pearson examiners have not contributed to any sections in this resource relevant to examination papers for which they have responsibility.

Examiners will not use endorsed resources as a source of material for any assessment set by Pearson.

Endorsement of a resource does not mean that the resource is required to achieve this Pearson qualification, nor does it mean that it is the only suitable material available to support the qualification, and any resource lists produced by the awarding body shall include this and other appropriate resources.

The Publishers would like to thank the following for permission to reproduce copyright material.

Photo credits

p.96 José Antonio García Sanchez, p.188 Juan Manuel Serrano Arce/Getty Images, p.193 Clive Rose/Getty Images, all other photos © Fotolia.

Acknowledgements

Hodder Education would like to thank the following people:

Jackie Coe for her dedication as freelance Publisher
Charonne Prosser for her hard work as Development Editor
Emma Díaz Fernández for her invaluable role as Teacher Reviewer

Every effort has been made to trace all copyright holders, but if any have been inadvertently overlooked, the Publishers will be pleased to make the necessary arrangements at the first opportunity.

Although every effort has been made to ensure that website addresses are correct at time of going to press, Hodder Education cannot be held responsible for the content of any website mentioned in this book. It is sometimes possible to find a relocated web page by typing in the address of the home page for a website in the URL window of your browser.

Hachette UK's policy is to use papers that are natural, renewable and recyclable products and made from wood grown in well-managed forests and other controlled sources. The logging and manufacturing processes are expected to conform to the environmental regulations of the country of origin.

Orders: please contact Hachette UK Distribution, Hely Hutchinson Centre, Milton Road, Didcot, Oxfordshire, OX11 7HH. Telephone: (44) 01235 827827. Email education@hachette.co.uk Lines are open from 9 a.m. to 5 p.m., Monday to Friday. You can also order through our website: www.hoddereducation.com

ISBN: 978 1 5104 0334 5

© Simon Barefoot, Tim Guilford, Mónica Morcillo Laiz, José Antonio García Sánchez, Mike Thacker and Tony Weston

First published in 2013

This edition published in 2017 by
Hodder Education,
An Hachette UK Company
Carmelite House
50 Victoria Embankment
London EC4Y 0DZ

www.hoddereducation.com

Impression number   10 9 8 7

Year   2022

All rights reserved. Apart from any use permitted under UK copyright law, no part of this publication may be reproduced or transmitted in any form or by any means, electronic or mechanical, including photocopying and recording, or held within any information storage and retrieval system, without permission in writing from the publisher or under licence from the Copyright Licensing Agency Limited. Further details of such licences (for reprographic reproduction) may be obtained from the Copyright Licensing Agency Limited, www.cla.co.uk

Cover photo © PHB.cz (Richard Semik)/Shutterstock

Illustrations by Barking Dog

Typeset by Lorraine Inglis Design

Printed in Dubai

A catalogue record for this title is available from the British Library.

Contents

How to use this book

Structure of the book

The book is split into four parts: 1, 2, 3 and 4. Each part is broken down into units that cover topics on your course. Each unit is split into several spreads. Every spread has listening, reading, grammar, writing and/or speaking activities to help develop your skills. Below is an example of what you can find on each spread.

Listening material and exercises: engaging audio recordings with a variety of speakers help develop your comprehension and listening skills

Learning objectives: one linguistic objective and one grammar objective

Title of the spread

Phonics exercise: these help you practise your pronunciation

Level: *Embarque*, *Despegue* or *Vuelo*

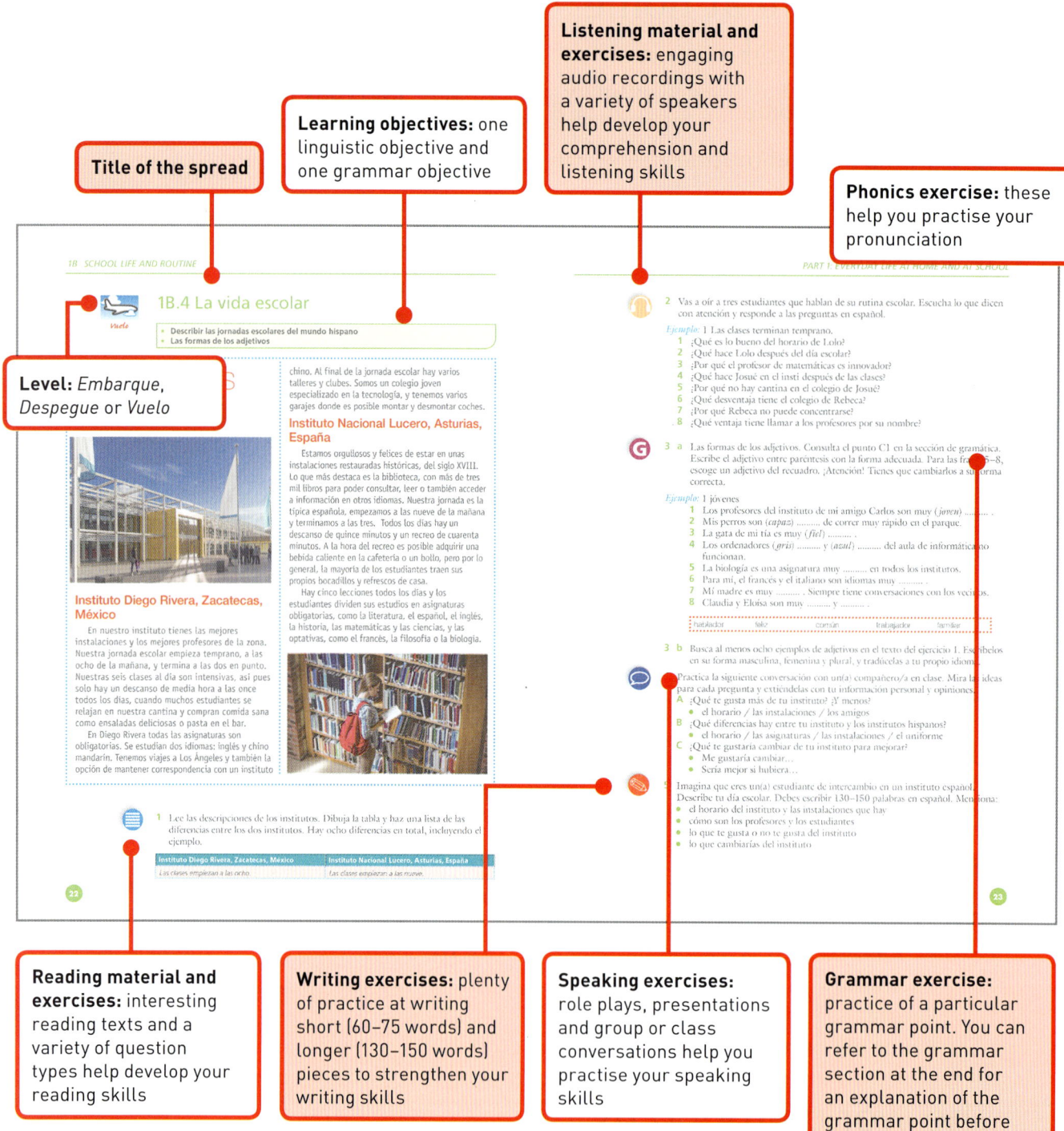

Reading material and exercises: interesting reading texts and a variety of question types help develop your reading skills

Writing exercises: plenty of practice at writing short (60–75 words) and longer (130–150 words) pieces to strengthen your writing skills

Speaking exercises: role plays, presentations and group or class conversations help you practise your speaking skills

Grammar exercise: practice of a particular grammar point. You can refer to the grammar section at the end for an explanation of the grammar point before trying the exercise.

At the end of each part, you will find the following:

- **Vocabulary** — four pages of key vocabulary for that area. (The words in italics in these lists are not part of the Edexcel minimum core vocabulary.)
- **Magazines** — four pages of magazine material. These introduce you to a Spanish speaking country or area with extra reading material and exercises to practise your skills.
- **Exam corners** — four or six pages that focus on a particular key skill you need to develop for your exam. These include exam-style tasks and suggested answers.

Differentiation

The three levels of difficulty in the book are indicated by an aeroplane icon along with the following terms: *Embarque*, *Despegue* and *Vuelo*.

Embarque

Embarque — these sections introduce you to the topic with simple reading or listening material and exercises.

Despegue

Despegue — the material in these sections is of medium difficulty.

Vuelo

Vuelo — these sections are for students who are aiming for top marks.

Grammar

- There are grammar exercises on every spread, covering all the grammar you need to know.
- There is a grammar reference section at the back of the book with explanations of all the grammar points in the book.
- Grammar exercises include a reference to the grammar section so that you can refer to this to help you complete the exercises.
- Examples of the grammar point in the exercise can be found in the reading or listening passage on the same spread.

Teacher material

Teacher material can be purchased either as a CD-ROM or as a Teaching & Learning resource as part of the online Dynamic Learning platform.

9781510403369 Edexcel International GCSE Spanish Teacher's CD-ROM
9781510403352 Edexcel International GCSE Spanish Teaching & Learning

The teacher material includes: teaching notes with extra activities, answers, transcripts, audio files, and answers to exam-style writing activities in the book along with sample answers and commentary.

El mundo hispanohablante

ESTADOS UNIDOS

OCÉANO ATLÁNTICO

MÉXICO

Ciudad de México ●

La Habana
CUBA

REPÚBLICA DOMINICANA

HAITI

PUERTO RICO
Santo
Domingo ● San Juán

Belmopan ●
BELICE

Ciudad de Guatemala ● GUATEMALA
HONDURAS

San Salvador ●

Managua

EL SALVADOR
NICARAGUA

Tegucigalpa ●

San José ●

COSTA RICA

PANAMÁ
Ciudad de Panamá

Caracas ●

VENEZUELA

● Bogotá

COLOMBIA

● Quito

ECUADOR

PERÚ

Lima ●

BRASIL

Brasilia ●

BOLIVIA
● La Paz

CHILE

PARAGUAY

● Asunción

OCÉANO PACÍFICO

ARGENTINA
URUGUAY

Santiago ●
Buenos Aires ● ● Montevideo

Clave
◼ Español como lengua oficial
◼ Español como lengua comúnmente usada

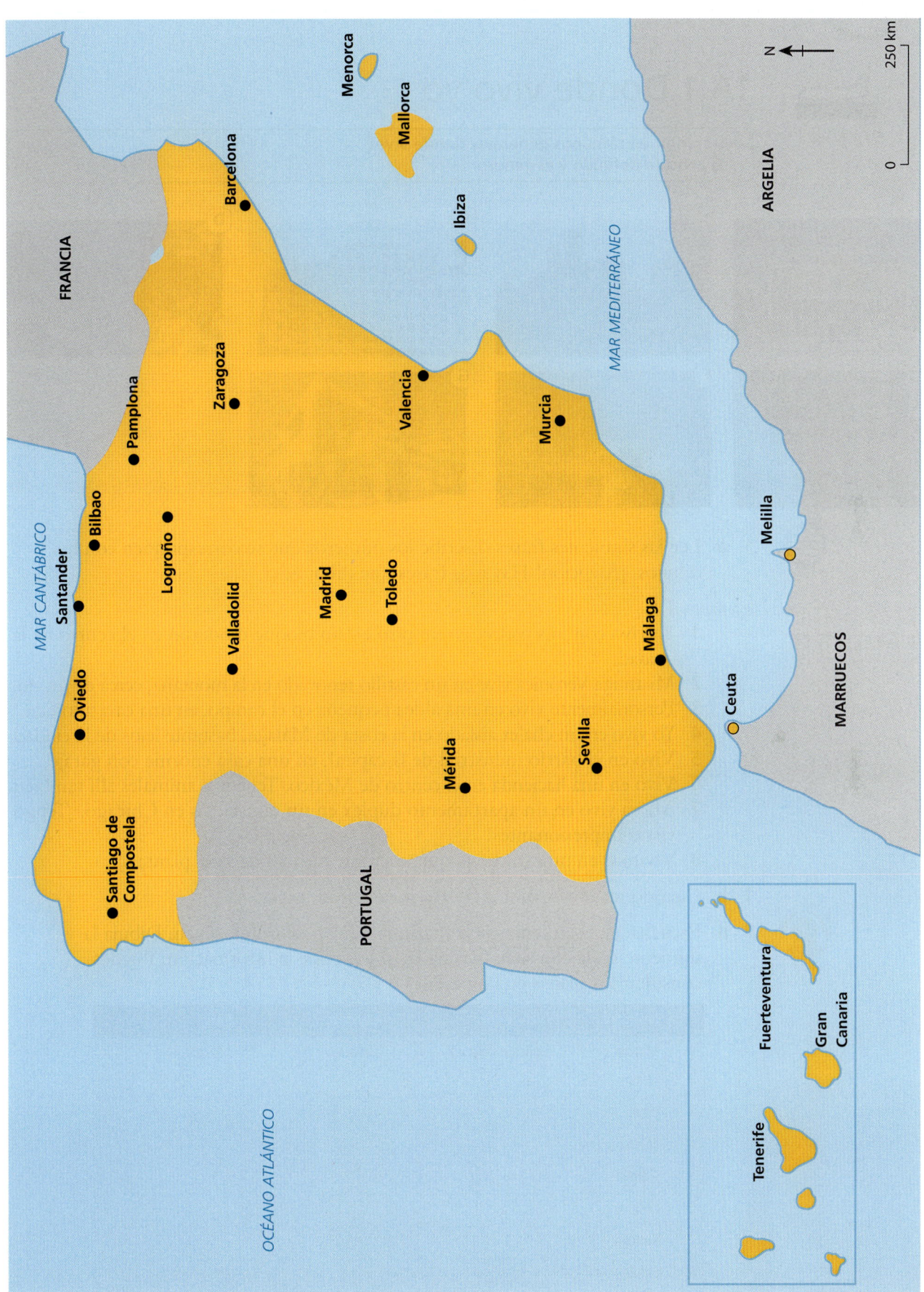

FRANCIA

MAR CANTÁBRICO

MAR MEDITERRÁNEO

ARGELIA

Menorca

Mallorca

Barcelona

Ibiza

Pamplona

Zaragoza

Valencia

Murcia

Santander

Bilbao

Logroño

Melilla

Oviedo

Valladolid

Madrid

Toledo

Málaga

Ceuta

MARRUECOS

Santiago de Compostela

Mérida

Sevilla

PORTUGAL

OCÉANO ATLÁNTICO

Tenerife

Fuerteventura

Gran Canaria

250 km

0

N

House and home

1A.1 Donde vivo yo

★ **Describir en términos generales donde vives**
★ **El artículo definido y el género**

 **A**
 **B**
 **C**
 **D**
 **E**
 **F**
 **G**

1 a Lee las siguientes frases. Escribe los números que se corresponden con los dibujos. ¡Atención! Hay más frases que dibujos.

Ejemplo: 1 C

1 Yo vivo con mis padres en un piso en un bloque moderno en el centro de la ciudad.
2 Mi amiga Verónica vive en un castillo renovado en la montaña, cerca de un río.
3 Personalmente vivo en una aldea pequeña en el campo, en una casa adosada.
4 Yo vivo en un chalet aislado en la costa de Málaga, bastante lejos de la ciudad.
5 Vivo en el barrio industrial de la capital, en una casa enorme con garaje.
6 Vivo en una hacienda en el centro de México. Tenemos animales allí también.
7 Ahora vivo en un apartamento dúplex en un rascacielos en Chicago. ¡Tengo vistas impresionantes!
8 Vivimos en un estudio pequeño en un edificio de siete plantas.

1 b Cuando termines, dibuja la casa para la frase extra.

2 a Escucha a las siguientes personas que hablan de donde viven. Dibuja la siguiente tabla con siete filas en total y escribe la información. Puedes consultar los mapas en las páginas 6 y 7.

	Nombre	Vivienda	Ciudad	País
1	Marina	casa moderna	Tijuana	México
2	Fabio			
3	Hiro			
4	Erika			
5	Camila			
6	Léo			
7	Sharon			
8	Linda			

2 b Después de escuchar, haz una lista con el vocabulario útil del ejercicio 2a, tradúcela a tu idioma nativo y apréndela. Añade más palabras útiles que sepas o puedas encontrar de la sección de vocabulario sobre casas y viviendas.

3 a Los artículos definidos y el género. Consulta el punto B1 en la sección de gramática. Completa las frases con los artículos (*el, la, los, las*) correctos.

Ejemplo: 1 *la*

1 En la actualidad, vivo en .... casa de mis padres con y mi hermano.
2 .... chalet donde vivo es muy grande y está en .... costa de Italia.
3 Sena vive en una cabaña en .... montaña, cerca de Verona.
4 .... casas adosadas no me gustan. Prefiero .... apartamentos.
5 .... palacio de .... reyes de España está en .... centro de Madrid.
6 En .... granja de mi tío Aurelio hay muchos animales.
7 Mi amiga Carmina vive en .... barrio más antiguo de Barcelona.
8 Mis amigas viven en .... casas más grandes de .... aldea.

3 b Ahora busca algunos ejemplos de artículos definidos en las frases del ejercicio 1. ¿Cuántos puedes encontrar?

4 a El sonido 'c' antes de la a, o, u. Escucha esta frase y separa las palabras. Repite la frase tres veces, tradúcela a tu propia lengua y apréndela de memoria.

CasualmenteCamiloviveenunacalleconcuatroamigosdeColombia

4 b Lee la frase en alto y díctala a tu compañero/a para que la escriba. Después tu compañero/a te la dicta a ti. ¿Quién tiene menos fallos?

5 Responde a las siguientes preguntas con un(a) compañero/a de clase. Usa la tabla a continuación para ayudarte en tus respuestas.
- ¿De qué país eres?
- ¿En qué ciudad / pueblo / aldea vives?
- ¿Dónde está exactamente?
- ¿En qué tipo de casa vives?
- ¿Cómo es tu casa?

Soy de	España Inglaterra Alemania	Japón India Arabia Saudí		
Vivo en	una ciudad de un pueblo de una aldea de		Madrid Londres Berlín	Tokio Chennai Medina
Está en	el campo la ciudad la montaña	las afueras el centro la costa	cerca de... lejos de...	
Vivo en	una casa una casa adosada un chalet un piso una granja	un castillo una cabaña una hacienda una caravana		
Es	grande antiguo/a	moderno/a aislado/a	renovado/a pequeño/a	tranquilo/a

6 Escribe tres frases sobre donde vives. Usa información de la tabla de la actividad 5.

1A.2 Esta es mi casa

Despegue

* ★ **Describir tu casa al detalle**
* ★ **El uso de adjetivos**

Casas en venta

1 La casa tiene dos plantas y es muy moderna. Abajo hay una cocina, un salón y un comedor muy amplio. Arriba hay un dormitorio doble, otro dormitorio y un baño. El dormitorio doble es muy luminoso porque tiene un balcón.

2 Este apartamento es ideal para los jóvenes ejecutivos. Tiene una cocina abierta en el salón con muebles modernos, ventanas grandes y un diseño funcional. El dormitorio principal tiene baño incluido.

3 En la planta baja de la casa hay una cocina un poco estrecha, un salón y un garaje enorme. En la primera planta hay dos dormitorios, un despacho con calefacción y el aseo.

4 Esta casa adosada es ideal para familias grandes. Tiene una cocina-comedor con vistas al jardín y un porche. Arriba hay dos plantas más, una con todos los dormitorios y aseos, y otra con un ático reformado.

5 Este piso en un bloque está muy deteriorado, pero es perfecto para una renovación. Tiene un balcón, un salón-comedor, y un solo dormitorio.

6 La casa es impresionante. Es de diseño clásico y tiene un jardín muy colorido, con flores exóticas y una fuente en el centro del césped.

7 Este piso es muy antiguo y elegante con una escalera de caracol, dos dormitorios, una cocina y un salón con una biblioteca pequeña. Tiene mucho carácter, pero es bastante oscuro.

8 Estas dos casas pequeñas son muy funcionales. Son ecológicas porque tienen paneles solares. Tienen jardines enormes.

1 Lee las descripciones de casas. Escribe los números que se corresponden con los dibujos.

Ejemplo: 1 E

A  **B**  **C**  **D**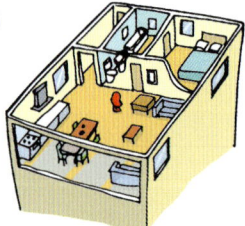

E  **F**  **G**  **H**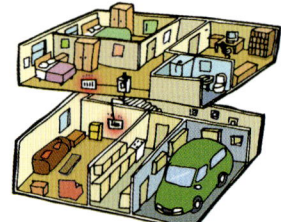

2 Vas a oír a unos jóvenes que describen sus casas. En cada frase hay algo que no corresponde a lo que se dice. Escribe la palabra correcta.

Ejemplo: 1 casa

   1 A Julia le encanta su ~~piso~~.
   2 La fachada de la casa de Julia es naranja y ~~rosa~~.
   3 Mauricio vive con su padre y su hermano ~~menor~~.
   4 La caravana de Mauricio no es ~~oscura~~ ni espaciosa.
   5 La casa de Sofía es aislada y ~~pequeña~~.
   6 El padre de Sofía tiene ~~pocas~~ botellas de vino.
   7 Hace ~~calor~~ en la casa de Pablo.
   8 No hay espacio en el salón de su casa porque ~~el sofá~~ es demasiado grande.

3 Los adjetivos y sus terminaciones. Consulta el punto C1 en la sección de gramática. En las frases siguientes, escoge el adjetivo correcto de acuerdo con la terminación necesaria en cada caso.

Ejemplo: 1 blanca

   1 La cocina es muy grande y *blanco / blanca*.
   2 En mi granja hay un jardín muy *verde / verdes* y una entrada *luminoso / luminosa*.
   3 Hay dos dormitorios *amplios / amplias* y tres balcones muy *pequeños / pequeñas*.
   4 En la *primero / primera* planta hay un ático *naranjas / naranja*.
   5 El aseo de mi casa es un poco *oscuro / oscura* porque no hay ventana.
   6 En mi apartamento, tengo una cocina marrón y *azul / azules* y unas cortinas *amarillos / amarillas*.
   7 Mi casa es muy *colorido / colorida* y el comedor es muy *agradable / agradables*.
   8 Los sofás en el salón son *incómodos / incómodas* pero muy *hermosos / hermosas*.

4 Responde a las siguientes preguntas con un(a) compañero/a de clase. Usa la información del ejercicio 1 para ayudarte.

   ● ¿Cómo es tu casa?
   ● ¿Te gusta tu casa? ¿Por qué (no)?
   ● ¿Cuántas habitaciones hay?
   ● ¿Qué hay en la planta baja? ¿Y en la primera planta?
   ● ¿Cuál es tu habitación favorita?

Mi casa es (No) me gusta porque es	moderna / antigua / grande / enorme / pequeña / cómoda / limpia / oscura / luminosa / estrecha / amplia / atractiva / bonita
En total hay	[...] habitaciones
En la planta baja / la primera planta / la segunda planta hay	un salón / un comedor / una cocina [...] dormitorio(s) / un cuarto de baño / un ático
Mi habitación favorita es	mi dormitorio / el salón / la cocina

5 Imagina tu casa de ensueño. Dibújala y escribe tres frases con una descripción de las habitaciones, colores, tamaños, etcétera. Incluye la información de la actividad 4 para dar forma a tu respuesta.

1A.3 ¿Qué haces en casa?

★ **Describir qué hace la familia en cada habitación de la casa**
★ **Los pronombres personales de sujeto y los verbos regulares en el presente**

Mi familia y mi casa

Me llamo Sebastián. Yo vivo en un chalet en la playa en Chile, cerca de Viña del Mar. En casa, mi hermana pequeña siempre está en su dormitorio, y a ella le gusta comer allí también, aunque mi madre no lo permite.

Soy Ana. Mi padre lee sus libros de aventuras en el estudio y yo siempre estoy en el salón porque allí me relajo o disfruto de mis videojuegos. En cambio, mi hermano mayor pasa mucho tiempo en el garaje, porque allí hay un coche antiguo y él lo quiere reparar, pero las partes son caras.

Aquí Luz. Mi primo Saúl me visita regularmente. Durante las vacaciones toma el sol y nada en el mar. También le gusta jugar al fútbol en el jardín y subir a la casita del árbol, donde nosotros leemos cómics. Yo nunca paso por el ático porque está vacío; no hay nada allí.

1 Empareja las frases con la persona apropiada. Escribe S (Sebastián), A (Ana) o L (Luz). ¡Ojo! Es posible que unas afirmaciones tengan más de una inicial o ninguna (-).

Ejemplo: 1 S

1 Mi hermana prefiere no salir de su dormitorio.
2 Los videojuegos me chiflan.
3 Vivo en la costa.
4 Me gusta leer.
5 Mi hermano tiene un pasatiempo caro.
6 Vivo en una casa adosada.
7 Un pariente viene mucho a casa.
8 Hay una habitación donde no voy nunca.

2 Escucha las siguientes ocho descripciones de las actividades que las personas hacen y escribe el nombre de la habitación donde están.

Ejemplo: 1 El garaje

3 a Los verbos regulares. Consulta el punto N1 en la sección de gramática. Corrige las palabras (a)–(j). Deben estar de acuerdo con la frase. ¡Ojo! No es siempre necesario cambiar las palabras.

Ejemplo: (a) vivo

Yo (a) [vivir] en un piso en el centro de Madrid. Hay ocho habitaciones en total. El salón es (b) [grande] y es donde nosotros (c) [hablar] o (d) [mirar] la televisión. La cocina es bastante (e) [pequeño] y en la cocina mis padres (f) [preparar] las comidas. Normalmente mi padre (g) [cocinar] y prepara platos muy (h) [rico].

Mi dormitorio es mi habitación (i) [preferido], porque es mi espacio personal. En mi dormitorio me gusta (j) [leer] libros o revistas, escuchar música o disfrutar de mis videojuegos.

3 b Conjuga los siguientes verbos en el presente y apúntalos.
   1 cantar
   2 beber
   3 decidir

4 Trabaja con tu compañero/a y prepara unas respuestas a las siguientes preguntas. Utiliza los textos de esta unidad para ayudarte. Esta tabla también es útil.
   1 ¿Cómo es el salón de tu casa?
   2 ¿Qué haces en el salón de tu casa?
   3 Describe la cocina de tu casa.
   4 ¿Qué haces en la cocina?
   5 ¿Quién prepara las comidas?
   6 ¿Cómo es tu dormitorio?
   7 ¿Qué te gusta hacer en tu dormitorio?
   8 ¿Tienes jardín? ¿Cómo es?

En el salón, comedor, garaje, jardín En la cocina, habitación, terraza, bodega	trabajo disfruto de los videojuegos preparo la comida escucho música observo las vistas desayuno, como, ceno, descanso practico yoga	con mi padre, madre, tío tía, abuelo, abuela, hermano, hermana, amigo, solo/a
Mi habitación favorita es Me gusta Me encanta	la cocina, el salón, el comedor, el garaje, el jardín, la terraza, la bodega mi habitación	porque es tranquilo/a, cómodo/a, guay, bonito/a, moderno/a, amplio/a

5 Escribe entre 60 y 75 palabras en español sobre 'Mi casa'. Debes utilizar todas las palabras mencionadas.

El salón	La cocina	Mi dormitorio	Me gusta

Vuelo

1A.4 Las habitaciones de mi casa

★ **Describir en detalle algunas habitaciones de la casa**
★ **Las preposiciones de lugar**

La habitación es (1) ………., baja de techo y con poca luz. Las paredes, originalmente blancas, ahora sucias y (2) ………. Una alfombra espesa cubre la mitad del suelo.

La habitación contiene una mesa de pino al lado de un sillón viejo y tres sillas desvencijadas. En la pared hay un (3) ………., y hay un adorno de vidrio, encima de la mesa. Por último, hay un enorme paraguas azul en uno de los (4) ………. más oscuros.

La habitación tiene también un dormitorio a la izquierda de la puerta, y como las cortinas están (5) ………. se ve una pobre cama y sobre ella una manta gris y un sombrero.

Entre la mesa, las (6) ………. y el paraguas, que prácticamente llenan la habitación, hay media docena de (7) ………. por encima de los muebles o dormidos en el suelo, entre las sillas y debajo de la mesa. Y son ellos que ocupan casi el resto de la habitación, excepto por un hombre que lleva zapatillas de cintos negros y gorro viejo de terciopelo. Es (8) ………. con los ojos demasiado tiernos y muy azules.

Texto adaptado de Sotileza *por José Maria de Pereda*

1 a Lee este extracto adaptado de la novela *Sotileza*, por Pereda (1833–1906). Pereda describe la habitación de un personaje importante. Escribe la palabra adecuada del recuadro para rellenar los espacios. ¡Atención! Hay palabras que no necesitas.

Ejemplo: 1 grande

abiertas	calendario	gatos	libro	rincones
adecuado	cuarto de baño	*grande*	negras	sillas
alto	difícil	lámparas	peces	vacío

1 b Trabaja con tu compañero/a para traducir el texto a tu propio idioma.

2 Las preposiciones de lugar. Consulta el punto P2 en la sección de gramática. Empareja las frases con el dibujo en la página 15. Hay un error en cada frase. Encuéntralo y cámbialo, escribiendo la palabra que falta.

Ejemplo: 1 encima de
  1 La lámpara está ~~debajo de~~ la mesa.
  2 La ventana está a la ~~derecha~~ de la puerta.
  3 El cuaderno rojo está ~~debajo de~~ la estantería.
  4 La silla verde está ~~delante de~~ la mesa amarilla.
  5 La lámpara está a la ~~izquierda~~ del ordenador.
  6 El póster de Superman está ~~encima de~~l reloj.
  7 El osito de peluche está ~~detrás de~~l sofá.
  8 El ordenador está ~~encima de~~ la lámpara y los libros.

 3 a Escucha lo que dice Manuel sobre su casa. Escribe las palabras o números apropiados.

Ejemplo: 1 cocina
   1 La habitación que describe ....
   2 <u>Tres</u> grandes electrodomésticos mencionados .... [3]
   3 Número de pequeños electrodomésticos mencionados ....
   4 Para relajarse en el salón hay ....
   5 En la estantería del salón hay ....
   6 Que hay debajo de la bicicleta ....
   7 Lo que el padre de Miguel guarda en el ático ....
   8 Algo en el ático que no funciona ....

3 b Escucha otra vez. Escribe cinco palabras que no entiendes y busca lo que significan en un diccionario. Haz una lista de vocabulario con estas palabras y apréndelas.

 4 ¿Quién es tu famoso/a favorito/a? Escribe un párrafo con una descripción de cómo imaginas su casa. Imagina que es para una competición nacional y tienes que describir todo lo que hay. Incluye:
   ● los muebles de las habitaciones
   ● los colores, tamaños y formas de los objetos
   ● preposiciones
   ● las actividades que tu famoso/a favorito/a hace en cada habitación
   ● tu opinión personal

 5 Mira la foto y prepara unas respuestas detalladas a las siguientes preguntas. Después, con tu compañero/a, túrnate para practicarlas.
   1 Describe la foto.
      ● ¿Qué habitación es?
      ● ¿Cómo son las personas?
      ● ¿Qué hacen?
   2 ¿Qué artículos hay?
   3 ¿Qué piensas que preparan las dos personas?
   4 ¿Qué opinas del diseño de la habitación?
   5 ¿Por qué mucha gente no cocina hoy en día?

Embarque

1B.1 Así es mi día en el insti

★ **Describir tu horario escolar y asignaturas**
★ **Las formas contractas (del/al) de los artículos definidos**

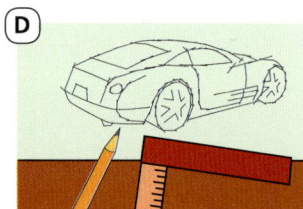

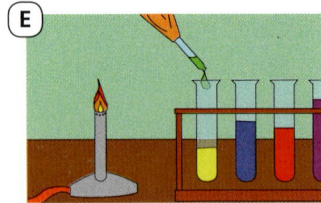

1 a Lee las siguientes frases y escribe los números que se corresponden con los dibujos. ¡Atención! Hay más frases que dibujos.

Ejemplo: 1 H
    1 Odio el inglés porque es difícil.
    2 La educación física es divertida.
    3 Detesto la geografía porque es compleja.
    4 Las matemáticas son útiles.
    5 La informática es mi asignatura favorita. Es interesante.
    6 Me gusta el español porque es entretenido.
    7 El profesor de ciencias manda muchos deberes.
    8 Me encanta la música porque es estimulante.
    9 El dibujo es fácil.
    10 ¡Qué aburrido! El teatro es una pérdida de tiempo.

1 b Cuando termines, traduce las frases sin dibujo.

2 Escucha a Fermín y Estrella hablando sobre su horario. Mira el horario con atención y escribe el día de la semana del que hablan.

Ejemplo: 1 martes

	LUNES	MARTES	MIÉRCOLES	JUEVES	VIERNES
9.00–10.00	inglés	teatro	física	matemáticas	literatura
10.00–11.00	francés	teatro	inglés	música	geografía
11.00–11.10	DESCANSO				
11.10–12.10	matemáticas	literatura	matemáticas	inglés	química
12.10–12.40	RECREO				
12.40–13.40	biología	educación física	historia	dibujo	lengua española
13.40–14.40	biología	educación física	informática	dibujo	lengua española

3 a Las formas contractas de los artículos definidos. Consulta el punto B1 en la sección de gramática. Completa las frases escogiendo la forma contracta correcta.

Ejemplo: 1 a la

1 Normalmente voy *a la / al* clase de informática los miércoles.
2 El cumpleaños *del / de el* amigo de mi hermano es el ocho de octubre.
3 Mi primo juega *al / a la* baloncesto los fines de semana.
4 No me gusta hablar mal *del / de la* profesor de inglés.
5 Mis abuelos no van *al / a la* fiesta el domingo.
6 El director *del / de el* instituto se llama Don González.
7 Mi hermano no tiene el libro *de la / del* señora López.
8 En matemáticas, no tiramos los papeles *a la / al* suelo.

3 b Escucha otra vez el ejercicio 2 y escribe tres ejemplos de formas contractas de artículos definidos en las frases que oyes.

4 a Los sonidos 'b' y 'v' al principio de una palabra. Escucha esta frase y separa las palabras. Repite la frase tres veces, tradúcela a tu propia lengua y apréndela de memoria.

ValentínbailabienenlabodadeVíctoryVanesaperonovieneaBarcelona

4 b Lee la frase en alto y díctala a tu compañero/a para que la escriba. Después tu compañero/a te la dicta a ti. ¿Quién tiene menos fallos?

5 Responde a las siguientes preguntas con un(a) compañero/a de clase. Usa la tabla a continuación para ayudarte en tus respuestas.

- ¿Cuál es tu asignatura favorita y por qué?
- ¿Qué asignatura te gusta menos y por qué?
- ¿Qué asignaturas tienes el martes? ¿Y el viernes?
- ¿Cuál es tu día escolar favorito de la semana?

Mi asignatura favorita es / son	la biología las ciencias el dibujo la educación física la física		aburrido(a)(s) complejo(a)(s) difícil(es) divertido(a)(s) entretenido(a)(s) estimulante(s) fácil(es) fascinante(s) interesante(s) inútil(es) relajante(s) una pérdida de tiempo útil(es)
No me gusta(n) nada	el francés la geografía la informática el inglés la lengua española la literatura las matemáticas la música la química el teatro	Es / Son	
El martes / El viernes tengo			
Mi día favorito es el lunes / martes / miércoles / jueves / viernes porque tengo	francés matemáticas química		

6 Escribe tres frases sobre las asignaturas que tienes y tu horario. Incluye la información de la actividad 5.

Despegue

1B.2 Mi día escolar

★ **Describir un día cualquiera en el instituto**
★ **La hora. Los verbos irregulares en el presente**

Álvaro: Pienso que mi día favorito es el miércoles, porque tengo lengua española y se me da muy bien. Luego, a las once y veinticinco, vuelvo a clase y me pongo la ropa para el teatro… ¡Me encanta actuar! Las clases de química son también muy interesantes. Las ciencias me fascinan.

Gonzalo: Yo los miércoles tengo esgrima, mi deporte favorito. A las tres en punto hay actividades extraescolares. Voy al club de ajedrez los viernes. Odio los lunes, pues tengo matemáticas y no me gustan nada…

Hora	Miércoles
9:00	Lengua española
11:25	Teatro
14:00	Química

Agenda de Álvaro

Celia: Siempre salgo de casa pronto; la jornada escolar empieza a las ocho y media. Durante el recreo siempre voy al patio central y charlo con mis amigas. Los martes hago mis deberes y luego voy al taller de fotografía. ¡Es muy divertido!

1 a Lee los comentarios. Empareja las frases con la persona apropiada. Escribe A (Álvaro), C (Celia) o G (Gonzalo). ¡Ojo! Es posible que unas afirmaciones tengan más de una inicial o ninguna (-).

Ejemplo: 1 C
   1 Me marcho al colegio temprano.
   2 Llevo una ropa diferente para estas clases.
   3 Los jueves canto en un coro.
   4 Cuando no hay clase, estoy con mis compañeras.
   5 Los miércoles hago cosas que me gustan.
   6 Prefiero cualquier otro día al lunes.
   7 Soy bueno en lengua española.
   8 Lo paso muy bien con la cámara.

1 b Haz una lista de vocabulario con las palabras útiles del texto. Tradúcelas a tu idioma y apréndelas. Añade más palabras útiles de la sección de vocabulario.

Ejemplo: El miércoles tiene lengua española.

2 Vas a oír la opinión de cuatro jóvenes sobre el día escolar. Para cada pregunta indica la respuesta correcta. Vas a oír cada opinión dos veces.

Ejemplo: 1 C

Lola
1 ¿A qué hora va al instituto?
   A 6.30   **C** 7.30
   B 9.25   **D** 9.35

2 ¿Cuántos minutos dura el descanso?
   A 50   **C** 5
   B 15   **D** 25

Carlitos
3 ¿A qué hora juega al baloncesto?
   A 17.10   **C** 16.00
   B 16.02   **D** 15.10

4 ¿Cuál es el problema con las clases de ruso?
   A Son difíciles.   **C** No es un idioma muy popular.
   B El profe no es entusiasta.   **D** Son aburridas.

Gala

5 ¿A qué hora empieza la clase de educación física el jueves?

A 12.55   **C** 12.15

B 12.00   **D** 13.00

6 ¿Por qué no le gustan las ciencias naturales?

A Odia los animales.

B A veces es una asignatura cruel.

C No hay mucha variedad.

D No es nada interesante.

Reinaldo

7 A qué hora empieza su día escolar?

A 8.20   **C** 8.40

B 7.20   **D** 7.40

8 ¿Cuál es su pasatiempo favorito?

A cantar   **C** la natación

B la fotografía   **D** el instituto

3 a Los verbos irregulares en el presente. Consulta el punto N1 en la sección de gramática y conjuga los siguientes infinitivos en el presente. ¡Atención! Tienes que decidir qué infinitivo del recuadro necesitas en las frases 5–8.

Ejemplo: 1 salgo

1 Por la mañana, ……… (*salir*) de casa a las ocho menos veinte y voy al insti.

2 Mi primo ……… (*construir*) un castillo con cartas.

3 Mi hermana Laura ……… (*decir*) que prefiere el campo a la ciudad.

4 Nosotros ……… (*ver*) un documental a las dos y media.

5 Yo nunca me ……… los pantalones azules para ir al instituto.

6 ¿Tú no ……… teatro por la tarde?

7 Vosotras ……… a la fiesta o ……… estar en casa?

8 Yo no ……… los deberes en mi habitación, es mejor en la biblioteca.

hacer	preferir	venir	tener	poner

3 b Ahora busca seis ejemplos de verbos irregulares en el presente en las frases del ejercicio 1 y haz una lista con ellos. Luego busca ejemplos de infinitivos y conjúgalos en el presente.

4 Prepara una presentación sobre tu día escolar con toda la información posible. Contesta a las siguientes preguntas para dar forma a tu respuesta.

- ¿A qué hora empieza / termina tu día escolar / el recreo / la hora de comer?
- ¿Qué asignaturas tienes el lunes?
- ¿Cuál es tu día favorito? ¿Por qué?
- ¿Haces actividades extraescolares?

El día escolar / el recreo / la hora de comer	empieza / termina a las [...]
El lunes tengo	matemáticas, inglés, ciencias, historia, geografía, español, etc.
Mi día favorito es el [...] porque es	útil / estimulante / relajante / fascinante / fácil / divertido / emocionante
Hay varias actividades extraescolares, por ejemplo hay	un club de idiomas / ajedrez / teatro un taller de arte / fotografía un coro deportes como el futbol / el baloncesto / el tenis / la natación / el atletismo

5 Describe en tu blog tu día escolar. Usa la información de la tabla de la actividad 4. Debes escribir 60–75 palabras en español. Menciona:

- la estructura de tu día escolar
- las asignaturas que tienes el lunes
- tu día favorito y por qué
- las actividades extraescolares que haces.

Despegue

1B.3 En la pista de atletismo del insti

★ **Describir el edificio de tu instituto y todas sus instalaciones**
★ **Los verbos que cambian la raíz en el presente**

El futuro ya está aquí: las nuevas instalaciones del insti

1 Ahora el edificio cuenta con cuatro plantas divididas en diferentes departamentos.

2 En la tercera planta se puede asistir a clases de idiomas o dibujo. Hay una sala de profesores allí también.

3 ¡Por fin tenemos un huerto en la terraza para cultivar una variedad de verduras!

4 El salón de actos está cerca del gimnasio.

5 Lo bueno es que la cantina es muy espaciosa.

6 ¡El instituto es fenomenal! Tiene una pista de atletismo y dos campos de fútbol.

7 Desafortunadamente, no hay una biblioteca en este instituto.

8 El instituto es el más ecológico de la zona. Contamos con un panel solar y una planta de reciclaje.

1 a Lee las ocho afirmaciones en la revista del instituto 'Gregorio Prieto' sobre sus nuevas instalaciones, luego mira el dibujo del instituto. Indica si las afirmaciones son verdaderas (V) o falsas (F). Si son falsas, escribe una frase en español para corregirlas.

Ejemplo: 1 F – El edificio cuenta con tres plantas.

1 b Lee las afirmaciones otra vez. Haz una lista de vocabulario con las palabras útiles del texto y apréndelas. Después, tradúcelas a tu propio idioma.

2 Vas a oír a cuatro jóvenes hablando de las instalaciones de su instituto. Decide si tienen una opinión positiva (P), negativa (N) o positiva y negativa (P+N) de las siguientes instalaciones.

Ejemplo: 1 P + N

1 la cancha de baloncesto
2 los laboratorios
3 la biblioteca
4 el patio

5 el salón de actos
6 las salas de profesores
7 la cantina
8 las instalaciones deportivas

3 Los verbos que cambian la raíz en el presente. Consulta el punto N24 de la sección de gramática. Corrige las palabras (a)–(j). Deben estar de acuerdo con la frase. ¡Ojo! No es siempre necesario cambiar las palabras.

Ejemplo: (a) tiene

Mi instituto está un poco viejo y necesita una renovación. El centro (a) [tener] unas instalaciones (b) [deportivo] bastante antiguas. Las puertas de las canchas de baloncesto no (c) [cerrar] bien y perdemos las pelotas. Los laboratorios (d) [empezar] a ser pequeños para el número de alumnos. Cuando yo (e) [sentarse] en el salón de actos, la silla es muy incómoda. Las salas de profesores (f) [recordar] a las de hace 50 años, aunque son bastante (g) [moderno]. El patio (h) [principal] es muy pequeño y (i) [soler] estar sucio. ¿Quién me ayuda a buscar fondos para mejorar (j) [nuestro] instituto?

4 Mira la foto y prepara unas respuestas detalladas a las siguientes preguntas. Después, con tu compañero/a, túrnate para practicarlas.

1 Describe la imagen.
- dónde se ha hecho la foto
- quién está en la foto
- qué hacen

2 ¿Qué crees que piensan estos niños del campo de su colegio?

3 ¿Qué otras instalaciones crees que tiene este colegio?

4 ¿Qué puedes hacer en tu colegio?

5 ¿Qué otras instalaciones recomiendas para tu colegio? ¿Por qué?

5 Escribe entre 60 y 75 palabras en español sobre cómo es tu instituto. Debes utilizar todas las palabras mencionadas.

| instalaciones | ideal | jugar | cerrar |

Vuelo

1B.4 La vida escolar

★ **Describir las jornadas escolares del mundo hispano**
★ **Las formas de los adjetivos**

Dos institutos hispánicos

Instituto Diego Rivera, Zacatecas, México

En nuestro instituto tienes las mejores instalaciones y los mejores profesores de la zona. Nuestra jornada escolar empieza temprano, a las ocho de la mañana, y termina a las dos en punto. Nuestras seis clases al día son intensivas, así pues solo hay un descanso de media hora a las once todos los días, cuando muchos estudiantes se relajan en nuestra cantina y compran comida sana como ensaladas deliciosas o pasta en el bar.

En Diego Rivera todas las asignaturas son obligatorias. Se estudian dos idiomas: inglés y chino mandarín. Tenemos viajes a Los Ángeles y también la opción de mantener correspondencia con un instituto chino. Al final de la jornada escolar hay varios talleres y clubes. Somos un colegio joven especializado en la tecnología, y tenemos varios garajes donde es posible montar y desmontar coches.

Instituto Nacional Lucero, Asturias, España

Estamos orgullosos y felices de estar en unas instalaciones restauradas históricas, del siglo XVIII. Lo que más destaca es la biblioteca, con más de tres mil libros para poder consultar, leer o también acceder a información en otros idiomas. Nuestra jornada es la típica española, empezamos a las nueve de la mañana y terminamos a las tres. Todos los días hay un descanso de quince minutos y un recreo de cuarenta minutos. A la hora del recreo es posible adquirir una bebida caliente en la cafetería o un bollo, pero por lo general, la mayoría de los estudiantes traen sus propios bocadillos y refrescos de casa.

Hay cinco lecciones todos los días y los estudiantes dividen sus estudios en asignaturas obligatorias, como la literatura, el español, el inglés, la historia, las matemáticas y las ciencias, y las optativas, como el francés, la filosofía o la biología.

1 Lee las descripciones de los institutos. Dibuja la tabla y haz una lista de las diferencias entre los dos institutos. Hay ocho diferencias en total, incluyendo el ejemplo.

Instituto Diego Rivera, Zacatecas, México	Instituto Nacional Lucero, Asturias, España
Las clases empiezan a las ocho.	*Las clases empiezan a las nueve.*

2 Vas a oír a tres estudiantes que hablan de su rutina escolar. Escucha lo que dicen con atención y responde a las preguntas en español.

Ejemplo: 1 Las clases terminan temprano.

1 ¿Qué es lo bueno del horario de Lolo?
2 ¿Qué hace Lolo después del día escolar?
3 ¿Por qué el profesor de matemáticas es innovador?
4 ¿Qué hace Josué en el insti después de las clases?
5 ¿Por qué no hay cantina en el colegio de Josué?
6 ¿Qué desventaja tiene el colegio de Rebeca?
7 ¿Por qué Rebeca no puede concentrarse?
8 ¿Qué ventaja tiene llamar a los profesores por su nombre?

3 a Las formas de los adjetivos. Consulta el punto C1 en la sección de gramática. Escribe el adjetivo entre paréntesis con la forma adecuada. Para las frases 5–8, escoge un adjetivo del recuadro. ¡Atención! Tienes que cambiarlos a su forma correcta.

Ejemplo: 1 jóvenes

1 Los profesores del instituto de mi amigo Carlos son muy (*joven*) ....
2 Mis perros son (*capaz*) .... de correr muy rápido en el parque.
3 La gata de mi tía es muy (*fiel*) ....
4 Los ordenadores (*gris*) .... y (*azul*) .... del aula de informática no funcionan.
5 La biología es una asignatura muy .... en todos los institutos.
6 Para mí, el francés y el italiano son idiomas muy ....
7 Mí madre es muy .... Siempre tiene conversaciones con los vecinos.
8 Claudia y Eloísa son muy .... y ....

| hablador | feliz | común | trabajador | familiar |

3 b Busca al menos ocho ejemplos de adjetivos en el texto del ejercicio 1. Escríbelos en su forma masculina, femenina y plural, y tradúcelas a tu propio idioma.

4 Practica la siguiente conversación con un(a) compañero/a en clase. Mira las ideas para cada pregunta y extiéndelas con tu información personal y opiniones.

A ¿Qué te gusta más de tu instituto? ¿Y menos?
  ● el horario / las instalaciones / los amigos
B ¿Qué diferencias hay entre tu instituto y los institutos hispanos?
  ● el horario / las asignaturas / las instalaciones / el uniforme
C ¿Qué te gustaría cambiar de tu instituto para mejorar?
  ● Me gustaría cambiar…
  ● Sería mejor si hubiera…

5 Imagina que eres un(a) estudiante de intercambio en un instituto español. Describe tu día escolar. Debes escribir 130–150 palabras en español. Menciona:
  ● el horario del instituto y las instalaciones que hay
  ● cómo son los profesores y los estudiantes
  ● lo que te gusta o no te gusta del instituto
  ● lo que cambiarías del instituto

1C Food and drink

Embarque

1C.1 Las comidas típicas

★ **Hablar sobre las comidas y bebidas que tomas**
★ **Los pronombres interrogativos y el singular y el plural de los sustantivos**

A  B  C  D

E  F  G  H

1 Lee las siguientes frases y escribe los números que se corresponden con los dibujos.

Ejemplo: 1 H

1 Para el desayuno, siempre tomo un yogur y un zumo de naranja.
2 ¿Qué desayuno? Muy fácil: unos cereales y un café con leche.
3 ¿Cuál es mi desayuno preferido? Pues… mi desayuno preferido es una tostada con mermelada y un vaso de leche.
4 Mi almuerzo es un filete de pollo con una ensalada. Bebo solo un vaso de agua.
5 Durante la hora de comer, tomo una sopa de tomate y pan con mantequilla.
6 Normalmente como un bocadillo de jamón y una manzana o un plátano.
7 Por la noche, ceno una pizza con champiñones y pimientos.
8 A veces para mi cena tomo una paella. ¡Me encanta el arroz!

2 a Vas a oír a cuatro jóvenes hablando de comidas típicas en sus países. Escucha lo que dicen con atención y marca las opciones correctas.

Ejemplo: 1 C

1 Fernando habla de lo que come en España. ¿Cuándo come la paella?
  A 10.00   **C** 14.00
  B 12.00   **D** 12.30

2 ¿Qué hay en una paella típica?
  A carne y mariscos   **C** verduras y espaguetis
  B arroz y fruta   **D** carne y espaguetis

3 Zulema describe las fajitas. ¿Qué ingredientes menciona?
  A los pimientos y la sal   **C** los pimientos y el queso
  B la salsa de tomate y los plátanos   **D** el pan y el queso

4 ¿De dónde son las fajitas?
  A Honduras   **C** Estados Unidos
  B México   **D** Brasil

5 El ceviche es el plato favorito de Julio. ¿De qué país es este plato?
  A Venezuela   **C** Colombia
  B Estados Unidos   **D** Ecuador

6 ¿Cuál de los siguientes ingredientes no se necesita en un ceviche?
  A el pollo   **C** el tomate
  B la cebolla   **D** el pescado

2 b Haz una lista con todo el vocabulario nuevo del texto referente a comidas, bebidas y opiniones y apréndelo.

3 Los pronombres interrogativos y el singular y el plural de los sustantivos. Consulta los puntos H2 y A2 en la sección de gramática. Completa las frases con un pronombre interrogativo correcto entre las tres opciones y decide si cada sustantivo subrayado es singular (s) o plural (p).

Ejemplo: 1 Cuándo, s, p

1 *¿Cuándo / Dónde / Cuál* van a servir <u>el arroz</u> y <u>las verduras</u> en el restaurante? — A las dos y media.

2 *¿Qué / Quién / Cuál* ingredientes necesito para preparar <u>una paella</u> típica?

3 *¿Cuándo / Dónde / Cuáles* puedo comer <u>los churros</u> famosos en España? —En una churrería.

4 *¿Cuál / Quiénes / Cuáles* prefieres? <u>¿La tortilla</u> con guacamole o con salsa de tomate?

5 *¿Por qué / Cuál / Qué* <u>las tapas</u> son tan diferentes?

6 *¿Cuáles / Dónde / Qué* bebida te gusta más? <u>¿El zumo</u> de naranja o <u>la limonada</u>?

7 *¿Qué / Cuál / Cuándo* comemos hoy? Son las dos y media ya y quiero probar <u>los huevos fritos.</u>

8 Juan, *¿por qué / dónde / cuál* vas a beber? <u>¿El zumo de piña</u> o <u>el zumo de naranja</u>?

4 Los sonidos 'b' y 'v' en una palabra. Escucha esta frase y separa las palabras. Repite la frase tres veces, tradúcela a tu propia lengua y apréndela de memoria.

Pablocomíahabasconcaviarenunacuevadondehabíaclavelesenunarbusto

5 a Responde a las siguientes preguntas con un(a) compañero/a de clase. Usa la tabla a continuación para ayudarte en tus respuestas.

- ¿Qué desayunas normalmente?
- ¿Qué prefieres comer y beber a la hora del almuerzo?
- ¿Y qué comes para cenar? ¿Qué bebes en la cena?
- ¿Cuál es tu comida favorita?
- ¿Cuál es tu bebida favorita?
- ¿Qué comida o bebida no te gusta?

5 b Copia las preguntas y tus respuestas y apréndelas de memoria para practicar con un(a) compañero/a.

6 Escribe un párrafo con todas las comidas y bebidas que tomas un día de la semana, por la mañana, tarde y noche. Usa la información de la tabla.

Normalmente Generalmente Frecuentemente Personalmente	desayuno	tostadas / cereales / huevos un zumo (de naranja / pera / manzana / piña…) café / té / leche
Prefiero Suelo	almorzar cenar comer beber	un bocadillo / una hamburguesa sopa (de tomate, cebolla…) pescado (salmón, atún, trucha…) carne (pollo, filete…) verduras (patatas, pimientos, cebolla, guisantes, tomates…) fajitas paella
Mi(s) comida(s)/bebida(s) favorita(s) es/son		las patatas fritas
No me gusta(n) nada / odio / detesto		las hamburguesas el arroz el agua (con / sin gas) la limonada el batido de fresa / chocolate / vainilla el zumo (de naranja / pera / manzana / piña…)

1C.2 Mis gustos culinarios

★ **Dar opiniones sobre diferentes tipos de comidas internacionales**
★ **Los verbos idiomáticos referentes a placeres y gustos**

¡Hola Mariola!

Gracias por escribirme la semana pasada. Te escribo para responder a tu pregunta sobre el tipo de comida que me apetece más y menos.

Primero, me fascina la comida india porque me gustan el curry y las salsas de diferentes colores, aunque a veces es demasiado picante para mí. También me chifla la comida italiana porque es muy simple, pero fresca. A mi hermana Nuria también le encanta, sobre todo la lasaña de verduras, y el tiramisú porque le gusta mucho el café.

Segundo, me gusta mucho la carne de Argentina. Es bastante grasienta y por eso intento no comerla muy a menudo. El asado de mi madre es delicioso y muy rico, porque tiene patatas, coles, cebollas, salchichas y zanahorias. Mi padre nunca come carne, pero le gusta mucho la comida japonesa porque el sushi contiene mucho pescado.

Finalmente, también me gusta el sabor de las tartas y pasteles franceses, en especial las galletas de vainilla y chocolate, y los helados porque son dulces y muy cremosos.

Emiliano

1 a Lee el correo que Emiliano escribe a Mariola y escribe la letra correcta para cada respuesta.

Ejemplo: 1 B

1 Emiliano recibió una carta de Mariola…
  A ayer
  B hace una semana
  C esta mañana
  D el mes anterior

2 Algo que le gusta a Emiliano de la comida de la India es…
  A comer con las manos
  B el sabor del arroz
  C el impacto visual
  D el té que la acompaña

3 Para Emiliano un aspecto negativo de la comida india es…
  A el coste
  B el camarero
  C los postres
  D el sabor fuerte

4 Dice que la comida italiana es poco…
  A complicada
  B sabrosa
  C interesante
  D cremosa

5 Emiliano intenta limitar su consumo de…
  A azúcar
  B sal
  C grasa
  D gluten

6 El padre de Emiliano prefiere la comida que viene…
  A del mar
  B del campo
  C del extranjero
  D las granjas locales

1 b Haz una lista de vocabulario con las palabras útiles del texto. Tradúcelas a tu idioma y apréndelas. Añade más palabras útiles de la sección de vocabulario.

2 a Verbos idiomáticos referentes a placeres y gustos. Consulta el punto N20 en la sección de gramática. Corrige las palabras (a)–(j). Deben estar de acuerdo con la frase. ¡Ojo! No es siempre necesario cambiar las palabras.

Ejemplo: (a) muchas

En mi familia solemos comer (a) [mucho] comidas diferentes. A mí me (b) [gustar] las verduras frescas porque son muy (c) [sano]. También a mi hermano le (d) [chiflar] la fruta, como los plátanos y las peras porque son (e) [delicioso]. A mi hermana le (f) [repugnar] la carne porque dice que es demasiado grasienta. Ella (g) [preferir] la comida vegetariana. A mis padres les (h) [encantar] los mariscos. Les apasiona probar cosas nuevas, así que cuando viajan siempre les (i) [interesar] probar algo nuevo. Personalmente me importa mucho el comercio justo y me (j) [fascinar] aprender cosas sobre cómo se produce la comida en otras partes del mundo.

2 b Busca todos los ejemplos de verbos idiomáticos en el texto del ejercicio 1. Escríbelos y tradúcelos a tu idioma.

3 Vas a oír a unos jóvenes que hablan de las comidas y bebidas que les gustan y las que no. Decide si la opinión es positiva (P), negativa (N) o positiva y negativa (P+N).

Ejemplo: 1 P

Sonia
1 comida caribeña
2 ajiaco
Marcos
3 comida vegetariana
4 comida alemana

Sagrario
5 comida inglesa
6 comida estadounidense
Luís
7 frutas tropicales
8 verduras

4 Mira la foto y prepara unas respuestas detalladas a las siguientes preguntas. Después, con tu compañero/a, túrnate para practicarlas.

1 Describe la foto.
 ● ¿Qué habitación es?
 ● ¿Cómo son las personas?
 ● ¿Qué hacen?
2 ¿Cómo es la habitación donde comen?
3 ¿Qué piensas que le gusta a cada persona?
4 ¿Qué opinas de la comida que comen?
5 ¿En qué consiste una comida sana?

5 Escribe un párrafo sobre la comida y bebida internacional que más te gusta. Incluye opiniones extendidas y justificadas. Mira el ejemplo para empezar:

Ejemplo: Me encanta la comida francesa porque es muy creativa. Me encantan las ensaladas porque son deliciosas y nutritivas…

Vuelo

1C.3 La dieta sana y nutritiva que necesito

★ **Considerar en qué consiste una dieta equilibrada**
★ **Sustantivos comunes con géneros irregulares y la construcción verbo + preposición + infinitivo**

La pirámide nutricional

Todo es sano en la parte baja de la pirámide

Hoy en día tener una dieta **1**.......... es esencial para llevar un estilo de vida saludable y evitar problemas de **2**.........., sobrepeso o colesterol. Es esencial dejar de comer muchas grasas saturadas y comida frita y empezar a tener una dieta basada en la comida fresca y natural.

Para empezar, en la **3**.......... de la pirámide alimenticia se encuentran alimentos como el pan integral, el arroz y la pasta. Luego tenemos todas las frutas y verduras: tomar cuatro o cinco porciones diarias es ideal para no **4**.......... y estar en forma.

Atención con la parte alta de la pirámide

En el tercer grupo encontramos una gran variedad de productos: desde queso, leche y derivados como el **5**.........., huevos, carnes y pescados. Este grupo contiene alimentos con muchas proteínas y grasas animales. Como consecuencia, no es conveniente abusar de ellos. Es esencial insistir en mantener una dieta variada, pero con dos o tres porciones diarias es **6**.......... .

Finalmente, en el último grupo encontramos el aceite y los alimentos con demasiado azúcar como **7**.......... , tartas, caramelos o bebidas artificiales como los refrescos. Este grupo puede ser perjudicial para la salud, pero con una consumición reducida y en **8**.......... con otros ingredientes de los otros grupos, no amenaza con afectar a la salud negativamente.

1 a Lee el folleto informativo sobre la pirámide alimenticia y sus beneficios. Escribe la palabra adecuada del recuadro para rellenar los espacios. ¡Atención! Hay palabras que no necesitas. Puedes mirar la foto de la pirámide para ayudarte.

Ejemplo: 1 equilibrada

| obesidad | suficiente | pasteles | *equilibrada* | base | yogur |
| leche | combinación | engordar | pasta | pan | huevos |

1 b Haz una lista de vocabulario con las palabras útiles del texto. Tradúcelas a tu idioma y apréndelas. Añade más palabras útiles de la sección de vocabulario.

2 Gustos alimentarios ¿Qué dice Hilario? Para cada pregunta elige la letra correcta.

Ejemplo: 1 B

1 Para Hilario lo más importante es…
 A su casa
 B la dieta
 C el ejercicio
 D su novia

2 En cuanto a comer recomienda…
 A poco y frecuente
 B poca grasa
 C evitar el chocolate
 D solo lo ecológico

3 Al mediodía Hilario prefiere…
A no comer mucha fibra
B la comida rápida
C la comida cruda
D la comida caliente

4 Para el almuerzo no come…
A ensaladas
B carne
C patatas
D huevos

5 Una parte de su merienda consiste en…
A una verdura poco conocida
B el zumo de piña
C un batido nutritivo
D un plato típico

6 Antes de ir a la cama Hilario recomienda…
A no comer nada
B no comer pescado
C tomar arroz con leche
D una comida ligera

3 a Sustantivos comunes con género irregular. Consulta el punto A1 en la sección de gramática y selecciona el artículo apropiado.

Ejemplo: 1 la, el
1 Siempre levanto *la / el* mano en clase para leer *el / la* poema.
2 Jerónimo tiene *un / una* mapa en *el / la* moto cuando viaja a China.
3 No entiendo *el / la* sistema de ecuaciones en matemáticas. ¡*El / la* tema es tan difícil!
4 *El / la* problema de la comida rápida es que es muy grasienta.

3 b La construcción verbo + preposición + infinitivo. Consulta el punto N23 en la sección de gramática y elige la preposición correcta en cada caso.

Ejemplo: 1 a
1 Los amigos van a empezar ………. comer ahora.
2 Cuando termino ………. cenar, siempre tomo un yogur de fresa de postre.
3 Mi hermana Julia siempre sueña ………. las vacaciones en la playa pero se olvida ………. comprar crema solar.
4 Nunca insistimos ………. consumir carne roja porque preferimos aprender ………. comer sano.

a	con	de	en	de	a

4 Tienes un(a) amigo/a que busca consejos sobre su dieta. Debes escribir 130–50 palabras en español. Escribe un correo a tu amigo/a. Menciona:
- lo que comes en un día típico
- cuándo debes comer durante el día y por qué
- la comida que debes comer y la que debes evitar y por qué
- dos razones por las que llevar una dieta mala puede ser peligroso.

5 Trabaja con tu compañero/a. Haz y contesta las siguientes preguntas.
1 ¿Llevas una vida sana?
2 En tu opinión, ¿cuál es la mejor dieta?
3 ¿Cuáles piensas que son los beneficios de estar en forma?
4 ¿Qué malos hábitos cambiaste para estar más sano?

Embarque

1D.1 ¡Ay, qué dolor!

★ Expresar cómo te sientes y tu estado de salud
★ Los artículos indefinidos y las frases negativas

1 a Lee las siguientes frases. Escribe los números que se corresponden con los dibujos. ¡Atención! Hay más frases que dibujos.

Ejemplo: 1 F
1 ¡Ay! Me duele la garganta.
2 Comí siete pasteles y ahora me duele el estómago.
3 Jugué tres horas al fútbol. Ahora me duelen las piernas.
4 ¡Au! Tengo dolor de cabeza.
5 Bebí muchos refrescos, me duelen las muelas.
6 Me duele bastante una mano. No estoy bien.
7 ¡Qué dolor de pies!
8 ¡Me duele la espalda!
9 ¡Tengo un dolor enorme en el brazo derecho otra vez! ¡Nunca me siento bien!
10 ¡Ay, ay! Me duelen mucho los ojos.

1 b Cuando termines, dibuja las frases extra que no tienen dibujo.

2 Vas a oír a unas personas que tienen problemas físicos. Escucha atentamente y vuelve a mirar los dibujos del ejercicio 1. Escribe los números que se corresponden con los dibujos y para los números 5–8, dibuja la otra parte del cuerpo mencionada.

Ejemplo: 1 H

3 a El artículo indefinido y las frases negativas. Consulta los puntos B2 y O en la sección de gramática. Escoge el artículo indefinido correcto en cada caso.

Ejemplo: un, unos

1 Leonardo tiene *un / una* perro en casa y *unos / unas* gatos pequeños.
2 Siempre prefiero comprar *un / una* botella de leche y *unos / unas* pasteles de postre.
3 Vi *un / una* foto de mi abuela en blanco y negro en el salón de casa.
4 Solo tengo *un / una* oportunidad para completar *un / una* examen en el ordenador.
5 En casa siempre hay *un / una* habitación con *un / una* ventana abierta.
6 Me duele *un / una* diente y es *un / una* dolor muy intenso.
7 Tengo *unos / unas* problemas muy serios en el instituto.
8 Hay *un / una* ciudad en Rusia que me gustaría visitar.

3 b Vuelve a escuchar a las personas del ejercicio 2. Haz una lista de los términos negativos que escuchas y di cuántos hay de cada uno.

4 a El sonido 't' en español. Escucha esta frase y separa las palabras. Repite la frase tres veces, tradúcela a tu propia lengua y apréndela de memoria.

Teresavaaterapiaparatenerlostobillosmástersosycomepastacontomates

4 b Lee la frase en alto y díctala a tu compañero/a para que la escriba. Después tu compañero/a te la dicta a ti. ¿Quién tiene menos fallos?

5 a Imagina que no te sientes bien y acabas de llegar al consultorio. Trabaja con otra persona para realizar un juego de rol. Debes elegir o el papel A (el/la paciente) o el papel B (el/la doctor a)).

A   Hola *doctor(a)*.
B   *¿Qué te pasa?*
A   No me siento bien. Me duele mucho *el brazo*.
B   ¿Algo más?
A   Sí, *me duele la* espalda.
B   Vale. Vamos a echar un vistazo…
A   Gracias. *Adiós* doctor.

5 b Practica el diálogo otra vez. Sustituye las palabras marcadas por las de la lista a continuación.

| tengo dolor de | ¿Qué te duele? | Hasta luego | la pierna |

6 Dibuja unas viñetas con el/la doctor(a) y el/la paciente en el hospital y escribe lo que dicen. Usa la información de la actividad 5.

Despegue

1D.2 ¿Qué te pasa?

★ **Explicar los problemas médicos**
★ **Los verbos idiomáticos (2); expresiones con *tener***

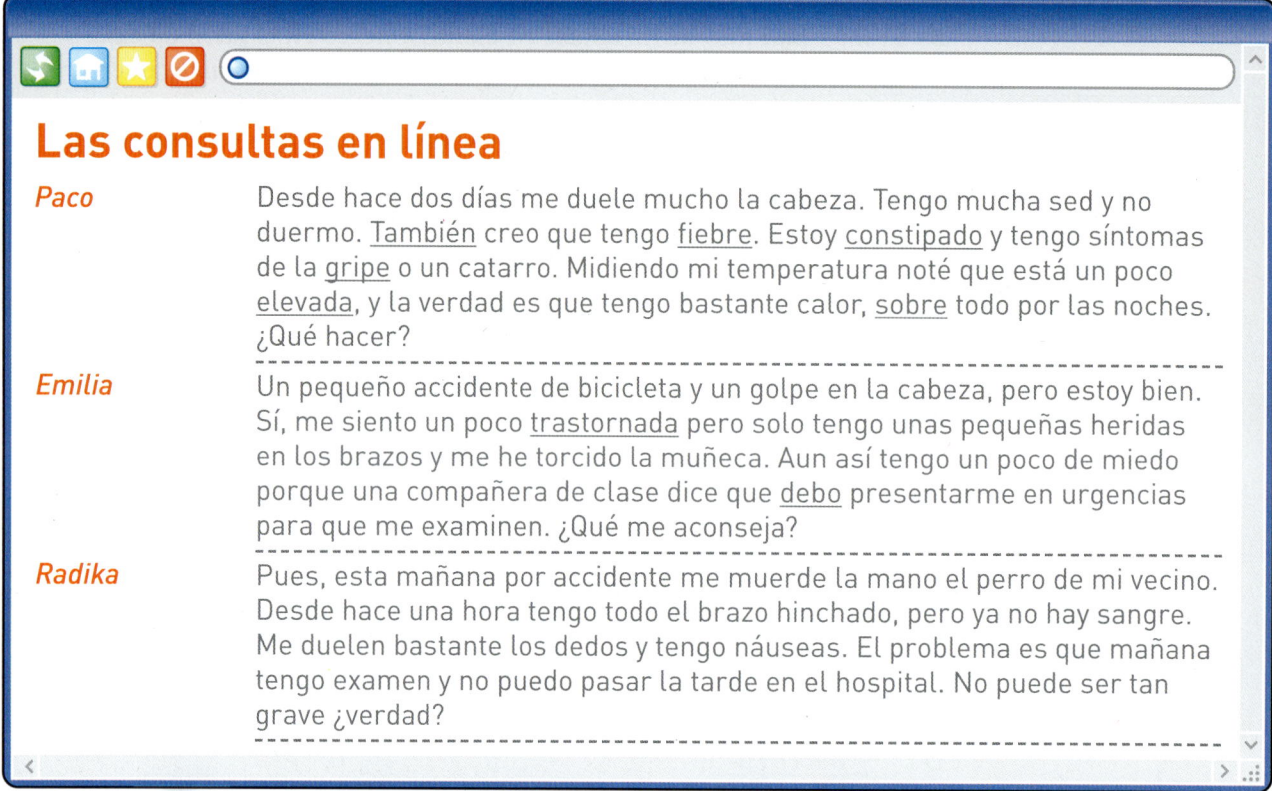

Las consultas en línea

Paco

Desde hace dos días me duele mucho la cabeza. Tengo mucha sed y no duermo. <u>También</u> creo que tengo <u>fiebre</u>. Estoy <u>constipado</u> y tengo síntomas de la <u>gripe</u> o un catarro. Midiendo mi temperatura noté que está un poco <u>elevada</u>, y la verdad es que tengo bastante calor, <u>sobre</u> todo por las noches. ¿Qué hacer?

- -

Emilia

Un pequeño accidente de bicicleta y un golpe en la cabeza, pero estoy bien. Sí, me siento un poco <u>trastornada</u> pero solo tengo unas pequeñas heridas en los brazos y me he torcido la muñeca. Aun así tengo un poco de miedo porque una compañera de clase dice que <u>debo</u> presentarme en urgencias para que me examinen. ¿Qué me aconseja?

- -

Radika

Pues, esta mañana por accidente me muerde la mano el perro de mi vecino. Desde hace una hora tengo todo el brazo hinchado, pero ya no hay sangre. Me duelen bastante los dedos y tengo náuseas. El problema es que mañana tengo examen y no puedo pasar la tarde en el hospital. No puede ser tan grave ¿verdad?

- -

 1 a Lee lo que dicen Paco, Emilia y Radika. Empareja las frases con la persona apropiada. Escribe P (Paco), E (Emilia) o R (Radika). ¡Ojo! Es posible que unas frases tengan más de una inicial o ninguna (-).

Ejemplo: 1 R

1 La causa del problema es un animal.
2 Se trata de un accidente en la calle.
3 La persona tiene que estudiar.
4 El problema es resultado de un accidente.

5 El problema no es tan grave durante el día.
6 No quiere ir al dentista hoy.
7 Otra persona expresa su opinión sobre qué hacer.
8 Tiene fiebre.

1 b Consulta tu diccionario para encontrar las palabras subrayadas del texto.

 2 Una consulta médica. Mira la tabla e escribe la información que falta.

Ejemplo: 1 estómago

Pedro	Señora López	Antonio
Tiene dolor de...	Tiene dolor de...	Tiene problema de ...
1	4	7
La causa es comer una ...	El jueves va de ...	La doctora da unas ...
2	5	8
Debe beber ...	El médico da unas ...	
3	6	

3 Mira estos dibujos. Haz diálogos con tu compañero/a y túrnate para practicarlos todos. Para cada dibujo sigue el ejemplo y di (1) qué te pasa y (2) alguna información adicional.

 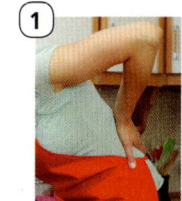

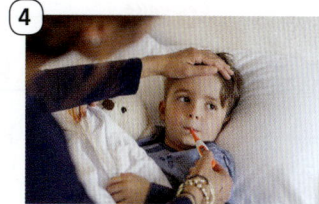

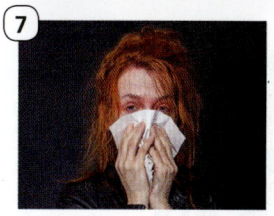

Ejemplo:

¿Qué te pasa? o ¿Dónde te duele?

(1) Me duele la espalda. (2) Tengo un problema de ...

4 Los verbos idiomáticos; expresiones con *tener*. Consulta los puntos N19 y N20 de la sección de gramática. Corrige las palabras (a)–(j). Deben estar de acuerdo con la frase. ¡Ojo! No es siempre necesario cambiar las palabras.

Ejemplo: (a) tienes

Si (a) [tener] una enfermedad, o te (b) [doler] alguna parte del cuerpo es importante buscar atención (c) [médico]. Un (d) [pequeño] accidente, por ejemplo caerse y recibir un golpe en la cabeza, posiblemente puede provocar unos síntomas más (e) [serio] al día siguiente, incluso si no te (f) [doler] en el momento. Muchas personas no van a ver al médico y por (g) [mucho] razones – puede ser porque (h) [tener] prisa o porque (i) [tener] miedo, pero es importante pensar siempre en las consecuencias futuras de no buscar la ayuda necesaria. Si no duermes, (j) [tener] mucha sed y estás siempre cansado, por ejemplo, puede ser síntoma de diabetes.

5 Te sientes mal y decides rellenar el formulario de una consulta en línea. Contesta a cada pregunta del formulario escribiendo una frase completa en español.

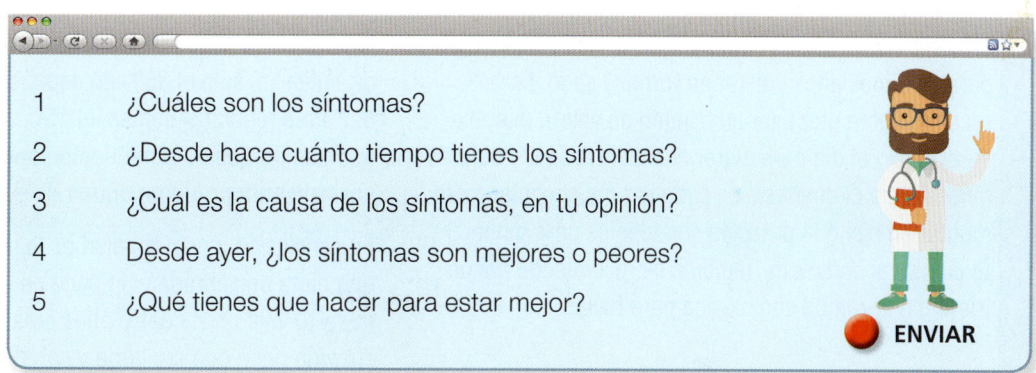

1   ¿Cuáles son los síntomas?

2   ¿Desde hace cuánto tiempo tienes los síntomas?

3   ¿Cuál es la causa de los síntomas, en tu opinión?

4   Desde ayer, ¿los síntomas son mejores o peores?

5   ¿Qué tienes que hacer para estar mejor?

ENVIAR

Despegue

1D.3 Qué hacer para mantenerse en buena forma

★ Describir las diferentes maneras de mantenerse en forma
★ Los adjetivos posesivos

 1 Estar en forma. Escucha a unos jóvenes que hablan de lo que hacen para estar en forma. Escribe la letra del dibujo apropiado.

(A)  (B)  (C)

(D)  (E)  (F) 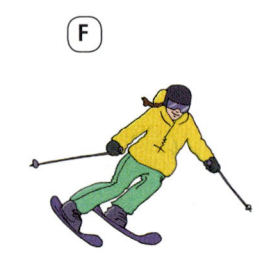 (G)  (H)

	Josué	Cata	Vicente
A	[X]	[ ]	[ ]
B	[ ]	[ ]	[ ]
C	[ ]	[ ]	[ ]
D	[ ]	[ ]	[ ]
E	[ ]	[ ]	[ ]
F	[ ]	[ ]	[ ]
G	[ ]	[ ]	[ ]
H	[ ]	[ ]	[ ]

Ejercicio moderado y dieta mediterránea para vivir en forma

La combinación dieta y ejercicio es la solución perfecta para vivir más años y estar en forma y sano. Es recomendable practicar un mínimo de veinte minutos de ejercicio al día para evitar el sedentarismo y dolores musculares. El gimnasio es cada vez más popular, pero montar en bici o la natación son ideales para mover tu cuerpo al completo. También se recomienda hacer footing o la zumba con música para bailar.

No obstante, según un estudio reciente de la universidad de Valencia, solo el 36% de españoles hace deporte de forma regular. Además, el 45% no desayuna por la mañana porque no tiene tiempo antes de ir a su trabajo; normalmente prefieren dormir un poco más.

En conclusión, nuestra salud es lo más importante, y una dieta equilibrada y un poco de ejercicio diario puede hacerte vivir unos cuatro años más… ¡no lo olvides! ¡Tu vida tiene que ser larga y sana!

2 Lee el artículo con recomendaciones para tener una vida sana. Empareja las frases con las terminaciones correctas según el sentido del texto. ¡Atención! Hay terminaciones que no necesitas.

Ejemplo: 1 B

1 Para vivir más años
2 Si quieres evitar dolores musculares
3 La natación es un deporte perfecto
4 El 36% de los españoles
5 Muchas personas no desayunan
6 Si comes bien y haces ejercicio

A cuesta mucho dinero.
B la dieta y el ejercicio son muy importantes.
C todos los días.
D para mover el cuerpo al completo.
E es posible vivir cuatros años más.
F es buena idea hacer veinte minutos de ejercicio al día.
G no son muy deportistas.
H porque prefieren dormir un poco más.
I el sedentarismo.
J causa problemas físicos.

3 Los adjetivos posesivos. Consulta el punto G1 en la sección de gramática y elige el posesivo correcto en cada caso.

Ejemplo: 1 mi

1 Cuando hago yoga en el polideportivo siempre voy con *mi / nuestra* hermana.
2 Nos gusta mucho nadar en *nuestro / nuestra* piscina.
3 Yo tengo *mi / su* dinero y tú tienes *su / tu* dinero para hacer la compra.
4 Chicos y chicas, *vuestro / vuestra* idea es muy buena, dijo el profesor.
5 *Sus / su* padres son mexicanos.
6 *Nuestros / nuestras* ejercicios son muy buenos para perder peso.
7 Juan tiene *su / tu* propia casa con *su / mi* jardín y *sus / tus* árboles.
8 Elisa y Lola, ¡*Vuestras / sus* ensaladas son deliciosas! ¿Cuál es *nuestro / vuestro* secreto?

4 Escribe entre 60 y 75 palabras en español sobre ideas para mantenerse en forma. Debes utilizar todas las palabras mencionadas.

| dieta | dedicar tiempo | mi opinión | consejos |

5 Mira la foto y prepara unas respuestas detalladas a las siguientes preguntas. Después, con tu compañero/a, túrnate para practicarlas.

1 Describe la imagen, por favor.
  • quiénes son estos niños
  • qué llevan puesto
  • dónde están
2 ¿A qué crees que están jugando? ¿Por qué?
3 ¿Con qué frecuencia crees que juegan y por qué?
4 En tu opinión, ¿cuáles son los beneficios del deporte? ¿Por qué?
5 ¿Qué deporte nuevo te gustaría probar? ¿Por qué?

Vuelo

1D.4 Los diferentes estilos de vida

★ **Describir los estilos de vida sana diferentes**
★ **El gerundio**

Los dilemas de la vida sana

Viernes, cuatro de noviembre

¡Hola a todos! Sarita al habla. Hace apenas una semana que empezó mi nueva dieta. De lunes a viernes, me levanté a las siete de la mañana y continué con mi desayuno súper sano y rico en fibra: lunes y miércoles, cereales con leche desnatada y un zumo de melocotón; martes y jueves, un plátano y un mango frescos con un zumo de naranja. Después de mis clases universitarias, volví a casa para comer una ensalada con pollo y tomates y fui a mi clase diaria de yoga. Creo que el yoga me está ayudando a estar en forma y también a meditar y relajarme. Para mí, escapar del estrés diario es necesario porque soy muy nerviosa. Por lo general, mis cenas son bastante ligeras pero un poco aburridas: arroz con verduras y un yogur con fruta.

Mi dilema de los viernes es si debería olvidar la dieta por un día a la semana o no. Muchos expertos en nutrición recomiendan hacer una comida o dos a la semana fuera de la dieta, para disfrutar y olvidar la presión de estar en forma… pero no pienso que sea buena idea. ¿Qué pensáis? Ahora me encantaría no ir a clase de yoga y estar viendo una película en el sofá o jugando videojuegos con mi hermano o comiendo una lasaña con mucho queso… pero el sábado por la mañana voy a sentirme fatal, ¿no?

Enviadme vuestros comentarios, por favor… ¿Debería tomar un día libre a la semana, comer comida basura y no hacer ejercicio?

1 Lee el blog sobre el estilo de vida de Sarita y contesta a las preguntas.

Ejemplo: 1 desde hace una semana
    1 ¿Desde hace cuánto tiempo lleva Sarita una vida sana?
    2 ¿Cuáles son los beneficios de su nuevo desayuno?
    3 ¿Cuándo hace yoga Sarita?
    4 Según Sarita, ¿para qué sirve el yoga?
    5 ¿Cómo es Sarita de carácter?
    6 ¿Cuál es el problema con sus cenas?
    7 ¿Qué opinan los expertos sobre hacer dieta?
    8 ¿Qué le gustaría hacer a Sarita en lugar de ir a hacer yoga?

2 Vas a oír a tres estudiantes que hablan de la vida sana. Escucha con atención y decide quién dice cada frase: M (Manuela), S (Silvestre) o B (Begoña).

Ejemplo: 1 B

   1 Aunque no engordo, creo que mi dieta es poco saludable.
   2 No sé cómo preparar comida saludable.
   3 Mis amigas y yo tenemos metabolismos muy diferentes.
   4 Siempre estoy demasiado ocupada para hacer ejercicio.
   5 En mi dieta hay demasiados dulces.
   6 Voy al gimnasio cada día.
   7 Me encanta la comida rápida.
   8 No tengo problemas de peso.

3 El gerundio. Consulta el punto N17 en la sección de gramática y completa las frases con el gerundio de los infinitivos del recuadro. ¡Atención! Hay infinitivos que no necesitas.

Ejemplo: 1 comiendo

   1 Sofía está .... una ensalada de arroz y maíz para mantener la línea.
   2 Llevamos cinco años .... la natación en la piscina olímpica.
   3 Tú debes continuar .... agua mineral para estar en forma.
   4 Norberto siempre va .... a trabajar, porque le gusta el atletismo.
   5 Nosotros ganamos mucho dinero .... equipamiento deportivo en la tienda.
   6 Calixta está .... peso para participar en la maratón de Barcelona.
   7 Prefiero seguir .... en un apartamento pequeño que mudarme a una granja.
   8 Ellas llevan .... el coche verde siete meses.

correr	practicar	gastar	animar
vivir	ganar	conducir	beber
perder	vender	*comer*	volar

4 Responde a las siguientes preguntas sobre tu estilo de vida con un(a) compañero/a de clase.

- ¿Qué estás comiendo ahora para estar sano/a? ¿Qué estás tomando en tu dieta que es malsano?
- ¿Qué ejercicio estás haciendo hoy en día para estar sano/a?
- ¿Qué estás haciendo para mantenerte en forma?
- ¿Qué debes evitar comer si quieres perder peso?

5 Escribe unas líneas sobre tu estilo de vida y qué haces para mantenerte en forma. Incluye la información de la actividad 4. Mira el ejemplo para ayudarte.

Ejemplo: Para llevar una vida sana, en este momento no estoy haciendo mucho ejercicio, pero tengo una dieta muy sana que consiste en cinco comidas al día. Normalmente desayuno cereales y evito grasas. Debo ir al gimnasio y hacer ciclismo también…

Embarque

1E.1 ¿Qué ves en la tele?

★ **Describir lo que te gusta ver en la televisión**
★ **Los verbos irregulares en primera persona del presente**

Guía de Canal 100

09.30   *Cocina con Concha*   Hoy Concha nos explica cómo hacer pasteles y tartas con frutas de verano y otros ingredientes.

11.00   *Los Jardines de Andalucía*   Pamela Martínez continúa su serie de documentales en los jardines más bonitos de España. En este programa va a Granada para ver el Jardín del Generalife con todas sus flores.

12.30   *Telediario*   Para saber más sobre los eventos de hoy en España y el resto del mundo tenemos una hora de noticias, que hoy incluyen una entrevista con el Presidente.

13.30   *Gatos y ratones*   ¿Qué hacen hoy tus favoritos personajes de dibujos animados? ¡Más aventuras locas, seguramente!

14.00   *Los siete magníficos*   Película clásica del cine americano de la época de los sesenta, una película que puedes ver muchas veces.

16.00   *¿Parasol o paraguas?*   Juan García nos da información sobre el tiempo para los próximos días, tanto aquí como en el resto del mundo. ¿Sol o frío?

17.00   *Paulino y Paulina*   Otra oportunidad para ver la comedia clásica de los años 80. En este episodio Paulina compra una aspiradora nueva, con resultados cómicos.

18.00   *Dos familias, dos guerras*   El drama continúa en este episodio de la telenovela argentina. Más disputas entre papá y mamá.

1 a   Lee lo que dicen estas personas. Escribe a qué hora debe ver la tele cada persona.

Ejemplo: 1   16.00

    1   'Voy a Inglaterra mañana. ¿Hace sol?'
    2   'Veo muchas películas clásicas en la tele. No me gustan las películas modernas.'
    3   'Hago muchos postres, me gustan mucho las cosas dulces.'
    4   'Normalmente solo pongo la tele para ver las noticias. La política es muy interesante.'
    5   'Tengo mucho interés en las flores y los árboles.'
    6   'Soy muy aficionado a los dibujos animados. Son muy graciosos.'
    7   'Las comedias del pasado son un poco tontas, pero yo conozco a gente así.'
    8   'Es mi telenovela preferida. Vengo temprano a casa para verla.'

1 b   ¿Qué programa te gustaría ver de esta lista? Escribe el nombre del programa que te interesa y un adjetivo para describirlo.

Ejemplo: Cocina con Concha - interesante

2   Mira los dibujos. Escucha e escribe la letra del dibujo apropiado.

Ejemplo: 1   H

3 Los sonidos 'ua' y 'ue' en español. Escucha esta frase y separa las palabras. Repite la frase tres veces. Traduce la frase a tu propia lengua y apréndela de memoria.

Cuandosueloiralrestaurantepuedocomerhuevosybeberagua

4 Los verbos irregulares en primera persona del presente. Consulta el punto N1 en la sección de Gramática. Cambia cada infinitivo a la forma correcta para 'Yo'.

1 Cada día yo (*ver*) muchos programas.

2 Yo normalmente (*salir*) del instituto a las cuatro.

3 Yo (*ir*) directamente a casa.

4 Yo (*poner*) la tele para ver mi telenovela favorita.

5 Por las tardes yo (*hacer*) mis deberes.

6 Yo no (*estar*) cansado.

7 Yo (*tener*) una clase de baile el sábado.

8 El pronóstico del tiempo es importante, porque así yo (*saber*) qué ropa ponerme.

5 Trabaja con tu compañero/a. Haz y responde a las siguientes preguntas.

Ejemplo: 1 Me gusta la televisión porque aprendo mucho.

1 ¿Te gusta ver la televisión? ¿Por qué (no)?

2 ¿Qué tipo de programa prefieres? ¿Por qué (no)?

3 ¿Hay un programa que no ves nunca? ¿Por qué no?

4 ¿Tienes un programa favorito? ¿Cómo se llama? ¿Por qué te gusta?

Me gusta(n) Prefiero No veo nunca Tengo un progama favorito Se llama	la televisión las noticias las telenovelas los programas de cocina los documentales las series policiacas los dibujos animados las películas los anuncios	porque ya que	es interesante aprendo mucho son interesantes son graciosos/as son informativos/as son aburridos/as no son divertidos/as

6 Para cada dibujo escribe una frase, o más si puedes, utilizando las dos palabras que van con cada dibujo. Para cada uno debes escribir un mínimo de 15 palabras. Busca ideas en los otros ejercicios de estas páginas y recíclalas.

Ejemplo: 1 Veo muchas películas del pasado en la tele porque son interesantes y aprendo mucho sobre la historia.

veo interesante

tengo gracioso

salgo va que

sé   aprendo

Despegue

1E.2 ¿Vamos al cine?

★ **Hablar sobre las películas que te gustan (o no)**
★ **Las frases adverbiales**

Foro de chat sobre el cine

Bienvenidos a este foro especial para los jóvenes a quienes les importa el cine.

Antonio223: Para mí el cine es una parte muy importante de la vida. No solo voy al cine muy a menudo, sino que también curso estudios de cine en la universidad. Muchas veces sueño con ser director. Bueno, es mi meta y con mucha suerte me puede salir.

672marcela: Voy con frecuencia al cine con mis amigas y me chifla. Preferimos las películas románticas o las comedias, porque nos parecen las más divertidas, aunque de vez en cuando vemos algo más serio. Hoy por casualidad es el estreno de una muy buena. Creo que puede tener mucho éxito en las taquillas.

Superpatricio77: Yo soy un poco atípico entre mis compañeros de clase. A ellos no les gustan nada más que las películas de acción, de guerra, policiacas, de espías, etcétera. Por otra parte, yo rara vez voy a esa clase de película. Prefiero algo que tenga por lo menos una buena trama y personajes creíbles.

1 Lee el foro de chat y para cada frase escribe la letra de la terminación correcta, según lo que lees. Hay terminaciones que no necesitas.

Ejemplo: 1 C

1 Antonio223 no puede vivir sin…
2 Además de estudiar cine Antonio223 ve…
3 Para Antonio223, ser director es su…
4 672marcela no suele ir al cine…
5 A 672marcela le gustan las películas bastante…
6 La película que 672marcela y sus amigas ven hoy puede hacer…
7 Superpatricio77 no se parece a…
8 Superpatricio77 quiere ver películas más…

A ambición.
B sus amigos.
C el cine.
D éxito.
E mucho dinero.
F muchas películas.
G cómicas.
H serias.
I a solas.
J la televisión.
K trabajo actual.
L variadas.
M increíbles.

2 Ocho jóvenes hablan del cine. Escucha lo que dice cada persona y corrige la información subrayada de las siguientes frases.

Ejemplo: 1 emocionantes

1 Rafa – Las películas que veo tienen las tramas <u>aburridas</u>.

2 Alicia – Me <u>encanta</u> esperar para entrar en el cine.

3 Paco – Estoy estudiando para ser <u>director</u>.

4 Marta – Pienso que a veces las películas representan mal a la gente <u>joven</u>.

5 Santi – Trabajar en el estudio fue una experiencia <u>frustrante</u>.

6 Ana – Prefiero estar en la <u>primera</u> fila.

7 Iñaki – Me gustan las películas <u>serias</u>.

8 Luz – Recibo muchas entradas <u>baratas</u> para el cine local.

3 a Las frases adverbiales. Consulta el punto K2 en la sección de gramática. En cada frase cambia el adverbio subrayado por una frase adverbial utilizando *con*.

Ejemplo: 1 con frecuencia.

1 Voy al cine <u>frecuentemente</u>.

2 Veo películas románticas <u>regularmente</u>.

3 Eligieron el vestuario de la película <u>cuidadosamente</u>.

4 Los efectos especiales se preparan <u>difícilmente</u>.

5 Los actores aprendían el guión <u>fácilmente</u>.

3 b Escribe una frase tuya utilizando estas frases adverbiales.

1 a menudo

2 de vez en cuando

3 rara vez

4 Mira la foto y responde a las siguientes preguntas con tu compañero de clase. Túrnate para contestar a todas las preguntas.

1 Dame una descripción de la imagen, por favor.

2 ¿Qué ropa lleva el hombre con barba?

3 ¿Qué piensas que ha pasado en la película?

4 ¿Piensas que la gente está disfrutando de la película?

5 ¿Cuál prefieres, la televisión o el cine, y por qué?

5 a Juego de frases. Empareja cada sustantivo con un adjetivo para hacer una frase y traduce las frases que haces a tu propio idioma. (Busca cualquier palabra nueva en el diccionario y ¡¡no olvides las concordancias!!) Hay muchas posibilidades.

Sustantivos	Adjectivos
los actores, la banda sonora, la butaca, el director, los efectos especiales, el electricista, la entrada, los escenarios, el estreno, el guión, las palomitas, la pantalla, la publicidad, el rodaje, la taquilla, la trama, el vestuario	abierto, cómodo, conocido, costoso, decorativo, delicioso, elegante, emocionante, experto, famoso, fascinante, gratuito, interesante, grande, hábil, impresionante, increíble

5 b Alarga este texto de unas 40 palabras hasta unas 75 palabras añadiendo información adicional. En particular, intenta incluir más adverbios, adjetivos y más frases adverbiales. Mira el ejemplo para ayudarte.

Ejemplo: Ir al cine es muy interesante. Hay muchas clases de películas. Alguna gente prefiere las comedias, pero otros prefieren las películas románticas o serias. Ir al cine es algo que me gusta hacer con mis amigos. Vamos todos los sábados.

Vuelo

1E.3 Esta película me chifla, la otra no tanto

★ **Dar opiniones sobre programas de televisión y películas**
★ **La comparación: formas irregulares**

Una encuesta revela lo que ven (y no ven) los jóvenes mexicanos

¿En casa los jóvenes mexicanos ven mucho la tele?

Un veinticinco por (1) ……….. de los jóvenes confirmó pasar más de tres horas al (2) ………. viendo la televisión, aunque no en el salón, sino en su dormitorio, en el autobús o en el (3) ………. Los jóvenes descargan más programas que ven en el momento.

¿Qué clase de películas les gustan?

Muchos están de acuerdo en que las películas que prefieren son las que vienen de su vecino de hacia el norte. La gran (4) ………. dijeron que las películas de Hollywood son mejores que las que se producen en su país, porque representan una escapada de la vida diaria.

¿Ven mucho deporte en la tele?

Las chicas, menos que los chicos, pero sí, ven toda clase de deportes. Pero a diferencia de los demás programas, el deporte se ve normalmente en (5) ………., y muchas veces en un bar en compañía de otros hinchas.

¿Aprenden algo de la tele?

¡De hecho, muchos declararon que aprenden peor en sus aulas que viendo la tele! Los (6) ………. siguen siendo populares y algunos incluso hablaron de lo que aprenden de las telenovelas, de las cuales hay una proliferación en las pantallas (7) ………. .

¿Qué programas les interesan más?

Les interesan especialmente los programas que son más para ellos que para los adultos. Es decir los programas de música, de cultura joven y de (8) ………. .

1 Lee el artículo e escribe la palabra adecuada del recuadro para rellenar los espacios. ¡Atención! Hay cuatro palabras que no necesitas.

Ejemplo: 1 ciento

documentales	veinte	muchos	curiosidad	mexicanas	noche
ciento	mayoría	día	directo	tren	política

2 ¿La tele o el cine? Escucha seis personas que hablan de sus gustos en cuanto a la televisión o el cine. Para cada pregunta elige la letra correcta.

Ejemplo: 1 B

1 Mauricio – En mi casa…
 A nadie ve la tele
 B cada uno decide qué quiere ver y cuándo
 C vamos mucho al cine
 D no vemos muchas películas
2 Margarita – Elijo normalmente películas…
 A de otros países
 B en español
 C originales
 D variadas
3 Derek – Me gusta ver el fútbol en la tele solo si…
 A está lloviendo
 B no tengo deberes
 C mi equipo está en otro lugar
 D hay muchos hinchas

4 Amparo – Pienso que ser socio de un club de cine…
 A es caro
 B tiene ventajas
 C es gratuito
 D es difícil
5 David – Creo que lo que veo en la tele puede…
 A ser útil para mi futuro
 B causar conflictos en la familia
 C afectar mis opiniones políticas
 D confirmar lo que pensaba
6 María – Prefiero los programas que tratan sobre mi…
 A zona
 B pasado
 C país
 D pasatiempo

3 a La comparación: formas irregulares. Consulta los puntos D2 y D3 en la sección de gramática. Completa las frases con las palabras correctas. Elige entre *mayor*, *más*, *mejor*, *menos*, *peor* o *menor*.
 1 EEUU es ………. importante que Méjico en el mundo del cine comercial.
 2 Ver la tele es ………. caro que ir al cine.
 3 Me gustan las películas de suspense. Para mí son ………. que las románticas.
 4 Detesto las películas de miedo. Para mí son aun ………. que los anuncios, que tampoco me gustan.
 5 Mi interés en las películas históricas es bastante ………. que mi interés en las cómicas . Pienso que es porque mi profe de historia es fantástica.
 6 A causa de ser mi pueblo ………. que tu ciudad, no tenemos ni un cine ni un teatro aquí.
 7 Para mí ir al cine es ………. divertido que ver la tele, aunque es también ………. caro.
 8 Personalmente las telenovelas mexicanas me parecen ………. que las argentinas.

3 b Lee de nuevo la encuesta del ejercicio 1 y escribe todos los ejemplos.

4 Trabaja con tu compañero/a. Haz y responde a las siguientes preguntas.
 1 ¿En casa veis mucho la tele?
 2 ¿Qué clase de películas te gustan? ¿Por qué?
 3 ¿Ves mucho deporte en la tele?
 4 ¿Qué aprendes de la tele?

5 Escribe entre 130 y 150 palabras en español.
Escribe un *blogpost* sobre la televisión. Debes mencionar:
 ● un programa que ves regularmente en la televisión con tu familia
 ● lo que te gusta y no te gusta del programa
 ● un programa que verás mañana
 ● si piensas que es mejor ver la tele o ir al cine.

Vocabulario

1A.1 Donde vivo yo

a las afueras de	en el centro de	la montaña
aislado/a	cerca de	nacer
la aldea	*el chalet*	pequeño/a
antiguo/a	la ciudad	el piso
el apartamento	la costa	el pueblo
el barrio	la granja	*renovado/a*
el bloque	industrial	el río
el campo	lejos de	situarse
la casa	el lugar	tranquilo/a
la casa adosada	moderno/a	vivir

1A.2 Esta es mi casa

abierto/a	cómodo/a	luminoso/a
amplio/a	el despacho	los muebles
el apartamento	*el diseño*	*oscuro/a*
el aseo	el dormitorio	el pasillo
atractivo/a	la escalera	la planta
la butaca	estrecho/a	la planta baja
la calefacción	*la fachada*	el salón
la chimenea	grande	solo/a
la cocina	la habitación	la ventana
el comedor	el jardín	la vista

1A.3 ¿Qué haces en casa?

en cambio	el desayuno	la playa
adosado/a	el dormitorio	porque
el ático	escribir	preferido/a
la cocina	escuchar	preparar
el chalet	el estudio	regularmente
chiflar	la granja	relajarse
el coche	hablar	rico/a
comer	la habitación	el salón
el comic	jugar	tocar
la costa	leer	vacío/a
costar	el pasatiempo	vivir

1A.4 Las habitaciones de mi casa

la alfombra	el edredón	morado/a
amarillo/a	*el electrodoméstico*	negro/a
el armario	la estantería	el ordenador
la caja	el frigorífico	rojo/a
la cama	funcionar	el sillón
el cojín	la hamaca	la suerte
la cómoda	el hervidor	la tostadora
el congelador	el horno	el universo
el cuaderno	la izquierda	la vista
los deberes	mantener	
la derecha	marrón	
desafortunadamente	la mesa	

1B.1 Así es mi día en el insti

aburrido/a	divertido/a	las matemáticas
la asignatura	entretenido/a	la música
la biología	fácil	*una pérdida de tiempo*
las ciencias	la física	el/la profesor(a)
complejo/a	el idioma	*el recreo*
los deberes	el instituto	útil
el dibujo	interesante	
difícil	la lengua	

1B.2 Mi día escolar

el ajedrez	empezar	el patio
aprender	entusiasta	pensar
la cámara	*la esgrima*	poner
las ciencias naturales	favorito/a	preferir
el coro	la fotografía	*el taller*
el descanso	*la jornada escolar*	el teatro
durar	la lengua española	temprano
la educación física	el mediodía	

1B.3 En la pista de atletismo del insti

el aire	*espacioso/a*	la planta
antiguo/a	fresco/a	el polideportivo
el aula	fuera	el reciclaje
el barrio	el gimnasio	respirar
básico/a	*el huerto*	el ruido
la biblioteca	*la instalación*	la sala de profesores
el campo de fútbol	*el laboratorio*	el salón de actos
la cancha	limpio/a	sano/a
la cantina	*medir*	el silencio
el comedor	moderno/a	*la terraza*
ecológico/a	*el panel solar*	
el edificio	la pista	

1B.4 La vida escolar

acceder	la desventaja	montar
adquirir	escolar	obligatorio/a
el/la alumno/a	especializado	optativo/a
cambiar	el/la estudiante	propio/a
el chino	el horario	el proyecto
el colegio	la instalación	el taller
el curso	la lección	temprano/a
el descanso	*mantener*	
destacar	mejor	

1C.1 Las comidas típicas

el agua	*la fajita*	el pan
almorzar	el gazpacho	el pimiento
el arroz	el huevo	el pollo
la carne	la leche	la sal
la cebolla	la limonada	la salsa
cenar	la mantequilla	las uvas
comer	el marisco	la verdura
el desayuno	la mayonesa	el vinagre
la ensalada	la mermelada	

1C.2 Mis gustos culinarios

a menudo
apetecer
el arroz
asar
el café
la carne
la cebolla
cremoso/a
el curry
delicioso/a
demasiado/a

dulce
encantar
fascinar
la galleta
el gluten
grasiento/a
el helado
el pastel
picante
el postre
responder

el sabor
la salchicha
la salsa
la semana
simple
el sushi
la tarta
la vainilla
la verdura
la zanahoria

1C.3 La dieta sana y nutritiva que necesito

abusar
el aceite
acostarse
el alimento
el almuerzo
el azúcar
la consumición
contener
engordar
equilibrado/a

esencial
los frutos secos
la grasa
guardar la línea
el horno
el huevo
integral
la línea
nutritivo
la obesidad

perjudicial
peligroso
la porción
la proteína
recomendar
el refresco
la salud
el sobrepeso
suficiente
variado

1D.1 ¡Ay, qué dolor!

aliviar
bajar
el brazo
la cabeza
casero/a
el cuello
el dedo
doler
el dolor

la espalda
el estómago
la frecuencia
la garganta
el hombro
la mano
las muelas
el ojo
el pie

la pierna
recomendar
el remedio
la rodilla
sentirse bien/mal
el síntoma
la solución
una venda
visitar

1D.2 ¿Qué te pasa?

el agua
ayudar
el brazo
la cabeza
caerse
el calor
el catarro
descansar
desde
doler

dolorido/a
dormir
el frío
grave
la gripe
la herida
levantarse
el médico
el miedo
la muñeca

el pie
la píldora
recuperarse
roto/a
sangrar
sentirse
torcer
volver

1D.3 Qué hacer para mantenerse en buena forma

a veces	la escalada	normalmente
la carrera	estar en forma	no obstante
la cinta	físico/ a	perder peso
consumir	hacer	las pesas
correr	ir a pie	*sedentario/a*
el cuerpo	mantenerse en forma	solo
deportista	montar en bici	tener tiempo
la dieta	*mover*	la vez
el ejercicio	*la musculación*	(el estilo de) vida
la ensalada	nadar	el yoga
equilibrado/a	la natación	

1D.4 Los diferentes estilos de vida

apenas	el estrés	relajarse
aumentar	la falta	rico/a
el caramelo	ligero/a	seguir
la comida basura	llevar	siempre
disfrutar	olvidar	
la envidia	preocuparse	

1E.1 ¿Qué ves en la tele?

el anuncio	molesto/a	salir
la comedia	el mundo	siempre
los dibujos animados	las noticias	la telenovela
el documental	el país	tener
la entrevista	el pasado	el tiempo
estar	la película	tristemente
gracioso/a	reírse	ver
importante	saber	

1E.2 ¿Vamos al cine?

el actor	elegante	interesante
la butaca	emocionante	por lo menos
el cine	la entrada	las palomitas
cómodo/a	el éxito	la pantalla
conocido/a	famoso/a	el personaje
costoso/a	grande	la taquilla
de vez en cuando	gratuito/a	la televisión
divertido/a	hábil	el vestuario
el electricista	la imagen	

1E.3 Esta película me chifla, la otra no tanto

además	mayor	tener ganas de
avergonzado/a	mejorar	todavía
caro/a	menor	tratarse de
comenzar	menos	la ventaja
el corazón	la novela	útil
decir	pasar	
elegir	peor	
el equipo	preocuparse	
el fondo	proponer	
el hincha	sufrir	
el lugar	el tema	

Chile, una joya al oeste de América del Sur

Mi vida, a la chilena

¡Hola a todos! Me llamo Ludovico, tengo quince años y soy chileno. Voy a describir mi vida aquí en este país tan especial.

Vista del puerto de Antofagasta, Chile

Vivo en Antofagasta, una ciudad de casi 400.000 habitantes. Está dentro del desierto de Atacama, en la costa, en el norte de Chile. Muchas personas describen la ciudad como *La Perla del Norte*. Vivo con mis dos hermanas, mi padre y mi madre en una casa cerca del centro. Desde mi habitación tengo unas vistas muy bonitas de los rascacielos que hay en el centro financiero. Voy al colegio metropolitano San José todos los días, de lunes a viernes, de nueve a tres y media. Me encanta mi cole, especialmente las asignaturas de ciencias naturales y la educación física. Entre semana, siempre me levanto temprano y estudio mucho.

Los fines de semana son muy diferentes. Los sábados me levanto más tarde y hago los deberes por la mañana, para tener el resto del 'finde' (es decir, el fin de semana) libre. A veces voy al puerto o al parque con mis amigos. Los domingos son especiales, porque mi madre cocina el *charquicán* y suelen venir también mis abuelos, mis tíos y mis primos. Esta comida es tradicional y contiene cebolla, ajo, porciones pequeñas de carne, patatas y *zapallo*, que es una calabaza naranja muy sabrosa… ¡mmmm! Es muy sabroso. ¡Ah! También soy un fanático del fútbol, y mi equipo favorito es el CDA (Club de Deportes de Antofagasta), que juega en la Primera División.

1 Lee el blog sobre la vida de Ludovico y elige las cinco frases correctas de la lista.

1 Antofagasta tiene 4.000 habitantes.

2 El desierto de Atacama está en el norte del país.

3 Ludovico vive en una casa con cuatro personas.

4 Ludovico se levanta muy temprano los fines de semana.

5 Los domingos Ludovico come con su familia.

6 El *charquicán* es un postre chileno tradicional.

7 A Ludovico le gusta el *charquicán.*

8 El CDA es un equipo de fútbol chileno.

2 Lee la página web sobre Chile. Haz este prueba e escribe la palabra adecuada del recuadro para rellenar los espacios. Hay palabras que no necesitas.

1 En Hanga Roa hay ………. personas.

2 La población de Santiago de Chile es ………. .

3 Las ciudades más grandes de Chile son Santiago, ………., Concepción, La Serena y Antofagasta.

4 El desierto más grande de Chile se llama ………. .

5 Los Andes son una de las cadenas de ………. más grandes del mundo.

6 Las personas nativas de Chile se llamaban los ………. .

Chihuahua	mapuches	montañas	5.000.000	mayas	3.000
1.000.000	Valparaíso	Lima	Atacama	ríos	

Antigüedad y modernidad de la mano en Chile

En nuestro foro de viajes *muchoviaje.com* tenemos muchas opiniones para todos los gustos. ¡Escribe unas líneas y sube una foto a nuestra página después de volver de tus excursiones! Hoy nos centramos en dos caras diferentes de Chile.

@rompecorazones23

El mes pasado fui a Chile pero no pasé mucho tiempo en el territorio principal porque viajé a Hanga Roa, la capital de la Isla de Pascua. Tiene poco más de 3.000 habitantes, es pequeña y muy tradicional. En la calle principal desafortunadamente solo hay unas cuantas tiendas, un supermercado y una farmacia. Lo más importante aquí es el turismo, lo que explica que haya 15 hoteles en una población tan pequeña. Aunque todos

Unas estatuas Moái en un valle de la Isla de Pascua

hablan español, algunas personas aún hablan el idioma original de la isla, el rapa nui. ¡Es fascinante! A veces me sentí un poco aislado ya que no tenía mucho acceso a Internet. Mi amigo Pedro y yo organizamos una excursión en autobús a los moáis, las famosas estatuas monolíticas que representan caras de personas nativas de la isla. ¡Qué maravilla! Hay más de 900 estatuas en toda la isla y los más altos miden diez metros, aunque el más grande se llama Te Tokanga ¡y mide 21 metros! Es una experiencia única.

@la_viajera03

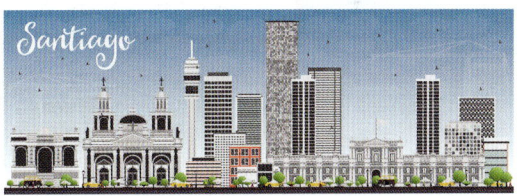

Edificios icónicos de Santiago de Chile

Yo viajé a la capital de Chile, Santiago de Chile, que es una de las ciudades más modernas de América Latina y muy similar a muchas capitales europeas. Tiene una arquitectura colonial muy bonita. Desde el avión vi los Andes, con mucha nieve, y ¡tan enormes! ¡Guau!

En Santiago hay cientos de hoteles, y la ciudad tiene una de las conexiones a Internet más rápidas y eficaces del continente. Me quedé en la ciudad cuatro días, y me sorprendió su transporte público: el metro es limpio y muy bien organizado. El centro financiero de la ciudad tiene muchos edificios grandes de cristal, pero algunos no tienen demasiada personalidad. Mi lugar favorito es el mercado central, en especial el restaurante Don Augusto, donde sirven la mejor comida marina del país. ¡Me encanta el marisco! Además, visité el Centro Cultural del Palacio de la Moneda y la catedral, de estilo colonial español. Lo malo es que a las afueras de la ciudad hay mucha pobreza. ¡Qué triste!

Los sabores y colores de Texas

Ficha de información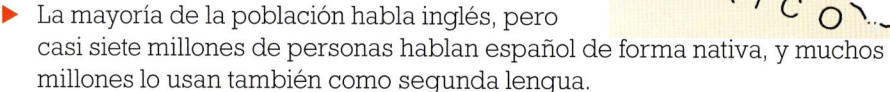

▶ Texas es el segundo estado más grande de los Estados Unidos, tanto en área como en población, mexicana y de los colonos españoles.

▶ El Texas español duró de 1690 a 1821. Ciertas ciudades y pueblos tienen nombres en español, como Del Río, San Antonio, Amarillo o Sonora.

▶ La mayoría de la población habla inglés, pero casi siete millones de personas hablan español de forma nativa, y muchos millones lo usan también como segunda lengua.

▶ En las últimas décadas hay un híbrido de las dos lenguas que se conoce como el *Spanglish*. Esta mezcla de español e inglés se usa de forma casual por muchos hijos de inmigrantes latinos en Texas. Aunque hay muchas variantes y formas de mezclar los dos idiomas, es normal transformar algunas palabras inglesas y hacerlas españolas. Por ejemplo, 'vacunar la carpeta' para decir *to vacuum the carpet,* 'lonchear' para decir *to have lunch*, y otros usos como 'chequear' (*to check*) y 'la chorcha' (*church*).

▶ Otra forma de hablar *Spanglish* es simplemente usar palabras en inglés y en español en la misma frase. Esto es muy popular hoy en día en la música latina moderna, y muchos artistas intercambian los dos idiomas en sus canciones. El *Spanglish* no es una lengua oficial, pero su uso está cada vez más extendido en Texas, Puerto Rico y Nuevo México.

1 Lee la ficha descriptiva sobre Texas y escribe los números que se corresponden con las letras. ¡Atención! Hay letras que no necesitas.

1	Hace más de tres siglos, España...	**A**	entre los hijos de inmigrantes latinos.
2	La ciudad de San Antonio...	**B**	es el inglés.
3	La lengua más hablada en Texas...	**C**	son ejemplos del híbrido de las dos lenguas.
4	El *Spanglish* es común...	**D**	estableció una colonia en Texas.
5	'Chequear' y 'chorcha'...	**E**	duró muchos años.
6	Mucha música latina moderna...	**F**	tiene letras en inglés y español.
7	Actualmente el *Spanglish* no es...	**G**	es un ejemplo de un topónimo español.
8	El *Spanglish*...	**H**	se habla en otros estados también.
		I	se conoce como el *Spanglish.*
		J	una lengua oficial.

Texas, ¡qué rico!

Las comidas típicas de Texas son una mezcla deliciosa de comida estadounidense y mexicana, pero con personalidad propia. En la gastronomía Tex-Mex se usan ingredientes como la carne, los frijoles y muchas especias picantes; también hay tortillas, nachos y chili con queso o chili con carne.

Un plato muy rico es el chimichanga. Se puede probar, por ejemplo, en un restaurante típico en la ciudad de El Paso. Es un burrito tradicional mexicano pero está frito y se sirve con guacamole o salsa de tomate. Aquí está la receta:

Chimichanga Tex-Mex

Ingredientes:

Carne o mezcla de verduras (pimiento, cebolla, calabacín)
Tomates naturales
Frijoles mexicanos
Queso rallado
Tortillas de harina tradicionales
…y para acompañar: arroz o salsas (de tomate, guacamole o tabasco)

2 Ahora la preparación… ¡pero está todo desordenado! ¿Puedes poner los diferentes pasos en orden?

1 Cuando esté terminado, colocar la mezcla sobre una tortilla y cerrarla bien en forma de paquete.

2 Finalmente, servir con arroz cocido con especias, o guacamole o salsas.

3 Segundo, añadir los tomates en trozos pequeños a la mezcla en la sartén y los frijoles, y continuar cocinando.

4 Colocar el paquete en un plato con el queso rallado encima.

5 Primero, cocinar la carne o la verdura en una sartén con un poco de aceite.

6 Luego, freír el paquete en aceite abundante durante uno o dos minutos, hasta obtener un color dorado.

3 Lee el texto sobre el rodeo y empareja los subtítulos A–D con los párrafos 1–4.

A El traje ideal	**C** Su popularidad
B Los inicios de la tradición	**D** Una definición

El rodeo: ¿Sabías que…?

1 En Texas, el rodeo es un deporte competitivo muy famoso. Para participar en esta actividad extrema, hay que montar un caballo o un toro en estado salvaje y realizar una serie de ejercicios. ¡Algunos son muy peligrosos! La prueba más tradicional consiste en estar sentado en un caballo bravo durante ocho segundos.

2 La ropa especial para participar en un rodeo es muy importante: sombrero típico, camisa vaquera y botas especiales. ¡Y no hay que olvidar unos pantalones muy resistentes!

3 En la ciudad de San Antonio se celebran las competiciones más famosas de rodeo en Texas. Según una estimación reciente, hay más de treinta millones de aficionados al rodeo en Estados Unidos, la mayoría en Texas, Nuevo México y California.

4 El origen de esta actividad viene del estado de Chihuahua, en México, donde los vaqueros en sus caballos formaban un círculo para proteger a su ganado.

Revista

Rincón del examen 1.1

Introducción al examen de escucha

Información importante

En el examen de comprensión auditiva de nivel intermedio hay tres tipos de ejercicio que te pueden pedir. Son:
→ Seleccionar la imagen correcta
→ Rellenar la información que falta
→ Poner los elementos diferentes en su categoría correcta.
El material que vas a escuchar puede ser de tres tipos diferentes:
→ Tres entrevistas o conversaciones cortas con personas diferentes
→ Una persona que habla continuamente
→ Seis personas que dicen cosas diferentes.

Estrategias

→ Lee con cuidado las preguntas antes de empezar
→ Toma nota de las palabras claves mientras escuchas
→ Recuerda que vas a escuchar todo dos veces, así que ¡tranquilo!

Seleccionar la imagen correcta

Estrategias

→ Ten cuidado con los negativos.
→ Pon solo 6 equis (X) en total.
→ No tienes que usar todas las imágenes.

1 a Antes de escuchar, trabaja con otra persona. Tomad turnos para decir una frase relacionada con cada imagen.

Ejemplo: estación, tren…

1 b Escucha. ¿Adónde van estas personas de vacaciones? Pon una equis [X] en las 6 casillas adecuadas.

	Luz	Paco	Sara
Ejemplo:	[ ]	[X]	[ ]
A	[ ]	[ ]	[ ]
B	[ ]	[ ]	[ ]
C	[ ]	[ ]	[ ]
D	[ ]	[ ]	[ ]
E	[ ]	[ ]	[ ]
F	[ ]	[ ]	[ ]
G	[ ]	[ ]	[ ]

Total [7] marks

Rellenar la información que falta

2 a Antes de escuchar, mira los espacios en blanco abajo y decide qué tipo de palabra necesitas para rellenar el espacio: un sustantivo, un verbo, un adjetivo o una cifra.

2 b Escucha lo que dice Antonio sobre su instituto. Completa las frases en español o usando números cuando sea necesario.

Ejemplo: Le gusta el inglés porque es útil y …

(a) Le gusta el inglés porque es ………. y ………. [2]

(b) No le gusta estudiar ………. [1]

(c) Su profesor de matemáticas se llama ………. y es de ………. [2]

(d) Número de alumnos en su instituto ………. [1]

Poner los elementos diferentes en su categoría correcta

Estrategias

→ El tono de voz de la persona puede indicar su punto de vista.
→ Escucha con cuidado las palabras o frases que pueden indicar dos puntos de vista diferentes – por ejemplo: pero, sin embargo, por otra parte, no obstante.

3 Escucha. ¿Tienen estas personas un punto de vista positivo, negativo o positivo y negativo? Pon una equis [X] en una casilla solamente, por cada opción.

	Positivo 🙂	Negativo 🙁	Positivo y negativo 🙂 🙁
Ejemplo: Las instalaciones	[X]	[ ]	[ ]
(a) Gente de todo el mundo	[ ]	[ ]	[ ]
(b) Comida	[ ]	[ ]	[ ]
(c) Profesores	[ ]	[ ]	[ ]
(d) El horario	[ ]	[ ]	[ ]
(e) Las asignaturas	[ ]	[ ]	[ ]
(f) La escuela local	[ ]	[ ]	[ ]

Estrategia

→ Hay diferentes tipos de categoría que puedes encontrar en el examen. Pueden incluir tiempos verbales, lugares, características físicas, etcétera.

Despegue

Rincón del examen 1.2

Introducción al examen de lectura 1

Información importante

En el examen de comprensión de lectura de nivel intermedio hay tres tipos de ejercicio que te pueden pedir. Son:
→ Seleccionar la terminación adecuada para la frase
→ Rellenar los huecos en las frases
→ Emparejar la frase con la persona.
Puedes encontrar textos de los siguientes tipos:
→ Información personal (*blogpost*, *podcast*, correo electrónico, carta etcétera)
→ Artículos cortos (periódico, revista, online etcétera)
→ Textos donde hablan tres personas diferentes o que dan información desde tres puntos de vista diferentes.

Estrategias

→ Lee todas las instrucciones.
→ Mira las imágenes para comprender el contexto.
→ Asegura que comprendes qué tipo de texto lees (revista, carta, articulo etcétera).
→ Lee el texto entero antes de empezar a contestar.
→ Las preguntas normalmente van en el mismo orden en que se encuentran las repuestas en el texto. Utiliza esta técnica para localizar la sección del texto para cada pregunta.

Seleccionar la terminación adecuada para

Estrategias

→ Piensa en las expresiones sinónimas.
→ Ten cuidado con los negativos (especialmente los que no son obvios como 'nadie' o los implicados con 'falta' o 'dejar de' etcétera).
→ No dejes preguntas sin contestar. Si no sabes, adivina.

1 a Lee el artículo y busca sinónimos o frases sinónimas para las siguientes palabras.

Ejemplo: 1 desayunan

1	comen por la mañana	**4**	los espaguetis
2	ocurre	**5**	desarollando
3	igual	**6**	centros urbanos

Comer en España

La gastronomía española está cambiando. Lo tradicional ya no es lo único. Desde siempre los españoles desayunan poco; es decir un poco de pan, zumo de naranja y café con leche. Pasa lo mismo con la comida principal a mediodía con tres platos: de primero una ensalada, la pasta, una sopa o quizás algún plato con arroz, de segundo el pescado o la carne (ambos con patatas fritas) o bien un estofado, y de postre manzana, naranja, pera, o flan.

Pero la cosa va evolucionando. Ya en las ciudades más grandes se ven no los restaurantes franceses o italianos sino los japoneses, tailandeses o más exóticos aún.

1   b   Pon una equis (X) en la casilla apropiada.

Ejemplo: El artículo se trata de…

[ ]	A	las casas
[X]	B	la comida
[ ]	C	el instituto
[ ]	D	los pasatiempos

(a) La gente come ahora de manera… [1]

[ ]	A	más sana.
[ ]	B	menos cara.
[ ]	C	bastante diferente.
[ ]	D	muy ecológica.

(d) Las patatas fritas suelen acompañar… [1]

[ ]	A	solo el pescado.
[ ]	B	solo la carne.
[ ]	C	el pescado y la carne.
[ ]	D	los estofados.

(b) Desde hace muchos años, desayunar pan y café con leche es… [1]

[ ]	A	curioso.
[ ]	B	rápido.
[ ]	C	barato.
[ ]	D	normal.

(e) Uno de los postres tradicionales más comunes para los españoles es… [1]

[ ]	A	un trozo de tarta.
[ ]	B	la fruta.
[ ]	C	el arroz con leche.
[ ]	D	el yogur.

(c) La comida tradicional del mediodía suele consistir en… [1]

[ ]	A	más de un plato.
[ ]	B	solo un bocadillo.
[ ]	C	solo verduras.
[ ]	D	dos platos.

(f) Ahora son muy populares los restaurantes… [1]

[ ]	A	asiáticos.
[ ]	B	franceses.
[ ]	C	tradicionales.
[ ]	D	europeos.

Total: [6 marks]

Rincón del examen 1.3

Introducción al examen de lectura 2

Rellenar los huecos en las frases

> **Estrategias**
> → No necesitarás todas las terminaciones – esto es normal.
> → Utiliza tu conocimiento de la gramática para ayudarte. Debes pensar si necesitas un verbo, un sustantivo, un adjetivo o una cifra para rellenar los huecos.
> → Si no sabes: siempre adivina.

1 a Antes de leer el artículo, para cada palabra de esta casilla decide si es un *sustantivo* (S), un *verbo* (V), un *adjetivo* (Ad) o un *adverbio* (Av).

A regularmente	**D** paso	**G** fácil	**J** gradualmente	**M** escaleras
B en tren	**E** se relaja	**H** se quema	**K** comidas	
C andando	**F** vacías	**I** ocupadas	**L** poco	

Cómo llevar una vida sana

No parece siempre tan fácil estar en forma hoy porque trabajamos muchas horas, viajamos mucho y el estrés influye mucho en el bienestar. Entonces, ¿qué hacer?

Bueno, no es tan difícil como puede parecer. Los estudios científicos indican que con unos pequeños cambios se puede efectuar muchos beneficios.

¡10.000 pasos al día! – Para el bien del corazón no hace falta ni hacer deporte, ni ir al gimnasio. Con solo subir habitualmente la escalera en vez de tomar el ascensor, o usar los pies en vez del metro, basta.

¡Come un poco más lento! – Toma aproximadamente 15 minutos para que tu estómago mande un mensaje a tu cerebro para decir 'bastante'. Si comes rápido comes más.

¡Sonríe! – Sonreír y reírte libera sustancias en tu cuerpo que te harán feliz y te quitarán el estrés.

1 b Pon la letra adecuada en la casilla.

Ejemplo: Llevar una vida sana es siempre…	G
(a) Hoy llevamos las vidas muy …	
(b) Según los científicos solo hay que cambiar un…	
(c) Hay que tomar ejercicio…	
(d) En vez de viajar en transporte público se debe ir..	
(e) Debes tomar tu tiempo con las…	
(f) Cuando sonríes tu cuerpo…	

Emparejar la frase con la persona

Estrategias

→ Piensa sobre los posibles sinónimos.

→ Recuerda que cualquier frase puede aplicarse a cualquier persona, o ninguna.

→ Cada persona puede tener más de una equis, o ninguna.

2 a Trabaja con otra persona. Lee esta lista de frases e inventa otra manera de expresarlas.

Ejemplo: 1 Hay muchas disputas

1	se discute mucho	**4**	opinión
2	nos gusta mucho	**5**	del pasado
3	esto se debe a	**6**	mis compañeros de clase

2 b Pon una equis (X) en las 8 casillas apropiadas. ¡Ojo! Es posible que unas afirmaciones o personas tengan más de una equis o ninguna.

La gran pantalla, y la pequeña

Raúl

En casa hay disputas. A mamá no le gustan siempre los programas que veo, especialmente si contienen demasiada acción para ella. Digo que tengo dieciséis años y tengo otro punto de vista, pero no escucha. Mis amigos, por otra parte, me aceptan tal y como soy.

Lucía

Voy siempre al cine con mi mejor amiga del instituto. Como aficionadas a las comedias lo pasamos bien y nos reímos mucho. Eso lo atribuyo al hecho de que tenemos más o menos la misma edad, pero mamá se siente excluida y no lo acepta.

Paz

Mi padre a veces se preocupa porque me encanta estar sola. Para mí lo mejor es pasar una tarde lluviosa en el cine viendo una película antigua. Las películas clásicas son las que más me gustan. Incluso me encantan las películas mudas; no hay sonido, pero pienso que las caras expresan tanta emoción.

	Raúl	Lucia	Paz
Ejemplo: Voy al cine con una amiga especial.	[ ]	[X]	[ ]
A Normalmente voy al cine sin otra persona.	[ ]	[ ]	[ ]
B Uno de mis padres no me comprende.	[ ]	[ ]	[ ]
C Me gustan las películas del pasado.	[ ]	[ ]	[ ]
D Me gusta estar con gente de mi generación.	[ ]	[ ]	[ ]
E Me entienden más los amigos que mi madre.	[ ]	[ ]	[ ]
F Me gustan las películas románticas.	[ ]	[ ]	[ ]
G He intentado explicar mi opinión.	[ ]	[ ]	[ ]

2A Relationships with family and friends

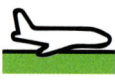

Embarque

2A.1 Te presento a toda mi familia

★ **Hablar de tu familia y mascotas**
★ **La preposición a personal**

A Tengo 15 años. Tengo una mascota, un gato que se llama Marte. Yo me llamo Ana.

B Soy Alicia. Tengo 14 años y tengo el pelo rizado. Veo a mis amigas todos los días.

D Soy Teo. Los domingos veo a mi primo, los dos jugamos en el mismo equipo. Él es rápido.

C Mi nombre es Sara; mi familia está en India. No veo mucho a mis abuelos. Tengo el pelo negro.

F Soy Felipe. Me gusta salir los fines de semana. Vamos mucho al cine.

E Me llamo Mía; tengo 15 años y me gusta escuchar la música. Ayudo a mi madre con las tareas en casa.

G Me llamo Ignacio. Soy hijo único. El sábado veo a mi padre que trabaja lejos.

H Soy Marcos y tengo 15 años. Soy alto. Ayudo a mi papá en el jardín pero prefiero el rugby.

 1 Lee las descripciones. Escribe las letras de las respuestas correctas.

Ejemplo: 1 G

1 ¿Quién no tiene hermanos?
2 ¿Quién tiene interés en el rugby?
3 ¿Quién tiene interés en el cine?
4 ¿Quién juega en el mismo equipo que su primo?
5 ¿Quién tiene un animal en casa?
6 ¿Quién tiene el pelo rizado?
7 ¿Quién ayuda en casa?
8 ¿Quién no ve mucho a sus abuelos?

 2 Escucha las descripciones de varias mascotas. Elige las frases correctas y escribe las letras.

Ejemplo: 1 C

1 Marcos tiene…
  A una mascota grande
  B un gato feo
  C un animal pequeño y tímido

2 Pepe tiene una mascota…
  A genial
  B bien educada
  C pequeñ

3 Juan tiene una tortuga…
  A grande
  B pequeña
  C bonita

4 El loro de Lisa es…
  A colorado
  B verde
  C tranquilo

5 El ratón de Antonio no es…
  A grande
  B pequeño
  C feo

6 El pez de Sara es…
  A feo
  B atractivo
  C agresivo

7 Julia tiene un caballo…
  A grande
  B inteligente
  C feo

8 El hámster de Jorge que lo come todo…
  A es gordo
  B es inofensivo
  C es agresivo

3 La preposición *a* personal. Consulta el punto P2 en la sección de gramática. De las dos opciones a continuación, escoge la respuesta correcta.

Ejemplo: 1 *a un chico*

1 Dibujo *a un chico / a una casa*.
2 Veo *la casa de Marcos / a la casa de Marcos*.
3 El artista pinta *las flores / a las flores*.
4 El profesor llama *los estudiantes / a los estudiantes*.
5 Mi madre invita *los chicos / a los chicos*.
6 Veo *a la madre de Marcos / la madre de Marcos*.
7 Miro *a los coches / a los dos chicos*.
8 Visito *mis primos / a mis primos*.

4 a El sonido 'j', equivalente a 'ge' o 'gi'. Escucha esta frase y separa las palabras. Repite la frase tres veces, tradúcela a tu propia lengua y apréndela de memoria.

Losgeraniosrojosdeljardínsongenialesygigantes

4 b Lee la frase en alto y díctala a tu compañero/a para que la escriba. Después tu compañero/a te la dicta a ti. ¿Quién tiene menos fallos?

5 Trabaja con tu compañero/a y prepara las respuestas a estas preguntas usando la tabla a continuación. Luego os turnáis para practicarlas.

- ¿Cómo te llamas?
- ¿Cuántos años tienes?
- ¿Cómo es tu familia?
- ¿Cómo eres físicamente?
- ¿Tienes una mascota?

Me llamo Mi apellido es Tengo [x]		María / Carlo Fernández años
Tengo	un/una, dos, tres, cuatro…	hermano(s) / hermana(s) tío(s) / tía(s)
En mi familia somos	dos, tres, cuatro…	hermano(s) / hermana(s) tío(s) / tía(s)
Soy hijo/a único/a		
Tengo el pelo largo / rizado / liso y	los ojos de color azul / negro / verde / gris	
(No) llevo gafas		
(No) tengo un(a) gato / pájaro / chinchilla	grande / gordo/a / pequeño/a	

6 Usa las oraciones de la actividad 5 para presentarte (y a tu mascota, si tienes una). Escribe dos párrafos y menciona:

- tu nombre y apellido
- los miembros de tu familia
- tus mascotas (si tienes) y adjetivos para describirlas
- tu cumpleaños

Guarda tus respuestas para usar más tarde (en los exámenes, por ejemplo).

Despegue

2A.2 Una foto de ti... en palabras

★ **Describir a personas físicamente**
★ **Adjetivos apocopados**

Hola Pepa:

Hoy es el primer día de clase y tengo cinco nuevos amigos en el cole. Te cuento — el primer amigo tiene un nombre diferente: se llama Malen, es de África originalmente y tiene la piel muy negra, es bajito y guapo. Me gusta mucho Lorena, es una gran amiga. Ella tiene problemas físicos y va en silla de ruedas pero es muy positiva y siempre está activa. Lleva gafas todo el día. Julio es un buen chico, es altísimo y delgado, muy útil para su deporte favorito, que es el baloncesto. El tercer chico que conozco es Juanjo, que tiene el pelo negro y unos ojos azules preciosos y es de talla media. El último es Miguel, que tiene el pelo muy corto y rubio, lleva gafas rojas y tiene un pendiente negro. Además tiene dos tatuajes azules y raros en el brazo. Se nota que es un poco diferente de los otros ¿verdad?

¿Qué te parecen? Quiero saber tu opinión.

Hasta pronto.

Maite

1 a Lee el correo electrónico. Señala si las afirmaciones son verdaderas (V) o falsas (F). Hay que señalar solo cinco afirmaciones verdaderas. Corrige las afirmaciones falsas.

Ejemplo: 1 V

1 Hoy empieza el cole para Maite.
2 Maite describe a cinco compañeros que conoce del año pasado.
3 Malen es una chica africana.
4 Los problemas de Lorena son físicos.

5 Lorena solo lleva gafas de sol.
6 Para Julio, es práctico ser alto cuando practica deporte.
7 Juanjo no es ni alto ni bajo.
8 Miguel llama la atención porque es distinto a sus amigos.

1 b Ahora busca diez ejemplos de adjetivos en el texto del ejercicio 1. Tradúcelos a tu propio idioma y apréndelos.

2 Mira los dibujos antes de escuchar. Escucha las descripciones y escribe las letras de las imágenes que se corresponden con los números.

Ejemplo: 1 G

(A)

(B)

(C)

(D)

(E)

(F)

(G)

(H)

3 a Los adjetivos apocopados. Consulta el punto C4 en la sección de gramática. Completa las frases con la forma correcta de la frase que incluye el adjetivo.

Ejemplo: 1 mal

   1 Hoy tengo un .... (*malo*) día: los deberes son muy difíciles.
   2 Mi .... (*grande*) amiga tiene su cumpleaños hoy.
   3 En .... (*primero*) lugar no me gusta esta canción vieja.
   4 Es una idea muy .... (*bueno*).
   5 El chico es un .... (*bueno*) amigo.
   6 Siempre paso una .... (*malo*) noche antes de viajar.
   7 Es la .... (*primero*) semana de clase.
   8 Es un .... (*grande*) futbolista.

3 b Consulta el texto del ejercicio 1 y escribe cuatro ejemplos de adjetivos apocopados.

Ejemplo: el primer día

4 Trabaja con tu compañero/a. Prepara un dibujo de la persona más fea imaginable. Sin enseñar el dibujo, y usando la tabla para ayudarte, describe a esta persona y tu compañero/a la dibuja. Después, comparad los dibujos. A continuación os turnáis.

No tiene		un ojo pelo dientes		
Es		feo/a horrible gordo/a bajito/a alto/a		
Tiene el pelo	largo rizado liso corto	y	los ojos de color	azul negro verde rojo amarillo gris
(No) lleva		gafas		
Se llama… Su apellido es…				

5 a Escribe una descripción de dos compañeros/as. Incluye los adjetivos que corresponden a:
   ● su pelo
   ● sus ojos
   ● su piel

Añade otra información interesante, por ejemplo, lleva gafas / es delgado / es fuerte.

Ejemplo: Mi primer compañero es alto y delgado; tiene el pelo negro y corto. Tiene los ojos azules; no lleva gafas.

5 b Traduce esta información a tu propio idioma y aprende las descripciones. Lee una de las descripciones en alto sin mencionar el nombre de la persona: ¿tu compañero/a puede adivinar quién es? Guarda la información descriptiva para usar más tarde y en los exámenes.

Despegue

2A.3 ¿Cómo es tu carácter?

★ **Describir el carácter de las personas**
★ **Usos del verbo *ser* con identidad o característica; uso de artículo delante de profesiones**

Lista A

1 **Nacho:** Es muy buen estudiante, nunca llega tarde.
2 **Las gemelas Marta y Marina:** Casi no tienen amigas, es difícil para ellas hacer amistad con otras personas de su edad en el instituto. Son estudiantes solitarias.
3 **Juanita:** Habla con todos y siempre cuenta algo de interés, tiene muchos amigos en su colegio; la risa con ella es constante. Es divertida.
4 **Pedro:** No organiza sus libros para estudiar, no organiza su música, su habitación es un desastre. ¡Qué chico!
5 **Paco y su hermano Diego:** Se levantan tarde, no estudian mucho, ven la tele a todas horas, no salen a pasear, los dos son perezosos.
6 **Luis:** Tiene pocos intereses, no lee mucho, no tiene opiniones sobre el futuro. No parece muy motivado.
7 **Gema:** Tiene problemas físicos, pero lleva una vida normal; es impresionante.
8 **Marcos:** Siempre es positivo y ya tiene unas ideas concretas para el futuro: dice que quiere ser ingeniero y, aunque es una carrera difícil, tiene suficiente motivación.

Lista B

A desordenado/a
B valiente
C ambicioso/a
D sociable
E tímido/a
F vago/a
G trabajador(a)
H aburrido/a

1 a Lee las descripciones. Escribe los números de las afirmaciones que se corresponden con las letras de los adjetivos.

Ejemplo: 1 G

1 b Escribe los adjetivos, tradúcelos a tu propio idioma y apréndelos. Consulta la lista de vocabulario y prepara una lista de más adjetivos útiles.

2 a Los compañeros de clase. Vas a oír las opiniones de cuatro personas sobre sus compañeros. Las opiniones ¿son positivas, negativas o positivas y negativas? Indica postivo (P), negativo (N) or positivo y negativo (P+N) por cada persona.

Ejemplo: 1 N

    1 Roberto
    2 Alicia
    3 Gonzalo y Gabriel
    4 Francisco
    5 Mari
    6 Pedro
    7 Miguel
    8 Rosa

2 b Escucha los diálogos otra vez y escribe seis adjetivos que se usan para describir el carácter de las personas. Tradúcelos a tu propio idioma.

3 a Usos del verbo 'ser'. Consulta el punto N18 en la sección de gramática. Corrige las palabras (a)–(j). Deben estar de acuerdo con la frase. ¡Ojo! No es siempre necesario cambiar las palabras.

Ejemplo: (a) es

Mi hermana mayor (a) [ser] actriz y quiere (b) [ser] muy famosa. Yo también (c) [ser] ambicioso, pero aunque los dos (d) [ser] similares, ella tiene el carácter necesario para triunfar. Yo (e) [tener] que decir que toda la familia ayuda mucho (f) [a] mi hermana y con suerte va a tener una (g) [grande] carrera en el futuro. Mis padres (h) [ser] optimistas también y (i) [ser] importante para mi hermana tener este apoyo. La semana que viene ella va a tener un (j) [bueno] papel en una obra de teatro y todos vamos a verla. Espero que tenga suerte.

3 b Consulta el texto de la actividad 1 y encuentra cinco usos del verbo *ser* con identidad o característica.

Ejemplo: Es muy buen estudiante.

4 a Mira la foto y prepara unas respuestas detalladas a las siguientes preguntas. Después, con tu compañero/a, túrnate para practicarlas.

    1 ¿Qué se puede ver en esta imagen?
    2 ¿Dónde está jugando esta familia? ¿Por qué?
    3 ¿Qué va a hacer esta familia después de jugar?
    4 ¿Por qué crees que está contenta esta familia?
    5 Para llevarse bien con la familia ¿es importante pasar tiempo juntos?

4 b Trabaja en grupos pequeños. Piensa en una persona famosa (estrella de cine, de deporte, etc.). Tus compañeros van a intentar adivinar el nombre de la persona haciendo preguntas con esta tabla.

¿Es			americano/a? inglés/inglesa? australiano/a?
¿Es			futbolista? actor/actriz? atleta? estrella de cine? deportista?
¿Tiene el pelo	largo? rizado? liso? corto?	¿Es	simpático/a? romántico/a? inteligente? divertido/a? popular?
¿Lleva			gafas?

5 Describe a una persona famosa. Prepara un póster para presentar a la clase. Sin identificar su nombre menciona:
- cómo es físicamente
- cómo es su personalidad o carácter
- su profesión
- por qué es famoso/a.

Vuelo

2A.4 Las relaciones familiares

★ **Descubrir cómo se vive en distintas familias**
★ **Los pronombres posesivos**

Todos tenemos impresiones profundas de la infancia ...

En la mía lo que todavía me causa gran efecto es el funeral de mi tío Juan de Aguirre.

Desde hace mucho tiempo constituye un misterio para la familia dónde está el hermano mayor de mi madre, hasta que se descubre que está muerto.

Compruebo que en mi familia existe cierta reserva al hablar de mi tío; me llevo bien con todos, pero parecen estar de acuerdo porque de los nuestros, ni mi madre, ni su hermana, ni mi abuela quieren hablar de él, cosa que yo no aguanto. Pienso 'no es justo' pero este misterio y esta reserva suya excitan mi fantasía.

Nuestra criada, que es muy supersticiosa, (algo que no tiene en común con mi madre) tiene su versión: en la suya el tío Juan no está muerto. No menciona detalles y un día casi discutimos:

—¿Pues dónde está?—le pregunto yo.

—Está lejos de aquí.

—¿Y por qué no viene?

—No puede venir.

—Pero ¿por qué?

Finalmente, después de prometer no decir nada a mi madre, me cuenta que mi tío es pirata, que está en una prisión inglesa, con cadenas en los pies y unas letras quemadas con un hierro en la espalda. Por eso, aunque vive, no puede venir a casa.

Texto adaptado de Las inquietudes de Shanti Andía *por Pío Baroja*

1 Lee el texto sobre impresiones de la infancia. Contesta a las preguntas en español basándote en el texto. No necesitas escribir frases completas.

Ejemplo: 1 Le causa un gran efecto.

1 ¿Cómo le afecta al narrador el funeral de Juan de Aguirre?
2 ¿Cuándo se soluciona el misterio?
3 ¿Qué excita el interés del narrador? [2]
4 ¿Por qué casi discuten el narrador y la criada?
5 ¿Cuál es la opinión de la criada?
6 ¿A quién no puede contar el narrador la versión de la criada?
7 En esta versión ¿dónde está Juan de Aguirre y por qué? [2]
8 Según la criada ¿cómo sufre Juan de Aguirre en la prisión? [2]

2 Vas a oír una entrevista con Julia, que habla de su familia. Escucha lo que dice con atención. En cada frase hay algo que no corresponde a lo que se dice en la entrevista. Escucha la entrevista y escribe la palabra correcta en español.

Ejemplo: 1 menor
  1 Julia se lleva bien con su hermano ~~mayor~~.
  2 Julia no soporta la ~~ambición~~ de su hermano mayor.
  3 Su hermano mayor no hizo bien las tareas de ~~inglés~~.
  4 Julia cree que ~~gana~~ más en casa que su hermano mayor.
  5 Nunca salen ~~con sus amigos~~.
  6 La semana pasada se encontraron los dos hermanos en el ~~estadio~~.
  7 Los hermanos tienen en común una pasión por el ~~rugby~~.
  8 No están de acuerdo cuando hablan de sus ~~cantantes~~ favoritos.

3 Los pronombres posesivos. Consulta el punto G2 en la sección de gramática. Escribe la forma del pronombre posesivo que corresponde con las palabras subrayadas.

Ejemplo: 1 la suya
  1 ¿De qué paga estamos hablando? De <u>la paga de mi hermana</u>.
  2 Discuto siempre, sobre todo con <u>tus hermanos</u>.
  3 Su familia parece más organizada que <u>la de nosotros</u>.
  4 La familia perfecta no es <u>de mí</u>.
  5 Tiene más en común con mis hermanos que <u>los de él</u>.
  6 ¿Adónde vais? — Primero vamos a la casa de Ignacio y luego a <u>la de ti</u>.
  7 Me llevo bien con todos <u>los primos de vosotros</u>.
  8 Mi familia es mucho más rara que <u>la familia de Antonio</u>.

4 Trabaja con tu compañero/a y prepara unas respuestas detalladas a las siguientes preguntas. Después túrnate para practicarlas.
  1 ¿Te llevas bien con tu familia?
  2 ¿Tienes mucho en común con los miembros de tu familia?
  3 ¿Discutís alguna vez tú y tu familia? ¿Por qué motivo?
  4 Háblame de lo que ocurre si hay una discusión en tu familia.

5 Vuelves de una visita a un amigo. Escribe entre 130 y 150 palabras en español. Escribe una entrada en tu blog comparando tu familia y la suya. Debes mencionar:
  ● cuántas personas hay en tu familia y con quién te llevas mejor y por qué
  ● qué problemas hay en cada familia
  ● las diferencias entre tu familia y la familia de tu amigo
  ● lo que más te gusta de la familia de tu amigo.

Embarque

2B.1 Los pasatiempos en casa

★ **Hablar sobre las actividades de ocio que haces en casa**
★ **Los adverbios básicos**

A  **B**  **C**  **D**

E  **F**  **G**  **H**

 1 Lee las siguientes frases. Escribe los números de las frases junto a las letras de cada dibujo con las que se corresponden.

Ejemplo: 1 D

1 Escucho música en mi móvil.

2 Siempre juego a los videojuegos en mi consola.

3 Leo libros de aventuras o misterio.

4 Cocino recetas de comidas nuevas.

5 A veces veo la tele con mi familia.

6 Navego mucho por Internet en mi tableta.

7 Juego al ajedrez con mi hermana.

8 Toco bien la trompeta.

 2 Vas a oír a Leopoldo describiendo los pasatiempos de su familia. Escucha con atención y escoge la opción correcta en las siguientes frases.

Ejemplo: 1 B

1 ¿Qué tipo de música escucha el padre de Leopoldo?
  A rock
  B clásica
  C pop
  D bachata

2 ¿Dónde lee una novela su madre?
  A en una silla
  B en la cama
  C en el sofá
  D en el jardín

3 ¿Qué prefiere leer el tío Miguel?
  A los cómics
  B los libros
  C las novelas
  D los periódicos

4 ¿Qué instrumento toca su abuela?
  A la flauta
  B el piano
  C la guitarra
  D la trompeta

5 ¿Qué cocinan Iker y Lide?
  A una paella
  B quesadillas
  C una pizza
  D patatas fritas

6 Su hermana utiliza Internet para…
  A practicar deporte
  B ver videos
  C hablar con sus amigos
  D escribir un blog

3 a Los adverbios básicos. Consulta el punto K2 en la sección de gramática. Reordena las siguientes frases para que tengan sentido. Después, subraya el adverbio en cada frase.

Ejemplo: 1 Me gusta <u>mucho</u> cocinar.

1 gusta cocinar Me mucho
2 bien el clarinete Mariola toca
3 demasiado Esteban estudia Pienso que
4 mucho veo la tele Yo

5 Mi cocina padre bien
6 mal Sonia al ajedrez juega
7 Mi deportista es hermano muy
8 por Internet interesante es bastante Navegar

3 b Busca cuatro ejemplos de adverbios en las frases del ejercicio 1. Después, tradúcelos a tu idioma.

4 a El sonido de la 'i' y la 'y' en español. Escucha esta frase y separa las palabras. Repite la frase tres veces, tradúcela a tu propia lengua y apréndela de memoria.

Miriammiralacamisaamarillalilaygris

4 b Lee la frase en alto y díctala a tu compañero/a para que la escriba. Después tu compañero/a te la dicta a ti. ¿Quién tiene menos fallos?

5 Responde a las siguientes preguntas con un(a) compañero/a de clase. Usa la tabla a continuación para ayudarte en tus respuestas.
  ● En casa ¿cuál es tu pasatiempo favorito?
  ● ¿Qué pasatiempo te gusta menos?
  ● ¿Qué haces en casa los fines de semana?
  ● ¿Qué pasatiempos tienen otros miembros de tu familia?

Mi pasatiempo favorito en casa es	cocinar escuchar música escribir en el blog
En casa no me gusta nada	jugar al ajedrez / a videojuegos / a un juego de mesa leer un cómic / un libro
Los fines de semana suelo	navegar por Internet tocar la guitarra / el piano ver la tele
A mi madre / mi padre / mi hermano/a mayor / menor le gusta	

6 Escribe un párrafo sobre los pasatiempos que haces en casa. Incluye la información de la actividad 5.

Despegue

2B.2 La rutina de todos los días

★ **Describir tu rutina diaria**
★ **Los verbos y pronombres reflexivos**

1 Los verbos y pronombres reflexivos. Consulta los puntos **M6** y **N22** en la sección de gramática y completa las frases con el pronombre y el verbo conjugado en presente en cada caso.

Ejemplo: 1 me

Marcos y su rutina diaria

1 Siempre .... levanto a las ocho menos cuarto de la mañana. (*levantarse*)
2 Marcos se .... en su dormitorio antes de ir al colegio. (*peinarse*)
3 Nosotros nos .... mucho en clase de informática. (*aburrirse*)
4 ¿Vosotros .... los dientes dos veces al día? (*lavarse*)
5 Vanesa y Gerardo .... ponen el uniforme para trabajar en la tienda. (*ponerse*)
6 ¿Tú .... las manos antes de cenar? (*lavarse*)
7 Mi primo Víctor nunca se .... por la noche. (*ducharse*)
8 Yo y mis amigos .... muy temprano siempre. (*acostarse*)

Unas rutinas dispares

Rafael

¡Hola! me llamo Rafa. Mi rutina diaria no es muy interesante. Siempre me despierto a las siete y cuarto. Después, me ducho rápidamente, me peino y voy a la cocina a tomar el desayuno. Más tarde, me lavo los dientes y voy al instituto a las ocho y veinte. Estudio muchas asignaturas, sin embargo mi preferida es la tecnología. Después del insti, vuelvo a casa a las cinco y prefiero relajarme un poco en el salón, o juego a mi videojuego preferido en el dormitorio. Sobre las siete y media ceno con mis padres en el comedor y luego hago los deberes en el salón. Si tengo tiempo, veo la tele un poco, si no, me gusta acostarme a las diez.

Sandra

¡Buenos días! Soy Sandra. ¡Me gusta mi rutina! Normalmente me levanto a las siete y media y me preparo el desayuno: a veces una tostada, o un yogur. Después me pongo el uniforme y voy al insti en coche con mi madre. Me encanta estudiar idiomas, especialmente el chino. A las cinco vuelvo a casa y ceno a las seis. A veces me gusta comer en el salón, mientras veo mi serie favorita en la tele. Más tarde, hago mis deberes en mi dormitorio y, cuando termino, me ducho y después me acuesto — a las diez y media más o menos.

2 Lee la información sobre las rutinas de Rafael y Sandra y responde a las preguntas en español.

Ejemplo: 1 a las siete y media

1 ¿A qué hora cena Rafael?
2 ¿Dónde hace Sandra los deberes?
3 ¿Qué piensa Rafael de su rutina?
4 ¿Qué ve Sandra en la tele?
5 ¿A qué hora vuelven Sandra y Rafael a casa?
6 ¿Cuál es la asignatura preferida de Rafael?
7 ¿Qué desayuna Sandra a veces?
8 ¿Qué hace Sandra después de los deberes?

3 Un día en mi casa. Escucha lo que hace esta familia cada día. Escribe las palabras o números apropiados.

Ejemplo: 1 6 AM
    1 Hora a la que se levanta la madre de Leo: ....
    2 Quién prepara el desayuno: ....
    3 Duración de la ducha de Natalia: ....
    4 Quién se ducha después de Natalia: ....
    5 Hora a la que se levanta el padre de Leo: ....
    6 Qué hace Marta sola: ....
    7 Cuándo vuelve Elvira: ....
    8 Qué hace Elvira después de cenar (3): ....

4 Trabaja con tu compañero/a. Haz y contesta las siguientes preguntas.
    1 ¿Qué haces en un día normal?
    2 ¿Qué hace tu familia en un día normal?
    3 ¿Crees que es importante ayudar en casa? ¿Por qué?
    4 Describe tu día perfecto.

5 Escribe un blog sobre tu rutina, similar a los parráfos del ejercicio 2. Incluye la información a continuación. Describe:
    ● qué haces
    ● cuándo lo haces
    ● tus opiniones.

Vuelo

2B.3 ¡Yo estoy limpiando la cocina!

★ **Hablar sobre las tareas domésticas y cómo las reparte la familia**
★ **El verbo *estar* de posición y el presente continuo (*estar* + gerundio)**

En el apartamento y en la finca

Cuando estoy en el apartamento…

… la vida es mucho más fácil. Dos veces a la semana yo quito el polvo y paso la aspiradora. Mi madre y mi hermano siempre están planchando la ropa. Detesto limpiar mi habitación, pero la comparto con mi hermano pequeño así que ahora nos estamos turnando esta tarea semanalmente. Después de cenar, yo friego los platos cuando estoy en la cocina, mientras mi hermanito quita la mesa cuando está en el salón. Generalmente yo hago mi cama, aunque muchas veces también hago la cama de mi hermano porque él tiene siete años y no lo hace bien. El sábado o el domingo lavamos el coche y preparamos todo para pasar una quincena de vacaciones en la finca que tenemos, cerca de un pueblo que se llama Valdepeñas.

Cuando estoy en la finca…

… trabajo mucho más. Me encanta ir, pero ¡hay tantísimas tareas al aire libre! Hay un jardín enorme, y yo normalmente corto el césped mientras mi hermano ayuda a mi madre a cortar flores y a regar las plantas cuando están fuera. ¡Limpiar el tractor es muy divertido! Mi padre usa el tractor en el campo cerca de la finca porque estamos cultivando uvas para hacer vino. En la finca tenemos un perro que se llama Tobías. Tobías es muy bueno y nos está ayudando a

La finca de Pipe en Valdepeñas, España

proteger la finca. Mi madre a menudo recoge las naranjas y los limones de los árboles que tenemos alrededor, y después prepara unos zumos deliciosos. Por la tarde, paso la aspiradora por los dormitorios mientras mi hermano no hace nada. ¡Qué perezoso!

Felipe

1 Lee el blog sobre los trabajos que hacen Felipe y su familia en su apartamento y en su finca. Contesta a las preguntas en español.

Ejemplo: 1 una vez a la semana / semanalmente

    1 ¿Con qué frecuencia limpian su habitación Felipe y su hermano?
    2 Cuando Felipe friega los platos, ¿qué hace su hermano?
    3 ¿Por qué a veces el hermano de Felipe no hace bien su cama?
    4 ¿Cuánto tiempo pasa de vacaciones la família en la finca?
    5 Cuando están en la finca, ¿dónde hace la familia la mayoría de las tareas?
    6 ¿Para qué sirve el tractor de su padre? [2]
    7 ¿Para qué utilizan la fruta de los árboles de la finca?
    8 Según Felipe, ¿por qué su hermano es perezoso? [2]

2 Vas a oír un boletín informativo sobre las tareas del hogar en España. Contesta a estas preguntas en español.

Ejemplo: 1 de la economía de la familia

1 ¿De qué eran los hombres responsables históricamente?
2 ¿Quién trabaja más en casa hoy en día, el hombre o la mujer?
3 ¿Qué hace un cincuenta por ciento de los jóvenes en casa?
4 ¿Cuántos jóvenes no hacen nunca, o casi nunca, nada?
5 ¿Qué porcentaje de jóvenes limpia su habitación una vez a la semana?
6 ¿Cocinan por igual padres y madres?
7 ¿Cuántas horas suelen dedicar los jóvenes a tareas domésticas?
8 ¿Cuánto más hacen las chicas que los chicos con respecto a las tareas?

3 El verbo *estar* de posición y el presente continuo (*estar* + gerundio). Consulta los puntos N18 y N2 de la sección de gramática. Corrige las palabras (a)–(j). Deben estar de acuerdo con la frase. ¡Ojo! No es siempre necesario cambiar las palabras.

Ejemplo: (a) paternos

No voy mucho a casa de mis tíos (a) [paterno], pero hoy vengo con mi amigo Antonio a ayudarles con algunas tareas de la casa. La casa (b) [estar] en un sitio (c) [precioso] rodeado de árboles (d) [enorme]. "Mira, Antonio, desde aquí se puede ver qué hace cada uno. Mi tío (e) [pintar] la pared del jardín y los perros (f) [estar] a su lado, cubiertos de pintura. Mi tía (g) [preparar] una tarta de manzana en la cocina, porque sabe que es mi postre (h) [favorito]. Mi abuela (i) [limpiar] las ventanas principales. Creo que mi prima Virginia no (j) [estar] en casa. ¿Tú la ves?"

4 Mira la foto y prepara unas respuestas detalladas a las siguientes preguntas. Después, con tu compañero/a, túrnate para practicarlas.

1 Describe la imagen, por favor.
2 Indica dónde se encuentran tres objetos/ personas de la imagen.
3 En tu opinión, ¿por qué están limpiando la casa?
4 ¿Quién hace qué en tu casa? ¿Te gusta lo que haces tú? ¿Por qué (no)?
5 ¿Cómo crees que los papeles del hombre y la mujer están cambiando en la sociedad actual?

5 Escribe entre 130 y 150 palabras en español. Responde a este correo. Debes mencionar:

- qué haces para ayudar en casa
- qué tareas prefieres y por qué
- dónde están las cosas para limpiar en tu casa
- qué hace el resto de la familia para ayudar el sábado

Hola,

En mi casa yo siempre ayudo con los quehaceres mucho más que mi hermano. Tú ¿cómo ayudas en casa?

Gracias y un beso.

2C Hobbies and interests

Embarque

2C.1 Disfrutando del tiempo libre fuera de casa

★ **Planear las actividades de ocio**
★ **Los adverbios que terminan en -*mente***

1 Mira los dibujos y lee los comentarios. Escribe las letras que se corresponden con los dibujos.

Ejemplo: 1 C

  1 Me gusta ir al cine. Afortunadamente los viernes hay una película nueva; me lo paso muy bien.
  2 Personalmente me divierto con el tenis. Los sábados normalmente hay torneo.
  3 Las discotecas son más baratas solamente los jueves: es cuando voy con las amigas.
  4 El domingo vamos rápidamente al polideportivo. Es entretenido organizar un partido de baloncesto.
  5 Mañana voy al club de golf; el instructor realmente me ayuda mucho.
  6 Siempre voy a ver el entrenamiento de fútbol, es completamente gratis.
  7 Me gusta el atletismo, el sábado es especialmente importante para los campeonatos.
  8 Sinceramente, mi pasatiempo no es muy popular: toco la flauta. ¡Esta afición necesita mucha concentración!

2 Vas a oír una conversación sobre las actividades de Pablo y Tina. Escucha lo que dicen con atención y selecciona la opción correcta.

Ejemplo: 1 conciertos

  1 Pablo se divierte cuando hay (*conciertos / coches*) en la plaza.
  2 Para Tina los entrenamientos de baloncesto son un poco (*aburridos / importantes*).
  3 Para Tina lo mejor de la semana son los (*entrenamientos / partidos*).
  4 En agosto Pablo va a muchos (*sitios / conciertos*).
  5 En agosto los conciertos se celebran (*en el interior / al aire libre*).
  6 Tina no tiene tiempo de ir a los conciertos porque tiene que (*entrenar / dormir*).
  7 Pablo se divierte con el yoga porque es (*fácil / sociable*).
  8 Para Tina, el yoga va a ser totalmente (*nuevo / fácil*).

3 a El sonido de la 'ñ' en español. Escucha esta frase y separa las palabras. Repite la frase tres veces, tradúcela a tu propia lengua y apréndela de memoria.

Laniñapequeñatienesueño

3 b Lee la frase en alto y díctala a tu compañero/a para que la escriba. Después tu compañero/a te la dicta a ti. ¿Quién tiene menos fallos?

4 Los adverbios. Consulta el punto K1 en la sección de gramática. Lee las siguientes frases y escribe el adverbio adecuado del recuadro para llenar los espacios. Traduce los adverbios a tu propio idioma.

Ejemplo: 1 Personalmente

1 .... yo prefiero el yoga — no es competitivo.
2 Cuando entreno corro .... para prepararme mejor.
3 El sábado tenemos suerte: .... hay un concierto al aire libre.
4 Correr una maratón es .... duro, pero lo voy a intentar.
5 .... mi rutina es practicar el deporte por la tarde.
6 Me dedico .... a mi deporte favorito porque me gusta competir.
7 .... entrena dos veces a la semana porque está muy cansado.
8 Mi equipo es muy bueno y siempre gana.......... .

especialmente	afortunadamente	solamente	normalmente
completamente	fácilmente	rápidamente	*personalmente*

5 Practica la siguiente conversación con un(a) compañero/a de clase. Usa la tabla a continuación para ayudarte en tus respuestas.

- ¿Qué deporte(s) practicas?
- ¿Cuándo practicas este deporte? ¿Cuántas veces a la semana?
- ¿Por qué te gusta practicar este deporte?
- ¿Qué es lo mejor del deporte? ¿Por qué?
- ¿Tienes otras aficiones?

Personalmente, el deporte que me gusta es	el fútbol la natación el baloncesto		
Normalmente practico el deporte	dos tres varias	veces a la semana	
Siempre practico el deporte	los lunes los martes el fin de semana	a las …	
Me gusta practicar este deporte porque es	sociable competitivo entretenido	y afortunadamente	me divierto mucho lo paso bien
Lo mejor de mi deporte favorito es	competir entrenar participar	con los amigos	
Tengo otros/as	aficiones pasatiempos intereses	como	la música leer

6 ¿Qué te gusta hacer en tu tiempo libre? Escribe un párrafo sobre tus pasatiempos y/o deportes. Debes escribir frases completas y añadir todos los detalles posibles.

Despegue

2C.2 Pensando en los planes y las invitaciones

⭐ **Seleccionar opciones para el tiempo libre**
⭐ **El futuro próximo, pronombres interrogativos precedidos de preposición (1)**

Hola Rebeca,

El día 10 es el cumpleaños de Sara. ¿Vamos a organizar algo especial? ¿A qué hora vamos a quedar? Pienso que le va a gustar una fiesta, pero ¿para cuántas personas? ¿Tú crees que va a querer cenar también? ¿Qué tal si cenamos fuera? ¿Te apetece? ¿En qué cafetería te gustaría quedar? Tiene muchas amigas del instituto y del pueblo. ¿Para cuántas personas lo organizamos? ¿O va a generar mucho trabajo?

Otra idea… a la piscina vamos a poder invitar a todo el mundo porque hay mucho sitio. ¿Para qué hora hay que reservar? ¿Hasta cuándo vamos a estar?

Lo siento ¡son muchas preguntas! pero contesta hoy si puedes porque vamos a tener que organizarlo todo esta semana.

Un beso,

Liliana

1 Lee el correo de Liliana y escribe la palabra adecuada del recuadro para rellenar los espacios. ¡Atención! Hay palabras que no necesitas.

trabajo	cocinar	cuántos	empezar
exótico	fuera	*organizar*	pastel
fiesta	reservar	cuándo	sitio
económico	terminar	gusto	lejos

Ejemplo: 1 organizar

1 Liliana habla de ………. algo especial para el cumpleaños de Sara.
2 Cree que a Sara le va a gustar una ………. .
3 También habla de cenar ………. .
4 Quiere saber para ………. se va a organizar la celebración.
5 Pregunta si organizar esta celebración va a generar mucho ………. .
6 A la piscina es fácil invitar a mucha gente porque hay mucho………. .
7 Quiere saber para ………. reservar.
8 Necesita saber cuándo va a ………. la fiesta.

2 Vas a oír una serie de diálogos cortos. Dibuja la tabla; escucha y escribe la información que falta.

Nombre	Tipo de actividad	Dónde	Un detalle más
1 Teresa	esquiar	al sur	con unas amigas

   1 Teresa
   2 Julia
   3 Pablo
   4 Juanita
   5 Miguel
   6 Silvia
   7 Pepe
   8 Juan

3 El futuro próximo. Consulta el punto N7 en la sección de gramática. Escribe todos los detalles de la agenda de Pedro con los verbos en el futuro próximo y añade información apropiada.

Ejemplo: 1 El lunes por la mañana voy a ir a casa a las nueve.

lunes:
mañana	ir a casa (yo) – ¿a qué hora?	(1)
	salir con dos amigos (nosotros) – ¿con quién exactamente?	(2)
tarde	sacar entradas (yo) – ¿para qué día?	(3)
	pedir bocadillos (ellos) – ¿para cuántos?	(4)

martes:
mañana	comprar jersey (yo) – ¿de qué color?	(5)
tarde	probar tapas (nosotros) – ¿en qué sitio?	(6)

jueves:
mañana	reservar billete (yo) – ¿para qué día?	(7)
	llegar a Madrid (yo) – ¿a qué hora?	(8)

4 Trabaja con tu compañero/a. Haz y contesta las siguientes preguntas.
   1 ¿Qué te gusta más, ir a un museo o a un concierto, y por qué?
   2 En tu tiempo libre, ¿prefieres ir de compras o tomar algo en una cafetería con tus amigos?
   3 ¿Qué celebraciones y fiestas hay en tu país? ¿Qué haces para celebrar?
   4 ¿Cómo celebras el cumpleaños de tu amigo/a normalmente?

5 Este fin de semana va a venir tu amigo/a a tu casa. Escríbele un mensaje para preguntar:
- a qué hora vais a quedar
- si vais a organizar una comida especial
- dónde le gustaría ir
- qué actividades vais a organizar.

Debes escribir 60–75 palabras.

Vuelo

2C.3 Un viaje maravilloso

★ **Contar las actividades de las vacaciones**
★ **El pretérito indefinido (verbos regulares)**

En Lisboa sólo te escribí unas líneas en una postal. Me faltó el tiempo. El tren llegó con retraso; luego el registro del equipaje en la aduana y el trasatlántico que estaba ya en el puerto, listo para empezar el viaje, esperando a los pasajeros con impaciencia, nervioso como un caballo antes de una carrera. ¡Y yo que soy tan inútil para las tareas comunes de la vida!... Recuerda cuántas veces te reíste de mí en nuestros viajes... Nuestros viajes ¡ay! tan lejanos, ¡tan lejanos! que no sé cuándo volverán a repetirse... Por fortuna, encontré en el tren a un compañero: un tal Isidro Maltrana, tipo curioso, al que conocí vagamente cuando visité el pueblo hace un año, y que va, como yo, a Buenos Aires. La identidad de nuestros destinos en seguida nos ayudó a conversar.

Hace unas sesenta horas que estamos juntos, y parece que somos amigos de toda la vida. Él me explicó que quiere ser mi secretario, o más bien, mi ayudante, en esta aventura estupenda que acabo de empezar. En Lisboa se encargó de las tareas del embarque y yo disfruté de las vistas del puerto y pensé en ti...

Texto adaptado de Los argonautas *por Vicente Blasco Ibáñez*

1 Lee el texto literario sobre un viaje a América del Sur y escribe la información que falta.

Ejemplo: 1 1 le faltó tiempo

   1 El autor no escribió mucho en Lisboa porque ....
   2 En la aduana esperó porque registraron ....
   3 El autor menciona a un compañero que encontró en ....
   4 El autor y el compañero se conocieron primero en ....
   5 El destino de los dos es ....
   6 El compañero mencionó su intención de ser ....
   7 En Lisboa el compañero empezó a ....
   8 Durante el embarque el autor .... de las vistas.

2 Un viaje. Escucha lo que dicen Raúl y Victoria. Para cada pregunta elige la letra correcta.

A la pobreza	**D** aburrido	**G** esquiar	**J** deportiva	**M** rápido
B turístico	**E** espectacular	**H** el ambiente	**K** la gente	**N** *el paisaje*
C interesante	**F** regresar	**I** sacar fotos	**L** contaminación	**O** cultural

Ejemplo: 1 N
1 Al llegar Victoria a Chile le impresionó…
2 Cuando Victoria salió por la tarde notó el nivel de…
3 El viaje en autocar fue…
4 A Victoria lo que más le chocó de la capital fue…
5 La puesta del sol en la costa fue…
6 A Victoria lo que le gustó de la estancia en la costa fue…
7 Al volver a Santiago un amigo de su padre les organizó una actividad…
8 Para Victoria aprender algo de la historia de Chile resultó…

3 a El pretérito indefinido. Consulta el punto N3 en la sección de gramática. Corrige las palabras (a)–(j). Deben estar de acuerdo con la frase. ¡Ojo! No es siempre necesario cambiar las palabras.

Ejemplo: (a) voy a
Ahora yo (a) [ir a] contar lo que nos (b) [pasar] durante las últimas vacaciones: seguro que te va a (c) [gustar]. Primero, nosotros (d) [tomar] el avión a la costa. Casi una hora más tarde, el grupo (e) [llegar] a nuestro hotel. Yo (f) [correr] desde el hotel hasta la playa y (g) [meterse] en el agua inmediatamente; luego mis amigos y yo (h) [nadar] en el mar.
Lo que más nos gusta de este sitio es el hotel. La gente siempre (i) [portarse] muy bien con nosotros y su (j) [grande] generosidad es increíble.

3 b Lee el texto de la actividad 1 otra vez. Escribe una lista de los ejemplos del pretérito y traduce a tu propio idioma las frases que los contienen.

4 Mira la foto y prepara unas respuestas detalladas a las siguientes pregunats. Despés, con tu compañero/a, túrnate para practicarlas.

1 Dame una descripción de la imagen, por favor.
2 ¿Qué protección llevan los chicos contra el frío y el sol?
3 ¿Qué van a hacer las chicas esta tarde?
4 ¿Por qué parecen contentos todos?
5 ¿Prefieres las vacaciones en las montañas o en la playa? ¿Por qué?

5 Escribe entre 130 y 150 palabras en español. Escribe una entrada en tu blog sobre tus últimas vacaciones. Debes mencionar:
- dónde y cómo viajaste
- lo que más te gustó
- lo que no te gustó
- tus planes para las próximas vacaciones.

2D Special occasions

Embarque

2D.1 ¿Cuándo es la celebración?

★ **Informarse sobre los festivales y ocasiones especiales**
★ **Los números hasta 100**

La Fiesta Mayor de Santa Ana

 A

 B

 C

 D

 E

 F

 G

 H

Este año, la Fiesta Mayor cumple 50 años y es, en teoría, una fiesta para la gente joven. Pero hay pocas personas mayores y menos participación de adolescentes. La opinión de los que tienen menos de 20 años es:

	Positivo (%)	Negativo (%)
Tradicionales procesiones religiosas	10	90
Fuegos artificiales	65	35
Conciertos de música	70	30
Atracciones (gente joven)	25	75
Bailes folklóricos	15	85
Teatro (edades hasta 7 años)	20	80
Desfiles de disfraces	60	40
Castillos de arena (pequeños)	13	87

1 a Mira los dibujos. Escribe las letras que se corresponden con los dibujos.

Ejemplo: 1 E

  1 desfiles de disfraces de carnaval
  2 teatro para niños
  3 bailes folklóricos
  4 fantásticos castillos en la playa
  5 atracciones populares de la feria
  6 fuegos artificiales
  7 procesiones religiosas tradicionales
  8 fabulosos conciertos de música

1 b Lee el artículo y escoge las cifras que faltan. No necesitarás todas las cifras.

treinta	sesenta y cinco	veinte	quince	*setenta*
sesenta	trece	setenta y cinco	noventa	veinticinco

Ejemplo: 1 setenta

1 Contentos con los conciertos: el .... por ciento.
2 Los fuegos artificiales es la actividad más popular para el .... por ciento de los jóvenes.
3 Muy interesados en los castillos de arena: el .... por ciento.
4 Positivos con el teatro para niños: el .... por ciento.

5 Negativos con las atracciones populares de la feria: el .... por ciento.
6 Positivos con los bailes folklóricos: el .... por ciento.
7 Descontentos con las tradicionales procesiones religiosas: el .... por ciento.
8 Contentos con los desfiles de disfraces: el .... por ciento.

2 Vas a oír información sobre fiestas internacionales. Consulta la tabla. Escribe si la afirmación de la columna derecha es V (verdadera) o F (falsa).

Ejemplo: 1 V

Fiesta	Duración
1 Los desfiles del Carnaval de Río	8 horas
2 La cabalgata del Día de Reyes	13 horas
3 Año Nuevo en China	5 días
4 Festival de cine de Edimburgo	12 días
5 Festival hindú: Diwali	6 días
6 Celebración en India: Holi	16 días
7 Famosas procesiones de Semana Santa (Guatemala)	26 horas
8 Las Fallas (fuegos artificiales)	20 minutos

3 El sonido (silencioso) de la 'h'. Escucha esta frase y separa las palabras. Repite la frase tres veces, tradúcela a tu propia lengua y apréndela de memoria.

Ahorahayquehacerhuevosyheladosparaloshombresquehoyhacenhorasdetrabajo

4 Los números hasta 100. Consulta el punto S1 en la sección de gramática. Escribe en números las cifras de las oraciones.

Ejemplo: 1 3

1 Voy a ver fuegos artificiales tres veces al año.
2 La celebración data del año cincuenta y siete.
3 Este verano hay festivales en quince capitales.
4 Las famosas procesiones empezaron hace cuarenta años.
5 Participo en esta fiesta desde los trece años.
6 Llevamos noventa minutos esperando el desfile.
7 Las celebraciones en India duran dieciséis días.
8 El año pasado cumplió treinta años.

5 Habla con tu compañero/a de una fiesta. Haz las preguntas siguientes y usa la tabla para ayudarte.

- ¿Cuántos días duran las fiestas en tu ciudad?
- ¿Desde hace cuántos años se celebran?
- ¿Cuántas actividades se celebran?
- ¿Cuántas personas de tu familia participan en las fiestas?
- ¿Cuándo es el día más importante?
- ¿Qué actividades prefieres?

La fiesta de mi pueblo / ciudad se llama [...]			
Dura		dos / tres / cuatro varios/as	días / semanas
Hace			años que se celebra
En la fiesta hay			actividades
En mi familia hay			personas que participan en la fiesta
El día más importante es el	miércoles / sábado / domingo	dos / tres / cuatro de	enero / junio / septiembre
Prefiero los desfiles / los bailes / los fuegos artificiales / los conciertos			

6 Escribe un párrafo sobre una fiesta de tu pueblo o ciudad. Usa la tabla de la actividad 5 para ayudarte. Debes escribir frases completas con más detalles si es posible.

Despegue

2D.2 Cómo organizar una gran fiesta

★ **Organizar una celebración**
★ **Fechas y verbos impersonales**

Julián: ¿Qué planes tienes para esta semana?

Pepita: Recuerda que el día 14 - pasado mañana - hay barbacoa con Carmen. Si hace sol, claro.

Juan: Pues conviene comprar refrescos del súper. ¿Te apetece ir hoy que no llueve?

Ana: Vale. Para su fiesta hay que llevar disfraz, ¿verdad? Y no tengo nada. ¿Tienes ideas tú?

Julián: Algunas, pero también hay una invitación para el 16 de agosto, ¿verdad?

Selina: Sí, es el cumpleaños de Alicia, pero no puedo ir.

Julián: Y tú, Mónica ¿tampoco puedes ir?

Mónica: No, hay reunión ese día con mis compañeros del equipo de fútbol.

Julian: ¿Crees que basta con llevarle un regalo el día 17?

Mónica: Creo que sí.

1 Lee la conversación y escribe la letra apropiada.

Ejemplo: 1 C

1 Pepita dice que van a hacer una barbacoa si…
   A no llueve.
   B no hace frío.
   C el tiempo es favorable.
   D hay refrescos.

2 Juan sugiere…
   A hacer la barbacoa hoy.
   B ir de compras hoy.
   C salir al súper mañana.
   D comprar comida ya.

3 Ana dice que…
   A no tiene un disfraz.
   B no tiene ideas.
   C no va a ir a la fiesta.
   D no le gustan las fiestas.

4 Para Selina ir a la fiesta es…
   A atractivo.
   B posible.
   C interesante.
   D imposible.

5 El día de la fiesta, Mónica tiene…
   A un compromiso.
   B un invitado.
   C un partido.
   D un regalo.

6 La idea de Julián es…
   A comprar un regalo.
   B ir a la fiesta con un regalo.
   C dar un regalo al día siguiente.
   D llevar un regalo el día dieciséis.

2 Vas a oír una conversación sobre la organización de una fiesta. En cada frase hay algo que no corresponde a lo que se dice en la grabación. Escucha la conversación y escribe la información correcta en español.

Ejemplo: 1 24

1 Marcos cree que la fecha de los cumpleaños es el día ~~22~~.

2 Marcos menciona ir ~~a la piscina~~ y organizar una comida al aire libre.

3 Fina está preocupada por ~~la fecha~~.

4 Rafa quiere organizar una fiesta ~~al aire libre~~.

5 Para la comida se necesita bebida y ~~música~~.

6 Piensan comprar la comida el sábado ~~al mediodía~~.

7 En el grupo de amigos hay tres personas con una dieta ~~normal~~.

8 Todos piensan acompañar a Fina al ~~cine~~.

3 Las fechas y los verbos impersonales. Consulta el punto N21 en la sección de gramática. Escoge el verbo impersonal correcto y escribe las fechas en palabras.

Ejemplo: 1 hay / diez de agosto

1 Si .... (*hay, hace*) problemas con la fiesta el día .... (*10 / 8*), llámame.

2 .... (*Hay, Es necesario*) organizar la barbacoa para su cumpleaños — es el .... (*31 / 12*).

3 Si .... (*llueve, hace*) frío durante la celebración del .... (*13 / 5*), volvemos a casa.

4 Si .... (*hay, llueve*) el domingo, organizamos la fiesta para el .... (*12 / 3*).

5 No .... (*hay, hace*) que comprar nada para la barbacoa del día .... (*10 / 4*); está preparado ya.

6 .... (*Llueve, Hay*) tiempo todavía porque los chicos no llegan hasta el .... (*19 / 9*).

7 .... (*Hay, Hace*) un problema ese día: no vuelvo de América hasta el .... (*17 / 1*) .

8 Si .... (*hay, es necesario*) organizar una celebración, tiene que ser el .... (*11 / 6*).

4 Trabaja con tu compañero/a. Haz y contesta las siguientes preguntas.

1 ¿Cómo celebraste tu último cumpleaños?

2 ¿Qué necesitas comprar para la fiesta perfecta?

3 ¿Cómo es la fiesta ideal para ti?

4 ¿Recuerdas una celebración que no te gustó? ¿Por qué?

5 Escribe un correo a tu amigo/a para invitarlo/la a la fiesta de tu cumpleaños. Menciona:

● qué tipo de fiesta va a ser (¿fiesta de disfraces? ¿con música?)

● cuándo empieza y dónde es la fiesta

● dónde se celebra la fiesta si hace frío o llueve

● lo que hace falta para la fiesta.

vuelo

2D.3 ¿Qué pasó? ¿Cómo fue?

★ **Recordar un momento increíble del pasado**
★ **El pretérito indefinido (verbos irregulares)**

¡Oh, París! ¡No hay más que un París!

Una noche, al salir los tres de un teatro, Elena tuvo ganas de conocer un nuevo restaurante de la ciudad. Sus amigos le hablaron de un lugar mágico, a causa de su decoración oriental—estilo Mil y una noches—y de su iluminación que cubría con un tono verdoso a los clientes como recién salidos del fondo del mar - y hicieron lo que pudieron para llegar allí antes de las once.

Entraron y dos orquestas se pusieron a tocar.

En un gran espacio abierto entre las mesas una pareja se levantó a bailar. Los vestidos y sombreros de diversos colores de las mujeres contrastaban con las masas blancas y negras de la ropa de los hombres.

Los no ocupados en bailar lanzaron por el aire serpentinas y flores, o hicieron sonar pequeñas trompetas con una alegría infantil. Globos de distintos colores fueron flotando hacia arriba. La gente sentada empezó a ponerse en la cabeza gorros de bebé, barcos de papel o máscaras de payaso.

A pesar del ambiente de alegría forzada y estúpida, el aspecto del restaurante pareció entusiasmar a Elena.

—¡Oh, París! ¡No hay más que un París!

Texto adaptado de La Tierra de Todos *por Vicente Blasco Ibáñez*

1 Lee los comentarios y señala si las afirmaciones son verdaderas (V) o falsas (F). Si son falsas, escribe una frase en español para corregirlas. ¡Atención! Hay tres afirmaciones que son falsas y cinco afirmaciones que son verdaderas.

Ejemplo: 1 F Los amigos salieron de un teatro / fueron a un restaurante.

   1 Los amigos salieron de un restaurante.
   2 Los amigos decidieron ir a un restaurante con una decoración impresionante.
   3 Al entrar ellos empezó la música.
   4 Los colores escogidos por las mujeres resultaron vivos.
   5 Los hombres se pusieron ropa de colores también.
   6 La gente sentada tiró objetos al aire.
   7 Los hombres se pusieron sombreros en la cabeza.
   8 La reacción de Elena al restaurante fue más positiva que la del narrador.

2 'El Clásico'. Escucha la conversación entre Juan y Marta sobre el fútbol. Para cada pregunta elige la letra correcta.

A reciente	**F** superior	**K** viejo
B ambiente	**G** enojo	**L** regular
C *partido*	**H** experto	**M** miedo
D pánico	**I** sorpresa	**N** tranquilo
E violencia	**J** participación	**O** estadio

Ejemplo: 1 C
   1 El Clásico es un…
   2 Marta fue al partido con un…
   3 La rivalidad entre los clubes no es…
   4 La reacción de Marta al entrar en el estadio fue de…
   5 Al principio el equipo de Barcelona fue…
   6 La pérdida del Real Madrid provocó…
   7 Para Marta lo inolvidable fue el…
   8 Marta prefiere un deporte más…

3 El pretérito indefinido. Consulta el punto N3 en la sección de gramática. Corrige las palabras (a)–(j). Deben estar de acuerdo con la frase. ¡Ojo! No es siempre necesario cambiar las palabras.

Ejemplo: (a) hizo

Ayer (a) [hacer] un tiempo ideal para el (b) [grande] día y los chicos (c) [decidir] ir al partido. Antes de salir, Ramón (d) [ponerse] la camiseta de su ídolo y en seguida (e) [encontrarse] con otros amigos. Llegaron puntuales para disfrutar del ambiente en el estadio y (f) [decir] que su sitio detrás de la portería era ideal.

El partido empezó con dos goles (g) [buenos]. Con la victoria, los dos chicos (h) [ponerse] muy contentos; celebraron tanto después que no (i) [darse] cuenta de la hora y perdieron el último autobús; finalmente (j) [venir] a pie hasta casa.

4 Mira la foto y prepara unas respuestas detalladas a las siguientes preguntas. Después, con tu compañero/a, túrnate para practicarlas.

   1 Dame una descripción de la imagen, por favor.
   2 ¿Qué levantan algunos espectadores? ¿Por qué?
   3 ¿Cuántos espectadores entraron a ver este concierto?
   4 ¿El ambiente es más importante que la música en un concierto?
   5 ¿Prefieres asistir a un concierto o un gran partido? ¿Por qué?

5 El fin de semana pasado recibiste una invitación para asistir a un espectáculo único (un partido importante o la fiesta más famosa de tu país). Parte de la invitación era un asiento privilegiado para ver toda la acción. Escribe entre 130 y 150 palabras en español sobre lo que pasó. Debes mencionar:
   ● quién te invitó y por qué
   ● lo que pasó cuando empezó
   ● un problema que tuviste
   ● tus futuros planes de asistir a otro espectáculo.

2E Holidays

Embarque

2E.1 Lo mejor de las vacaciones

★ **Hablar de los diferentes tipos de vacaciones**
★ **Comparativos básicos**

1 Raúl: ¿Lo mejor? explorar el Caribe — natural, relajante y tropical.

2 Marta: Me gusta hacer camping en un oasis y explorar.

3 Miriam: En verano me encanta hacer submarinismo y descubrir el mar.

4 José: Prefiero escuchar música y ver bailes emocionantes en una capital.

5 Gerardo: ¿Lo ideal para mí? Vacaciones de invierno: los deportes extremos son más emocionantes que ir a la playa.

6 Manuela: Practicar ciclismo — unas vacaciones perfectas con buen tiempo.

7 Conchita: Ir a un parque temático para ver las atracciones — divertido y barato.

8 Alejandro: Yo quiero descubrir la historia y vivir una aventura en las montañas.

A Argentina (Buenos Aires) – centro del tango y su historia; la capital musical
B Francia (París) – el mundo de Disney mucho menos caro que en América
C Australia – reservas marinas naturales, la costa del Pacífico
D Perú – increíbles montañas de los Andes y más historia india que en los libros
E Mallorca (España) – un clima ideal con condiciones perfectas para disfrutar de tu bici
F Andorra – montañas con nieve, deportes de invierno, emoción
G Costa Rica – tranquilidad, naturaleza tropical, temperaturas ideales
H Marruecos – desierto (¡más calor que en la playa!) y tu mochila para una aventura

1 Mira los intereses de los jóvenes y consulta la lista de destinos. Indica el destino que le corresponde a cada persona escribiendo la letra apropiada.

Ejemplo: 1 G

2 Vas a oír la opinión de unos jóvenes sobre las vacaciones. Escribe la letra de la afirmación que es Verdad.

Ejemplo: 1 A

1 Julio prefiere…
  A las experiencias nuevas
  B ir a la playa

2 A Julio le gustan los deportes…
  A acuáticos
  B extremos

3 Merche quiere…
  A relajarse
  B hacer deporte

4 Merche prefiere…
  A estar cerca del mar
  B estar en las montañas

5 Pepe prefiere…
  A la cultura
  B la playa

6 Serena prefiere…
  A ayudar a la gente
  B ir a un hotel

7 Marcos dice que ir lejos…
  A es posible
  B es muy caro

8 Marcos quiere…
  A ganar dinero
  B gastar dinero

3 Las comparaciones. Consulta el punto D1 en la sección de gramática. Para esta encuesta, incluye tus opiniones al escribir toda la oración.

Ejemplo: 1 Me gusta ir de camping más que visitar un hotel.

1 Me gusta ir de camping ………. (*más que / menos que*) visitar un hotel.

2 Visitar un museo es ………. (*menos interesante que / más interesante que*) tomar el sol en la playa.

3 Los deportes extremos me gustan ………. (*menos que / más que*) el fútbol.

4 Para viajar, prefiero el avión porque es ………. (*más práctico que / menos práctico que*) el autobús.

5 Gasto ………. (*más en viajes que / menos en viajes que*) en música.

6 Descubrir un país nuevo es ………. (*menos relajante que / más relajante que*) volver a un destino conocido.

7 Me gusta viajar con amigos ………. (*más que / menos que*) ir solo/a.

8 Llegar es ………. (*menos agradable que / más agradable que*) viajar.

4 El sonido 'o' en español. Escucha esta frase y separa las palabras. Repite la frase tres veces, tradúcela a tu propia lengua y apréndela de memoria.

Enveranovisitolosososolosmonosenelzoo

5 Prepara unas respuestas detalladas a las siguientes preguntas. Usa la tabla a continuación para ayudarte en tus respuestas. Trabaja con tu compañero/a y túrnate preguntando y respondiendo a las preguntas.
  ● ¿Te gusta más el mar que la montaña?
  ● ¿Qué tipo de vacaciones te gustan?
  ● ¿Te gusta más el deporte que la cultura?
  ● ¿Te gustan las vacaciones de verano o de invierno?

Prefiero Lo ideal son	las vacaciones de	mar / montaña verano / invierno hotel / camping deporte / cultura	porque	me gusta (n) prefiero me encanta(n)	el calor el sol la acción las experiencias nuevas
y es	más / menos	interesante tranquilo emocionante atractivo relajante		que	ir a un hotel hacer camping ir a la piscina

6 Prepara un póster sobre tus vacaciones ideales. Menciona tu destino especial y explica por qué te gusta esta clase de vacaciones.

Ejemplo: 'Ir a la montaña ¡es más emocionante que ir a la playa!'

Despegue

2E.2 Describir unas vacaciones

★ **Hablar de lo mejor de las últimas vacaciones**

★ *Lo* con un adjetivo (*lo mejor, lo bueno* etc.); sustantivos femeninos con *el* como artículo definido

---

Mis últimas vacaciones

Elepé2

Viajar en avión es lo más caro por eso este verano decidimos ir en tren y fue realmente cómodo. Además viajar en tren fue rápido y divertido y lo interesante fue tener unas vistas tan bonitas del área.

Spooku

Ayer volvimos de un viaje increíble a Buenos Aires. Lo mejor fue la comida: muy barata y deliciosa. ¡El hambre no fue problema para mí! Después fuimos a la costa: nadamos por la mañana y por la tarde también hice vela. ¡Una experiencia maravillosa!

Misteek

Este año en España no me aburrí nada. Por primera vez hice windsurf: con el agua fría lo importante era no caerme. Al final tuve éxito. Pasamos quince días en un camping: lo bueno fue encontrar a personas nuevas y hablar con gente de otros países.

---

1 a Lee las tres entradas del blog y decide si las frases son verdaderas (V) o falsas (F).

Ejemplo: 1 V

  1 Hace poco Spooku volvió de unas vacaciones formidables.
  2 Elepé2 dice que ir en tren es más barato que viajar en avión.
  3 Durante las vacaciones Elepé2 practicó la equitación.
  4 Para Misteek las vacaciones fueron una experiencia positiva.
  5 Misteek no pudo conocer a personas nuevas.
  6 Elepé2 se cansó mucho durante su viaje.
  7 Spooku y Misteek aprendieron a practicar un deporte en el mar durante las vacaciones.
  8 A Spooku le gustó lo que comió durante las vacaciones.

1 b Lee las entradas otra vez para hacer una lista de las palabras y expresiones útiles relacionadas con el tema de las vacaciones. Tradúcelas a tu propio idioma y apréndelas.

2 Las vacaciones. Escucha a las siguientes entrevistas y escribe, para cada persona, si habla del pasado (P), presente (PR) o futuro (F).

Ejemplo: 1 P

  1 ir en tren
  2 ir en avión
  3 ir a casa de unos amigos
  4 pasar un mes en España
  5 tener contacto con el corresponsal
  6 recibir a un corresponsal en casa
  7 enviar mensajes de texto a los amigos
  8 recibir mensajes del corresponsal

3 a *Lo* + adjetivo. Consulta el punto B4 en la sección de gramática. Completa las respuestas con las opciones correctas.

Ejemplo: 1 lo mejor

    1 ¿Cuál fue la parte de las vacaciones que más te gustó?
    Lo peor / Lo mejor fue la comida.

    2 ¿Cuál fue la parte que menos te gustó?
    Lo peor / Lo mejor fue acostarse tan tarde.

    3 ¿Qué problemas tuviste con el transporte?
    Lo más difícil / Lo más fácil fue el viaje de ida porque duró mucho.

    4 ¿Llegaste sin problemas a España?
    Sí, y encontrar a mis amigos en el aeropuerto fue *lo más caro / lo más fácil.*

    5 ¿Fue posible practicar muchos deportes?
    Sí, y *lo más emocionante / lo más rico* fue practicar el esquí.

    6 ¿Te gustó la comida?
    Mucho y descubrí que *lo barato / lo interesante* era probar cosas nuevas.

    7 ¿Te gustó vivir con una familia española?
    Sí y *lo caro / lo bueno* fue la oportunidad de hablar el idioma.

    8 ¿Cuáles fueron tus impresiones?
    Creo que vivir en casa de mi corresponsal fue *lo más agradable / lo más barato.*

3 b Los sustantivos femeninos con artículo masculino. Consulta el punto B3 en la sección de gramática. Completa las respuestas con las opciones correctas.

    1 *El / La* agua está muy *frío / fría* hoy.
    2 *Los / Las* aguas *tranquilos / tranquilas* del mar me gustan.
    3 *El / La* hada *malo /mala* no existe.
    4 *Los / Las* aves *migratorios / migratorias* van a África.
    5 *El / La* área para jugar es *amplio / amplia.*
    6 *Los / Las* áreas para jugar son *extensos / extensas.*
    7 *Los / Las* águilas son *atractivos / atractivas.*
    8 *El / La* hambre es *tremendo / tremenda* en los países pobres.

4 Mira la foto y prepara unas respuestas detalladas a las siguientes preguntas. Después, con tu compañero de clase, túrnate para practicarlas.

    1 ¿Qué se puede ver en esta imagen?
    2 ¿Les gusta a los chicos esta actividad? ¿Por qué?
    3 ¿Qué harán los chicos ahora?
    4 ¿Te gustaría hacer lo mismo que este grupo?
    5 ¿Prefieres las vacaciones activas o tomar el sol? ¿Por qué?

5 Escribe entre 60 y 75 palabras en español sobre 'Mis últimas vacaciones'. Debes utilizar todas las palabras mencionadas.

descansar	el verano pasado	probar actividades	lo mejor

Vuelo

2E.3 Para el año que viene ¿el destino de siempre o vacaciones diferentes?

★ **Ponerse de acuerdo sobre el destino apropiado**
★ **El futuro**

Vacaciones para todos los gustos

1 Si no quieres volver al mismo sitio de siempre para tus vacaciones, nuestra oferta te interesará. Aprenderás a navegar y a bucear, y te explicaremos el ecosistema marino. ¡Fascinante!

2 ¿Harto del destino de siempre? ¿Buscas algo nuevo? Descubrirás la vida diaria de verdad. No en un hotel con las típicas vacaciones de playa, sino en un centro de refugiados. Vivirás y compartirás todo con ellos. Estarás colaborando en una labor humanitaria de gran importancia.

3 ¿Quieres saber más sobre los ordenadores, los móviles y las redes sociales? Nosotros te daremos todo lo que necesitas para convertirte en experto. ¡No te lo pierdas!

4 Te proponemos una experiencia radical. Estarás con alguien de tu edad de un país totalmente nuevo: irás a Argentina durante tres semanas — compartirás casa con un(a) joven de cultura diferente, que después volverá contigo y verá cómo vives tú.

5 Si ya estás planeando cómo encontrar experiencia laboral ¡esto es para ti! Te buscaremos los trabajos más relevantes, te informarás sobre tu carrera preferida y ¡ganarás dinero! Todo se organizará cerca de donde vives sin necesidad de viajar.

6 Si sueñas con algo distinto, nuestros cursillos son para cualquier persona interesada en la aventura. En un centro acreditado de gran profesionalidad que garantiza tu seguridad, probarás una serie de deportes extremos, con la ayuda de nuestros monitores expertos. Será una experiencia nueva.

1 Contesta las preguntas en español basándote en el texto sobre vacaciones diferentes. No necesitas escribir frases completas.

Ejemplo: 1 el mar

  1 ¿Qué interés en común tendrán los que escogen las vacaciones tipo 1?
  2 ¿Cuál es la diferencia entre las vacaciones tipo 2 y las otras ofertas?
  3 ¿Las vacaciones tipo 3 son perfectas para los interesados en qué tema?
  4 ¿Qué tipo de estancia se propone en las vacaciones tipo 4?
  5 ¿A quién podría interesar las vacaciones tipo 5?
  6 Menciona tres ventajas de las vacaciones tipo 5. [3]
  7 ¿Las vacaciones tipo 6 son ideales para los interesados en qué tema?
  8 ¿Cuáles son los dos elementos que dan confianza en las vacaciones tipo 6? [2]

2 Vas a oír una serie de observaciones sobre las vacaciones. Escucha lo que dicen con atención y escribe el número de la afirmación que es verdad. Hay que marcar solo cuatro números.

Ejemplo: 1

Felipe
1 El año pasado Felipe no disfrutó del apartamento en la costa.
2 Felipe dice que no volverá al mismo apartamento.
Juan
3 El taller de música de Juan es solo para músicos avanzados.
4 A Juan le interesa el cursillo de música porque es para todos.
Nieves
5 El cursillo de mecánica para Nieves fue idea de su padre.
José
6 José dice que Mallorca es el destino ideal para los que quieren ir de discoteca.
Julia
7 Julia y sus amigas irán de excursión a pie.
8 Julia se alojará en un hotel.

3 El futuro. Consulta el punto N6 en la sección de gramática. Corrige las palabras (a)–(j). Deben estar de acuerdo con la frase. ¡Ojo! No es siempre necesario cambiar las palabras.

Ejemplo: (a) estuvimos

El verano pasado nosotros (a) [estar] con los amigos en las montañas pero (b) [aburrirse] mucho porque no me interesaban las actividades como la escalada o ir de excursión. Después de aquella experiencia negativa yo decidí (c) [cambiar]: el año que viene mi destino (d) [ser] totalmente diferente: (e) [ir] a la costa. Allí (f) [poder] alojarme en un (g) [bueno] hotel, y (h) [tener] la oportunidad de practicar los deportes acuáticos que más me gustan y además mis amigos me (i) [acompañar]. Me lo (j) [pasar] muy bien porque también hay discotecas – ¡no como en las montañas!

4 Trabaja con tu compañero/a. Prepara unas respuestas detalladas a las siguientes preguntas. Después, con tu compañero/, túrnate para practicarlas.
1 ¿Adónde fuiste de vacaciones el año pasado?
2 ¿Volverás al mismo sitio este año? ¿Por qué / Por qué no?
3 ¿Prefieres el destino de siempre o buscarás algo nuevo?
4 ¿Es importante ayudar a los otros durante las vacaciones?

5 Vas a tener la oportunidad de cambiar tus vacaciones. Escribe una carta a tu amigo/a para explicar el cambio. Debes escribir 130–150 palabras.
- Describe qué hiciste durante las últimas vacaciones.
- Explica la decisión de cambiar.
- Menciona adónde irás y por qué.
- Explica qué experiencias probarás en el futuro.

Embarque

2F.1 ¿Existe el alojamiento perfecto?

★ **Cómo escoger alojamiento**
★ **Estructuras básicas de preposiciones con infinitivo**

(A)

(B)

(C)

(D)

(E)

(F)

(G)

(H)

1 Lee las siguientes opiniones. Empareja los dibujos con las afirmaciones.

Ejemplo: 1 C

1 Luis: En un apartamento siempre tienes que fregar los platos. No gracias.

2 Celia: ¿Ir a un hotel de lujo con su piscina? Ideal para descansar.

3 María: Al llegar al camping tienes que montar la tienda... ¡un desastre!

4 José: El año pasado fui a la residencia de estudiantes. Para dormir era horrible.

5 Francisco: Detesto las caravanas. No hay sitio para cuatro.

6 Pili: Después de pasar una noche en un castillo el verano pasado, volveremos este año.

7 Rosita: Los albergues juveniles, sin ser caros, son modernos y limpios.

8 Juanjo: Pasar dos noches en la playa sin dormir... ¿en serio? ¡Imposible!

2 Vas a oír una serie de observaciones sobre diferentes tipos de alojamiento. Mira los dibujos del ejercicio 1. Escucha y escoge la letra del dibujo más apropiado. No necesitarás todas las letras.

Ejemplo: 1 B

3 Las preposiciones con el infinitivo. Consulta el punto P1 en la sección de gramática. De las dos opciones escoge la preposición correcta.

Ejemplo: 1 antes de

    1 .... volver al camping, buscaremos alimentos. (*en / antes de*)

    2 Voy .... reservar la habitación enseguida. (*a / de*)

    3 .... descansar prefiero un hotel de lujo. (*Para / sin*)

    4 .... llegar al camping iremos a recepción. (*Antes de / al*)

    5 Visitamos mucho de la ciudad .... usar el metro. (*sin / de*)

    6 La idea .... dormir en la playa no es muy buena. (*a / de*)

    7 Salimos del hotel .... probar el desayuno porque era muy caro. (*con / sin*)

    8 Recomiendo ir en barco .... ver toda la costa. (*de / para*)

4 a El sonido de la 'g' en español. Escucha esta frase y separa las palabras. Repite la frase tres veces, tradúcela a tu propia lengua y apréndela de memoria.

CogíuntaxiconMiguelySergioyllegamosalalbergueantesquelaotragente

4 b Lee la frase en alto y díctala a tu compañero/a para que la escriba. Después tu compañero/a te la dicta a ti. ¿Quién tiene menos fallos?

5 a Trabaja con tu compañero/a. Haz y contesta las siguientes preguntas.

    1 ¿Adónde vas de vacaciones normalmente?

    2 ¿Adónde fuiste de vacaciones el año pasado y con quién?

    3 ¿Qué es mejor para ti… un apartamento en la costa o unos días en un camping? ¿Por qué?

    4 ¿Qué vas a hacer para el verano próximo?

5 b Haz una encuesta a tres compañeros/as: pregunta dónde se alojan cuando van de vacaciones y por qué. Usa la tabla a continuación para ayudarte en tus respuestas. Apunta la información.

Ejemplo: Cuando va de vacaciones, detesta hacer camping porque es un desastre.

Cuando voy de vacaciones	una buena opción es prefiero es perfecto me gusta detesto es imposible	lo mejor es dormir en la playa viajar en caravana ir a un albergue juvenil hacer camping ir a un hotel de lujo	porque es	barato un desastre caro ideal para descansar moderno

6 Usa la información de la encuesta con tus compañeros/as para escribir dónde se alojan cuando van de vacaciones y por qué.

Ejemplo: Cuando va de vacaciones prefiere ir a un hotel de lujo porque es ideal para descansar.

Despegue

2F.2 Informarse sobre las vacaciones

★ **Decidir adónde ir y qué hacer**
★ **Las preposiciones *por* y *para***

Viajeguay

¡Tres semanas por solo 2000 euros por persona!

Una aventura para recordar siempre: vuelo a Buenos Aires y cuatro noches en un hotel de cuatro estrellas con excursión por los glaciares del sur incluido.

Para más información, haz clic en el enlace de nuestro sitio web.

Madridextra

Fin de semana a Madrid para probar las tapas.
Llegarás el viernes por la tarde, listo para preparar tu propio menú en un taller de tapas y descubrirás la capital al mismo tiempo. Para los enamorados de la cocina a un precio muy atractivo.

Bicimanía

¿Qué tal un recorrido por la ciudad de Barcelona en bici? Evitarás los atascos y pasarás por zonas que los turistas nunca descubren. Será una tarde maravillosa por solo 50 euros por persona. Para saber más llama al 7568440 o consulta nuestra página web.

1 Lee los anuncios. Empareja las frases con el anuncio apropiado. Escribe V (Viajeguay), M (Madridextra) o B (Bicimanía). ¡Ojo! Es posible que unas afirmaciones tengan más de una inicial o ninguna (-).

Ejemplo: 1 M
   1 Menciona la comida.
   2 Ofrece una estancia en una capital de América del Sur.
   3 Es una oferta para un par de días.
   4 Se refiere a una actividad de una noche.
   5 Tiene más información en Internet.
   6 Permite descubrir sitios nuevos.
   7 Probarás lo que preparas.
   8 El método de transporte mencionado es el avión.

2 Vas a oír una conversación sobre la elección de unas vacaciones ideales. Juan (J), su mujer, Ana (A) y su hijo, Marcelo (M), entran en una agencia de viajes y hablan con la agente, Carmen (C). Escucha lo que dicen e indica quién dice qué.

Ejemplo: 1 J

La(s) persona(s) que…
1 llamó a la agencia de viajes.
2 cree que los cruceros no son interesantes.
3 cree que hay buenas actividades para los jóvenes en un crucero.
4 comenta que los cruceros son caros.
5 dice que ya probaron el turismo rural.
6 menciona que el turismo rural no funcionó.
7 menciona el precio de los deportes extremos.
8 están a favor de dos semanas en el Pirineo.

3 Las preposiciones *por* y *para*. Consulta el punto P2 en la sección de gramática. Completa las frases con la preposición correcta (*por* o *para*).

Ejemplo: 1 por
1 Una excursión .... las montañas sería increíble.
2 Estas vacaciones son las mejores .... mí.
3 .... viajar a América es mejor ir en avión.
4 Prefiero cambiar las típicas vacaciones de sol y playa .... algo nuevo.
5 Los deportes son .... los jóvenes.
6 Siempre paso .... la agencia de viajes porque ayudan mucho.
7 Es la mejor oferta: dos días .... cien euros.
8 Es una idea fantástica .... los jóvenes y mayores.

4 Mira la foto y prepara unas respuestas detalladas a las siguientes preguntas. Después, con tu compañero/a, túrnate para practicarlas.

1 Dame una descripción de la imagen, por favor.
2 Te parece contenta esta familia? ¿Por qué (no)?
3 ¿Adónde crees que irá de vacaciones esta familia?
4 Las decisiones sobre las vacaciones ¿se toman así en tu familia?
5 ¿Cuáles son las ventajas y las desventajas de ir de vacaciones con tus amigos?

5 Escribe un correo a un/a amigo/a de entre 60 y 75 palabras sobre 'Las próximas vacaciones'. Convéncele/a que te acompañe en estas vacaciones. Debes utilizar todas las palabras mencionadas.

| un cambio total | actividades nuevas | muy barato | un grupo de amigos |

Despegue

2F.3 ¿Por dónde se va a…?

★ **Dar direcciones simples en la ciudad y preguntar por dónde se va**
★ **El uso de *tú* y *usted*; el imperativo affirmativo**

 1 Vas a oír a diferentes personas preguntando cómo llegar a los lugares. Mira el dibujo y decide qué lugar (A–H) se indica en cada caso (1–8). Empieza por la X.

Ejemplo: 1 H

¿Formal o informal?

Si estás aprendiendo el español, la diferencia entre 'tú' y 'usted' puede ser difícil. En algunos idiomas es posible que la distinción entre lo formal y lo informal no exista (por ejemplo en inglés). En otros idiomas el uso es diferente (como es el caso en francés, o japonés por ejemplo). También hay diferencias entre el uso en España y otros países donde hablan el español.

¿Cómo funciona, entonces? Pues, vamos a usar las direcciones en la ciudad como ejemplo.

Imagina que alguien quiere ir a la catedral. Si esta persona es relativamente joven o utiliza el 'tú' para hacer su pregunta, normalmente contestamos, 'sigue todo recto, toma la segunda calle a la derecha y luego tuerce a la izquierda', utilizando las formas informales.

Por el contrario, si la persona pregunta '¿Me puede decir por donde se va al banco?' y parece mayor, tiene un aspecto bastante formal (por ejemplo con traje y corbata) y también hace su pregunta con 'usted', es normal contestar también con 'usted'. Por ejemplo, decimos algo así como 'Tome usted la segunda calle a la izquierda, cruce la plaza y tuerza a la derecha delante de correos'. Siguiendo estas simples sugerencias acertarás un noventa y cinco por ciento de las veces.

2 Lee el texto de la página 94. Contesta las preguntas en español basándote en el texto. Escribe la letra apropiada.

A amigos	**D** dice	**G** elegante	**J** evita	**M** japonés	**P** puente
B barata	**E** contraria	**H** errores	**K** extranjeros	**N** inglés	**Q** rotonda
C catedral	**F** calle mayor	**I** españoles	**L** igual	**O** plaza	

1 La diferencia entre 'tú' y 'usted' puede ser difícil para algunos…

2 Un ejemplo de un idioma donde esta distinción no existe es el…

3 Es normal contestar con 'tú' si la otra persona lo…

4 Torcer a la izquierda es la última instrucción para ir a la…

5 La persona que quiere ir al banco probablemente lleva ropa…

6 Si alguien usa 'usted' normalmente se contesta de una manera…

7 La segunda dirección al banco incluye cruzar una…

8 Con estas sugerencias harás muy pocos…

3 a El uso de *tú* y *usted*. Consulta el punto M1 en la sección de gramática. Decide si las siguientes frases son F *(formales)* o I *(informales)*.

Ejemplo: 1 F

1 Señora López, ¿Va a visitar el museo?

2 Perdona, ¿sabes dónde está el cine?

3 Mamá, ¿adónde vas?

4 ¿Correos? Sí claro, señor. Tuerce a la derecha al final de la calle. Allí está.

5 ¿Para ir al mercado? Crucen la plaza y tomen la segunda a la izquierda. No tiene perdida.

6 Sigue todo recto y continúa por la avenida.

7 ¿Qué dirección recomienda para ir al río?

8 ¿Vosotros queréis ir al centro en autobús o andando?

3 b El imperativo afirmativo. Consulta el punto N15 en la sección de gramática. Busca y traduce a tu idioma los imperativos que encuentres en el texto del ejercicio 2 y los que escuches en el ejercicio 1.

4 Mira el mapa del ejercicio 1 y pregunta a un(a) compañero/a por dónde se va a cinco lugares diferentes. Túrnate para preguntar y contestar a las preguntas. Mira los ejemplos para ayudarte. Incluye frases formales e informales.

Informal

● Hola, ¿por dónde se va al supermercado?

● Sigue todo recto por la avenida y toma la segunda a la izquierda. Está a mano derecha.

Formal

● Señor, ¿dónde está el teatro?

● Muy fácil, siga todo recto y tuerza a la derecha.

5 Piensa en tu ciudad o el barrio donde vives. Escribe direcciones simples a tres lugares interesantes.

Vuelo

2F.4 ¡De ruta y sin descanso!

★ **Planear una ruta en la ciudad con direcciones complejas**
★ **Las distancias y las aproximaciones numéricas**

Un paseo por Valdepeñas

Valdepeñas, un pueblo vinícola en el centro de España

Ruta A

Para visitar este famoso pueblo en el centro de España, partiremos siempre desde la céntrica Plaza de España. Desde allí, recomendamos visitar el convento de los Trinitarios. Para ir, no es complicado: cruza el paso de cebra a la derecha y sigue todo recto. Luego espera en los semáforos cerca de la rotonda y cruza al otro lado de la calle.

También recomendamos visitar el museo del vino. Valdepeñas es famoso por su producción de vino y es importante conocer este museo. Para llegar, toma la cuarta calle a la derecha y cruza el puente sobre el río Jabalón. Después, a mano izquierda toma la segunda calle a la derecha. Está a unos cinco minutos a pie desde allí.

Finalmente, para conocer la gastronomía local recomendamos La Fonda de Alberto, un restaurante típico manchego. Para ir, simplemente gira a mano derecha y continúa hacia delante por la avenida principal. Está al final, cerca de un parque infantil. Desde allí se puede visitar también la iglesia del Lucero, a unos dos kilómetros andando.

Ruta B

Esta ruta alternativa es la mejor opción para conocer realmente este pueblo manchego. En verano la calle principal está decorada con paraguas de colores y es muy fotogénica. Nuestro punto central será la Plaza de Europa. Desde allí, toma la tercera a la izquierda y camina unos cinco minutos todo recto. Después, gira a la izquierda y hay una zona peatonal muy bonita.

También debes visitar el parque Cervantes, con muchas fuentes y estatuas bonitas. Está a unos tres kilómetros. Cruza la calle en los semáforos y baja por el paso subterráneo, que es muy seguro aun por la noche. Después, toma la salida que pone dirección norte y sigue todo recto hasta la esquina. Allí verás el parque.

1 a Lee los dos folletos sobre dos rutas diferentes para explorar Valdepeñas. Señala si las afirmaciones son verdaderas (V) o falsas (F). Si son falsas, escribe una frase en español para corregirlas. ¡Atención! Hay cinco afirmaciones que son verdaderas y tres afirmaciones que son falsas.

Ejemplo: 1 V

Ruta A

1 El punto de partida de la ruta A es la Plaza de España.
2 Es muy difícil ir al convento de los Trinitarios.
3 Para llegar al museo del vino, hay que cruzar un puente.
4 Después de visitar el restaurante La Fonda de Alberto, es posible caminar a la iglesia del Lucero.

Ruta B

5 La ruta B no es recomendable si quieres explorar el pueblo de Valdepeñas.

6 No es posible ir en coche por todas las partes de la ciudad.

7 Es un poco peligroso usar el paso subterráneo por la noche.

8 Desde la esquina se puede ver el parque.

1 b Lee los folletos otra vez. Haz una lista de vocabulario con las palabras útiles del texto, tradúcelas a tu propio idioma y apréndelas de memoria.

2 Comentario de un autobús de visita guiada en Madrid. Escucha y escoge la letra correcta para cada pregunta.

A ejercicio	**D** museo	**G** sol	**J** nombre	**M** lugar
B San Isidro	**E** años	**H** Alcalá	**K** personas	**N** revista
C autobús	**F** afueras	**I** esquina	**L** *palacio*	**O** hectáreas

Ejemplo: 1 L

1 Hay que cruzar la calle para entrar en el ……… .

2 El Rey vive en las ……… .

3 El parque de Buen Retiro tiene más de cien ……… .

4 El parque de Buen Retiro es un sitio ideal para tomar el ……… .

5 Para encontrar la entrada al Parque de Buen Retiro, primero hay que doblar una ……… .

6 La antigua Plaza del Arrabal ahora tiene otro ……… .

7 En la Plaza Mayor puedes pensar que estás en otro ……… .

8 Las Ventas es un sitio popular durante el festival de ……… .

3 Distancias y aproximaciones numéricas. Consulta el punto S3 de la sección de gramática y reescribe las siguientes frases en orden lógico.

Ejemplo: 1 A cinco kilómetros de Madrid hay un lago.

1 Madrid hay un lago A kilómetros cinco de.

2 está a El minutos de aquí mercado unos veinte.

3 a treinta del La kilómetros montaña está centro.

4 setecientos con agua fresca metros hay una fuente A unos.

5 a media hora la aldea llegaremos en Creo que.

6 Tuerce derecha y a la comisaría unos cien metros a la está.

7 metros una pastelería más o A cuatrocientos menos hay.

8 está minutos en coche a unos quince El aeropuerto

4 Describe una ruta en una ciudad de tu elección a tus compañeros/as de clase. Prepara notas e incluye:

● tres o cuatro sitios de interés

● las direcciones para llegar a los sitios

● las distancias o el tiempo que se tarda en llegar a los sitios

● opiniones personales o recomendaciones.

5 Basándote en tus notas para la actividad anterior, ahora escribe y diseña un folleto turístico sobre tu ruta en la ciudad.

Vocabulario

2A.1 Te presento a toda mi familia

atractivo/a	genial	nervioso/a	rápido/a
bonito/a	gordo/a	el pasatiempo	rizado/a
el cumpleaños	el/la hijo/a único/a	el/la primo/a	
feo/a	la mascota	quieto/a	

2A.2 Una foto de ti… en palabras

altísimo/a	delgado/a	mayor	positivo/a
bajo/a	enorme	moreno/a	rubio/a
completamente	las gafas	*ondulado/a*	tranquilo/a
corto/a	liso/a	la piel	

2A.3 ¿Cómo es tu carácter?

aburrido/a	deportista	llevar (gafas)	*romántico/a*
la actitud	desordenado/a	llevar (una vida)	simpático/a
la actriz	divertido/a	mejorar	*sociable*
el apoyo	estudiar	la nota	tener suerte
ayudar	la estrella	*optimista*	tímido/a
el carácter	hablador/a	parecer	tonto/a
la carrera	impresionante	pasear	trabajador/a
conocer	*inteligente*	perder	*vago/a*
los deberes	llegar (tarde)	perezoso/a	

2A.4 Las relaciones familiares

la abuela	echar de menos	el jugador	el profe(sor)
actuar	la edad	el misterio	prometer
aguantar	existir	mencionar	quemar
antipático/a	frecuente	morir	salir juntos
la cadena	el funeral	necesario/a	sin embargo
causar	el/la hermano/a mayor /	la paga	supersticioso/a
comprobar	menor	el partido	las tareas de casa
constituir	la impresión	el pirata	el tío
la criada	la infancia	portarse bien/mal	tener razón

2B.1 Los pasatiempos en casa

el ajedrez	estudiar	leer	la revista
casero/a	favorito/a	el libro	la tele
cocinar	la guitarra	la moda	tocar
el cómic	hacer	el pasatiempo	el videojuego
demasiado	el instrumento	el piano	
el deporte	el juego de mesa	practicar	
escuchar	jugar	la receta	

2B.2 La rutina de todos los días

acostarse	lavarse	peinarse	tarde
antes	levantarse	ponerse	temprano
despertarse	llegar	preparar	tener tiempo
después	mientras	pronto	vestirse
ducharse	ocupado/a	relajarse	volver
junto a	parar	solo/a	

2B.3 ¡Yo estoy limpiando la cocina!

al aire libre	el dormitorio	la media	recoger
alrededor	*la finca*	pasar la aspiradora	*regar*
barrer	fregar	planchar	responsable
el césped	la habitación	el plato	la tarea
cocinar	hacer la cama	preferir	trabajar
cortar	hacer la compra	proteger	el zumo
cultivar	el jardín	el quehacer	
dedicar	lavar	quitar el polvo	
detestar	limpiar	quitar la mesa	

2C.1 Disfrutando del tiempo libre fuera de casa

aburrido/a	competir	entretenido/a	rápidamente
el/la aficionado/a	completamente	normalmente	realmente
afortunadamente	el concierto	el partido	sociable
el atletismo	dedicar(se) a	pasarlo bien	el yoga
el baloncesto	divertirse	el pasatiempo	
cansado/a	el entrenamiento	personalmente	

2C.2 Pensando en los planes y las invitaciones

la actividad	el cumpleaños	lo siento	¿qué tal si …?
apetecer	de acuerdo	el museo	reservar
barato/a	*depender*	necesitar	sacar (entradas)
el billete	*económico/a*	organizar	el sitio
el bocadillo	la entrada	pedir	la tapa
buscar	escuchar	la piscina	terminar
la celebración	esperar	el precio	*la vuelta*
celebrar	la fiesta	probar	
la comida	invitar	quedarse	

2C.3 Un viaje maravilloso (sigue)

el ambiente	el equipaje	el pasajero	tardar
el barrio	estupendo	la postal	la tarea
la carrera	impresionante	practicar	tener ganas de
chocar	*lejano*	el puerto	todo el mundo
la contaminación	*el nivel*	quedarse	viajar
conversar	opinar	reírse	la vista
el destino	organizar	*el regreso*	volar
en absoluto	el paisaje	el retraso	
enseñar	parecer	*sorprender*	

2D.1 ¿Cuándo es la celebración?

acompañar	el disfraz	famoso/a	increíble
la actividad	la diversión	la fecha	participar
la arena	durar	el festival	el problema
celebrar	emocionante	la fiesta	la procesión
el cumpleaños	fabuloso/a	los fuegos artificiales	tradicional

2D.2 Cómo organizar una gran fiesta

el baile	el disfraz	llover	recordar
la barbacoa	espectacular	necesario/a	el refresco
la bebida	felicidades	pasarlo (bien)	la ropa
la dieta	gastar	la película	el súper
difícil	hacer sol	el plan	el tema
el dinero	*ideal*	preparado/a	el/la vegetariano/a

2D.3 ¿Qué pasó? ¿Cómo fue?

además	*entusiasmar*	el ídolo	perder
el/la aficionado/a	el equipo	la invitación	ponerse a
la alegría	el espacio	lanzar	*el público*
el ambiente	el espectáculo	luchar	*la reacción*
aprender	el estadio	mágico	*la serpentina*
asistir	el estilo	maravilloso/a	*superior*
el cliente	*el fondo (del mar)*	la pareja	*tenso/a*
conocido/a	el globo	pasarlo (bien)	*la trompeta*
la entrada	el gorro	*el payaso*	

2E.1 Lo mejor de las vacaciones

la acción	conocido/a	emocionante	practicar
agradable	los deportes extremos	explorar	tomar el sol
atractivo/a	descubrir	hacer camping	tranquilo/a
barato/a	el destino	ideal	el verano
caro/a	disfrutar	el invierno	
la ciudad	divertido/a	la montaña	

2E.2 Describir unas vacaciones

aburrirse	cómodo/a	la equitación	*recoger*
agradable	el corresponsal	la estancia	rico/a
a principios de	decidir	hacer vela	el río
aprovechar	descansar	el hambre	tener éxito
bajar	durar	el horario	
caerse	elegir	ir de excursión	
el casco	encontrar	nadar	

2E.3 Para el año que viene ¿el destino de siempre o vacaciones diferentes?

el albergue juvenil	*colaborar*	guapo/a	navegar
alojarse	compartir	la informática	el ordenador
alquilar	el cursillo	la insolación	las prácticas de trabajo
a pie	*el destino*	el intercambio	
apuntarse	estar harto/a	*la moto*	
asqueroso/a	*fascinante*	el móvil	

2F.1 ¿Existe el alojamiento perfecto?

la acción	la costa	explorar	perfecto/a
el alojamiento	costar	el guía	tomar el sol
el apartamento	los deportes extremos	ideal	tranquilo/a
atractivo/a	descubrir	el invierno	el verano
la caravana	el destino	limpio/a	
caro/a	disfrutar	el lujo	
la ciudad	emocionante	la montaña	

2F.2 Informarse sobre las vacaciones

el atasco	el deporte	hacer clic	*organizar*
la aventura	*el enlace*	incluido/a	*la posibilidad*
comentar	fantástico/a	el medio ambiente	*propio/a*
el cambio	evitar	*la naturaleza*	
el campo	*el fin de semana*	la oferta	
la competición	funcionar	olvidar	

2F.3 ¿Por dónde se va a...?

aquí	cruzar	evitar	el puente
la avenida	la derecha	la farmacia	la rotonda
el banco	la dirección	igual	recto/a
la cafetería	donde	la izquierda	seguir
la calle	enfrente	ir	segundo/a
la catedral	el error	luego	el supermercado
el cine	el estadio	el parque	tercero/a
la comisaría	estar	primero/a	torcer (o>ue)

2F.4 ¡De ruta y sin descanso!

las afueras	al final	el nombre	recomendar
la avenida	el folleto	la opción	los semáforos
el centro	la fuente	el palacio	típico/a
correr	la gastronomía	pasearse	torcer
la estatua	girar	el paso subterráneo	visitar
evocar	el lugar	peatonal	la zona
famoso	mejor	el pueblo	

¿Conoces Argentina?

¿Sabías que…?

País

Argentina tiene frontera con Chile, Bolivia, Brasil, Paraguay y Uruguay. Tiene unos 40 millones de habitantes y la capital es Buenos Aires. El español es la única lengua oficial, pero con algunas diferencias con el español peninsular (en el español hablado en Argentina, el *vos* se usa como equivalente a *tú*). Hay unos 25 idiomas indígenas (unas 200.000 personas hablan guaraní, sobre todo en Corrientes y Misiones en el norte del país). Argentina es un país de inmigración: los italianos, los alemanes, los ingleses y los árabes tienen comunidades grandes aquí. Incluso hay una comunidad de inmigrantes del País de Gales que conserva su lengua. Vive en la región de Patagonia.

La moneda del país es el peso.

La bandera tiene tres rayas horizontales: la del centro es blanca y las otras dos son de color azul celeste. En el centro de la bandera hay un dibujo de un sol.

Argentina es el segundo país (en tamaño) de América del Sur y tiene la montaña más alta del Hemisferio Sur, que se llama Aconcagua.

Capital

Buenos Aires es la capital más visitada por turistas en América del Sur. Un baile, el tango, se inventó en Buenos Aires y es famoso en todo el mundo. Es un baile de grandes pasiones y mucha energía. La Boca es un barrio originalmente muy pobre, de Buenos Aires, famoso por sus impresionantes edificios de colores.

En la capital, una de las plazas más famosas se llama Plaza de Mayo. En esta plaza se organizaron protestas contra el gobierno durante la época de los 'desaparecidos'.

Política

- El Presidente Mauricio Macri ganó las elecciones en 2015.
- Un conflicto político que terminó en guerra ocurrió en 1982 en las Malvinas (en inglés Falklands), unas islas en el Atlántico Sur.

Clima

El clima del país es muy variado, con extremos de calor y frío, además de zonas templadas y de mucha lluvia. Perito Moreno es el nombre de un glaciar en el sur del país.

1 Lee la información sobre Argentina y, después de dibujar la tabla, escribe la información que falta.

Número de países con frontera con Argentina	5
Población en millones de personas	
Nombre de la lengua oficial	
Número de personas que hablan guaraní	
Año en que Mauricio Macri ganó las elecciones	
Nombre de una plaza famosa de la capital	

2 Hay muchos argentinos famosos (y ¡no todos son futbolistas!… aunque aquí encontrarás a dos). ¿Sabes quiénes son estas personas? En las descripciones hay pistas para ayudarte…

1 Lionel 'Leo' Messi

2 Jorge Mario Bergoglio

3 Eva Perón

4 Diego Maradona

5 Ernesto 'Che' Guevara

A Futbolista argentino, delantero, votado mejor jugador del siglo en el año 2000. Famoso por la expresión ('la mano de Dios') usada para describir uno de sus goles.

B Actriz, casada con un presidente de la República Argentina, convertida en personalidad política y recordada más tarde en las producciones musicales y en una canción en especial cantada por Madonna en una película de 1996.

C Futbolista argentino que juega en España desde los trece años. Votado 'FIFA Ballon d'Or' (mejor jugador) cinco veces (cuatro años consecutivos). Delantero que al final de la temporada 2015-2016 fue el primero en anotar 300 goles en La Liga (española).

D Líder de la iglesia católica en Argentina durante 10 años, elegido Papa (con el nombre de Francisco) en el año 2013.

E Revolucionario que luchó al lado de Fidel Castro en Cuba.

Iguazú, destino turístico

Este es el nombre de las cataratas más extensas del país (y de América del Sur, porque no sólo se ven desde Argentina). El río desciende entre Brasil y Argentina hasta llegar a este punto: aquí las aguas caen desde unos 80 metros de forma abrupta y producen un espectáculo único.

Las famosas cataratas: ¡espectáculo garantizado!

- Pasear por la selva, descubrir la naturaleza tropical, visitar la increíble caída de agua en La Garganta del Diablo: todo esto está incluido en la visita. Además se puede andar por el puente sobre las aguas, justo cuando empiezan a caer. ¡Vistas inolvidables!
- Para vivir la emoción al pie de las cataratas, lo mejor es subir a una lancha para llegar hasta donde cae el agua. Hay salidas regulares y la emoción dura media hora. ¡Atención porque nos mojaremos!
- Para precios, preguntar en la recepción de su hotel.

Calificación de los visitantes

Toro3 'Tenía crema protectora pero me picaron los mosquitos y me mojé completamente.'

missp4 'Una sensación increíble. Hay que tener cuidado con los insectos e ir con mochila impermeable pero el espectáculo vale la pena.'

dot1 'Vista maravillosa desde una lancha, mirando hacia arriba, con el ruido inmenso de la caída de agua, tres arco iris en el cielo y agua por todas partes.'

3 Lee el texto sobre Iguazú y la calificación de los visitantes. Decide si tienen una opinión positiva (P), negativa (N) o positiva y negativa (P+N) del destino turístico.

Revista

vuelo

Cataluña ¿Centro de innovación o destino turístico?

Un día en la vida de Laura, estudiante de Barcelona

En la capital hay varias universidades con estudiantes de todo el mundo. Actualmente Laura está a punto de terminar la carrera de Fotografía y Creación Digital y explica cómo es un día para ella.

'Últimamente he intentado documentar en 3D los edificios emblemáticos de Barcelona, y ayer fue un día típico para mí. Salí temprano porque para hacer un buen trabajo en el Barrio Gótico, con sus estrechas calles medievales llenas de sombra, necesito una luz dispersa con matices, sin demasiados contrastes. Sé que esta zona se llena de turistas hacia el mediodía, así que evité las Ramblas, la avenida más popular. Decidí entrar en una iglesia (Santa María del Mar), que con sus delgadas columnas era perfecta. Saqué ocho fotografías, desde planos generales del entorno hasta imágenes detalladas de las piedras, y estuve un par de horas, pues se necesita paciencia para lograr un buen resultado.

Casa Batlló: fachada

Si quiero imágenes con mucho color, me paro en una de las casas de Gaudí, el famoso arquitecto que trabajó aquí a principios del siglo pasado. La Casa Batlló es un buen ejemplo: la fachada está llena del azul del mar y la textura de los detalles de la cola del dragón es espectacular. También me encanta trabajar en el Park Güell, con el famoso 'trencadís'* de Gaudí y sus líneas que nunca son rectas.

Volví a casa y escogí las mejores fotografías (las que tenían una buena exposición y una gama de colores interesante), que me ayudarán a crear un modelo 3D del edificio. Para complementar, con la ayuda de programas específicos, crearé una superficie 3D, donde colocaré la maqueta del edificio, acompañada de las imágenes reales.

La parte más interesante del proyecto vendrá cuando trabaje en la Sagrada Familia, el templo inacabado de Gaudí, precisamente porque todavía está en construcción y cambia cada día.

'Trencadís' del Park Güell

Este proyecto es un encargo de la Diputación de Turismo: promocionan el turismo de calidad, la historia y el arte. Si hago un buen trabajo y en la Diputación están contentos, me pagarán muy bien.'

* 'trencadís': término para describir los azulejos rotos y vueltos a componer en mosaicos irregulares

1 Lee el artículo sobre Laura, la fotógrafa, y escribe apuntes en español sobre: su carrera, su proyecto, el Barrio Gótico, las Ramblas, la Sagrada Familia y el 'trencadís'.

2 Barcelona es la capital de Cataluña, pero ¿cuánto sabes de esta ciudad? En la información sobre la capital (página 105) faltan cifras… Intenta descubrirlas… Tendrás que deducirlas usando un poco de lógica… o adivinando…

750.000	37	71.000	3,2 millones	1,5 millones	764

Originalmente Barcelona creció porque era un puerto importante del mar Mediterráneo; su papel comercial continúa, pero ahora también es uno de los primeros destinos mediterráneos para cruceros. En 2015 llegaron **(1)** (el equivalente de más de dos cruceros por día durante todo el año) y en parte esta cifra explica el gran número de turistas estadounidenses en la capital catalana, **(2)** (solo superado por los 800.000 ingleses). Su aeropuerto, también a orillas del mar, recibió a más de **(3)** millones de pasajeros este mismo año. La razón de estos movimientos masivos es el turismo y la estadística lo demuestra: **(4)** de personas visitaron el estadio del Fútbol Club Barcelona y un poco más del doble entraron en la Sagrada Familia **(5)**, el templo inacabado de Gaudí. La mayoría de los turistas se queda una noche (como mínimo) en la capital, que tiene unas **(6)** plazas hoteleras.

Blanes, Costa Brava

Para los que quieren sol y playa, la Costa Brava empieza a 70 kilómetros al norte de la ciudad, exactamente en Blanes, primer pueblo de esta costa rocosa.

¿Cataluña o Catalunya?

No parece muy importante esta distinción, pero el idioma forma parte de la lucha por la independencia.

Tú ¿qué opinas?

- Cataluña ¿debe ser un país independiente?
- ¿El catalán debería ser el idioma principal en los colegios?

El tema genera controversia: aquí cuatro personas dan su opinión.

pato#	Esta nación tiene cultura e historia propias. Durante años incluso se prohibió el catalán en público y esto no puede ser. El uso del catalán en los institutos es esencial para Catalunya.
real3	Tenemos derecho a la independencia y queremos controlar nuestra economía. Tenemos industria y ambición comercial. No dependemos de Madrid.
ind1a	El separatismo es un desastre para el estado español. Solo podemos ser fuertes trabajando juntos. Además sería anticonstitucional.
moncho	Hay muchas comunidades autónomas en España, y funcionan. Creo que los separatistas exageran, aunque entiendo que el Estado español no quiere perder a Cataluña.

Despegue

Rincón del examen 2.1

Aprender a escribir la tarea escrita corta

Introducción

En el examen escrito debes escribir dos redacciones. Los ejercicios de esta sección te ayudarán a familiarizarte con la primera – una tarea escrita de entre 60 y 75 palabras. Solo hay un título, sin opciones, acompañado de cuatro palabras y expresiones. Hay que usar todas estas palabras y expresiones en tu respuesta.

1 a Lee este ejemplo del tipo de tarea que puedes encontrar y trabaja con tu compañero/a para familiarizarte con el contenido.

Mi instituto

actividades para hoy	compañeros	asignaturas	ayer por la tarde

Escribe entre 60 y 75 palabras en español sobre 'Mi instituto'. Debes utilizar todas las palabras mencionadas.

1 b Lee la lista de estrategias y decide a cuál de estas cuatro categorías pertenecen:

Ejemplo: A 5, …

A Útil para la fase de preparación pero no durante el examen.

B Antes de empezar la tarea.

C Mientras escribes.

D Al revisar tu trabajo.

1 Contesta las cuatro partes de la tarea.

2 Lee las instrucciones con cuidado.

3 Asegúrate que has usado todas las palabras (exactas) que aparecen en las instrucciones.

4 Escribe el título arriba – te ayudará a enfocar tu trabajo.

5 Escribe todas las palabras útiles que se te ocurran sobre la tarea.

6 Usa un párrafo nuevo para cada parte.

7 Busca palabras nuevas útiles en un diccionario, apúntalas y apréndelas.

8 Organiza las palabras que tienes (máximo 75) calculando que puedes usar 15 para cada párrafo de la tarea – así quedan 10 para, por ejemplo, una variedad de adjetivos y conjunciones.

9 Asegúrate que no has pasado del límite.

10 Escribe frases completas con un verbo en cada una.

11 Decide qué tiempos verbales vas a necesitar: usa una variedad.

12 Céntrate en los verbos (concordancia).

13 Asegúrate que tienes la forma correcta para los adjetivos.

14 ¿Tienes un par de construcciones negativas? Asegúrate.

15 Cuando das una opinión ¿está justificada?

16 Revisa tu trabajo y asegúrate que no hay errores tontos.

Posibles respuestas

2   Lee las dos versiones de la misma tarea y usa la lista de estrategias del ejercicio 1b.
    ¿Cuál de las versiones te parece mejor?

Primera versión

Llego al colegio a las ocho. Voy en autobús pero los lunes voy en coche con mi madre.
Mi actividad favorita es el fútbol. Tengo un compañero de clase nuevo: se llama
Marcos. En el instituto me gustan las matemáticas y el inglés, pero no me gusta el
arte. Ayer por la tarde estudié mucho porque recibí muchos deberes.

Segunda versión

Mis actividades para hoy son el fútbol y el arte: me encantan. Son diferentes pero
interesantes.

Mis compañeros son unos chicos simpáticos que viven cerca. Hay una chica nueva
también — es muy inteligente.

Las asignaturas de inglés y matemáticas son mis favoritas porque el profesor sabe mucho.
Me gustan las investigaciones que hacemos en historia sobre momentos importantes.

Ayer por la tarde salí a jugar al fútbol. No ganamos pero a nadie le preocupó el
resultado.

Te toca a ti ...

3   a   Trabaja con tu compañero/a. Lee la tarea y la respuesta a continuación. Usa la lista
        de consejos para pensar cómo se podría mejorar.

Un fin de semana especial

| normalmente por la tarde | el domingo pasado | lo mejor | amigos |

Escribe entre 60 y 75 palabras en español sobre 'Un fin de semana especial'. Debes utilizar
todas las palabras mencionadas arriba.

Mi amigo Juan y yo fuimos a un concierto de música el domingo pasado. El concierto
era lejos de casa y fuimos en autobús. El viaje era largo. Fue un fin de semana muy
diferente porque normalmente practico el fútbol los domingos por la tarde. Las
actividades que hicimos eran varias y muy diferentes y lo peor fue hacer camping
durante dos noches. No me gustó porque era totalmente diferente de mi vida normal.

3   b   Trabaja por separado para producir vuestras propias respuestas.

3   c   Analiza la respuesta de tu compañero/a.

3   d   Trabaja con tu compañero/a para escribir una respuesta todavía mejor.

vuelo

Rincón del examen 2.2

La tarea de gramática

Introducción

La tarea consiste en un texto con huecos. Para cada hueco hay una palabra que debes adaptar utilizando tu conocimiento de la gramática. Puede ser un adjetivo o un verbo, pero no siempre cambian.

La concordancia de los adjetivos

Estrategias
→ Identifica con cuidado el sustantivo a que se refiere el adjetivo.
→ Piensa en la concordancia: si debe ser singular o plural, masculino o femenino.
→ Recuerda que a veces no hay que cambiarlo si el sustantivo es masculino y singular.

1 a Trabaja con otra persona. Para cada adjetivo (a)–(j) abajo:

- Hay dos que no cambian: búscalos

- Hay cinco que terminan en 's': búscalos

- Hay uno que se refiere al género de persona que escribe: ¿Por qué importa?

1 b Corrige las palabras (a)–(j). Deben estar de acuerdo con la frase. ¡Ojo! No es siempre necesario cambiar las palabras.

Ejemplo: (a) buenas

Me llamo Sara. En mi instituto tenemos unas instalaciones muy (a) [bueno], sobre todo para el deporte y los trabajos (b) [manual]. Es bastante (c) [grande], con más de mil alumnos. Por ejemplo la pista de astroturf es (d) [nuevo] y las canchas de tenis son muy (e) [moderno].

Para las asignaturas (f) [académico] es otra historia, porque el edificio principal es bastante (g) [antiguo] y a mi modo de ver necesita una reforma.

Los profes generalmente son (h) [excelente] y creo que progresamos mucho. Yo, de momento, tengo un problema (i) [grave], porque me caí jugando al baloncesto. Tengo la mano rota y estoy (j) [harto] de no poder escribir.

Los verbos en el presente y el infinitivo

Estrategias
→ Identifica la persona de los verbos, mirando bien el contexto.
→ Aprende bien las terminaciones de los verbos.
→ Recuerda que no es siempre necesario cambiar la forma.

2 a Trabaja con otra persona. Para cada verbo de (a)–(j):

- ¿Cuántos no cambian?   • ¿Cuántos son singulares?   • ¿Cuántos son plurales?

2 b Corrige las palabras (a)–(j). Deben estar de acuerdo con la frase. ¡Ojo! No es siempre necesario cambiar las palabras.

Ejemplo: (a) son

Tengo muchos amigos en el colegio, y me (a) [ser] muy importantes. Hacemos muchas cosas juntas y (b) [tener] muchos intereses en común. Yo (c) [salir] mucho con Juan y vamos a jugar al tenis en un parque que está muy cerca de donde él (d) [vivir]. (e) [Ser] prácticamente inseparables y le (f) [considerar] mi mejor amigo.

No suelo (g) [ir] mucho al cine ya que me parece un poco caro y muchas veces las películas son muy románticas y es que yo (h) [preferir] las películas de acción o sobre el crimen.

En casa hago muchas cosas para (i) [ayudar], por ejemplo todos los días (j) [poner] la mesa y saco la basura.

Los diferentes tiempos verbales

Estrategias

➔ Antes que nada aprende bien las terminaciones y los verbos irregulares.
➔ Algunas expresiones para el futuro se forman con *ir* + infinitivo y no hay que cambiar nada.
➔ Algunas veces tendrás que poner un gerundio o un participio del pasado. Si ves una parte de *estar* o *haber,* ten cuidado.

3 a Mira esta lista de frases que indican un tiempo verbal. Copia la tabla y categoriza las palabras según el tiempo verbal. Tradúcelas a tu propio idioma.

Presente	Futuro	Pasado

ayer	el martes pasado	la semana pasada
mañana	el jueves próximo	al día siguiente
hoy	esta mañana	esta tarde
anteayer	el año próximo	hace + expresiones de tiempo
pasado mañana	el año que viene	

¿Algo más?

Estrategias

➔ Ciertas palabras o frases te indican el futuro (*mañana, el lunes próximo* etcétera).
➔ Otras te indican el pasado (*ayer, el martes pasado* etcétera).
➔ También las hay que te indican el presente (*hoy, ahora* etcétera).

Ejercicio típico

3 b Lee el texto y decide si cada palabra (a)–(j) requiere un adjetivo o un verbo en el presente, el pasado, el futuro o un infinitivo.

3 c Corrige las palabras (a)–(j). Deben estar de acuerdo con la frase. ¡Ojo! No es siempre necesario cambiar las palabras.

Para la gente (a) [español] los festivales son muy importantes. Muchos (b) [ir] a ver espectáculos como los Moros y Cristianos, La Tomatina, y por supuesto las festivales como San Fermín. Cada región tiene su santo patrón y sus tradiciones (c) [local].

Luz cuenta lo que hizo en Torrent – Yo (d) [ir] el año pasado a este pueblo al sur de Valencia. Allí (e) [asistir] a una fiesta típica. Yo (f) [levantarse] temprano y hubo mucho ruido de fuegos artificiales y el sonido de las campanas de las iglesias; tuve tres días prácticamente sin (g) [dormir], ya que cada momento hubo otra procesión o más comida.

Paco dice – Ya tengo reservados los billetes de tren para (h) [ir] a Sevilla el año que viene. Yo (i) [pasar] cinco días allí para ver todas las celebraciones de la Semana Santa. Como habrá mucha gente tengo la intención de (j) [reservar] mi habitación de hotel muy pronto.

Vuelo

Rincón del examen 2.3

Hablando sobre una foto

Introducción

En esta parte del examen debes elegir una foto para describir. Tienes cinco preguntas que siguen este modelo:

1 Una descripción general de la foto
2 Información específica sobre la foto
3 Algo que se refiere al pasado o al futuro
4 Tus propias opiniones
5 Una(s) pregunta(s) que amplía(n) el tema

Estrategias

→ Debe estar relacionado con uno o más de los temas que has estudiado.
→ Tiene que incluir algunas personas.
→ Debe incluir algunas acciones o actividades.
→ Elige una foto con un lugar fácil de describir.

Mira esta foto – ¿con qué temas se relaciona?

Una descripción general de la foto

1 Háblame de lo que ves en la foto.

Respuesta típica

En la foto hay un hombre y una mujer. El hombre es alto y moreno y tiene barba y la mujer es también morena y tiene el pelo largo. Los dos tienen aproximadamente 30 años y pueden estar casados o ser novios. Están en un gran almacén o un centro comercial y hay árboles de navidad, así que puede ser en diciembre. Bajan por una escalera mecánica. Llevan bolsas y probablemente están comprando regalos de navidad.

Información específica

2 Dime más sobre la ropa que llevan / lo que hacen.

Respuesta típica

El hombre lleva un jersey de color beige y una camisa de color crema. Sus pantalones son de color oscuro. La mujer lleva blusa y pantalones de color crema. Los dos llevan ropa muy parecida.

Pienso que están comprando regalos de navidad para su familia y sus amigos. Parecen muy contentos con lo que compran. Parecen muy contentos con sus compras y están sonriendo felizmente.

Algo que se refiere al pasado o al futuro

3 ¿Qué pasó antes de sacar la foto, piensas? / ¿Qué piensas que pasará después?

Respuesta típica

Pienso que es sábado y se levantaron tarde y decidieron ir de compras al centro comercial. Estaban muy emocionados porque pienso que puede ser su primera Navidad juntos.

Creo que volverán a su casa y empaquetarán los regalos y escribirán invitaciones a la cena de Navidad a sus amigos y su familia. Pienso que posiblemente se darán regalos bonitos los unos a los otros, porque parecen muy contentos.

Tus propias opiniones

4 Háblame de tus opiniones sobre las compras.

Respuesta típica

Un aspecto positivo de ir de compras es que puedes estar con los amigos y es muy divertido. A los jóvenes les interesa mucho la moda o tener el dispositivo electrónico más moderno. Por la parte negativa puede ser muy caro y a veces la gente compra cosas que no necesita.

Una pregunta que amplía el tema

5 ¿Por qué las tiendas y las compras son importantes?

Respuesta típica

Las tiendas son importantes porque así la gente siempre tiene lo que necesita. También las compras son importantes para la economía local, porque mucha gente trabaja en las tiendas, sobre todo en los lugares turísticos. Por ejemplo este verano yo estuve en Benidorm y vi muchas personas que se ganaban la vida trabajando en esta industria.

Te toca a ti

- Identifica los temas.

- Utiliza las preguntas 1 a 3 exactamente como el ejemplo de arriba y prepara respuestas para esta foto.

- Trabaja con otra persona para crear nuevas preguntas 4 y 5, basadas en la información de arriba y apuntalas.

- Practica con tu compañero/a. Túrnate para preguntar y contestar a las preguntas.

¿Ya sabes describir una foto?

¡Claro que sí!

Pues ahora puedes elegir tu foto.

Embarque

3A.1 Qué hay donde yo vivo

> ★ **Decir qué edificios y servicios hay en una localidad y dónde están**
> ★ **Preposiciones de lugar (2)** (*entre, en, cerca de, lejos de*, etc.)

1 a Observa este mapa de Segovia. Lee las siguientes frases e indica el símbolo (A-H) que se corresponde con cada frase. ¡Atención! Hay más frases que símbolos.

Ejemplo: 1 G

1 Mi librería favorita está al lado de la calle principal.

2 El hospital no está en el centro.

3 El museo más visitado está enfrente de su tienda.

4 Mi madre trabaja en el ayuntamiento.

5 El primo de Juan vive detrás de la catedral.

6 Puedes ver mi casa desde la estación de autobuses.

7 La comisaría está detrás de un parque.

8 Vivo entre la iglesia y el supermercado.

9 Tu hermano estudia en la universidad junto al río, ¿verdad?

10 Hay un restaurante estupendo delante de la Plaza Mayor.

1 b Cuando termines, dibuja los edificios para las dos frases extra.

2 Escucha a cuatro personas que hablan del lugar donde viven. Indica quién dice qué: J (Juan), A (Azucena), B (Boris) o V (Virginia).

Ejemplo: 1 B

1 Voy andando a la biblioteca o al mercado.

2 Hay una iglesia, un colegio y el ayuntamiento.

3 No hay muchas actividades para los adolescentes.

4 Vivo junto a una plaza muy bonita.

5 De vez en cuando, voy a la playa.

6 Hay museos, cafés y un cine cerca de mi casa.

7 Es precioso y está en las montañas, junto a un lago.

8 Vivimos en una casa típica de la región, junto al río.

G **3 a** Consulta el punto P2 en la sección de gramática. Ahora busca siete ejemplos de preposiciones en el texto del ejercicio 1a.

3 b Mira el plano. Escoge la opción correcta y escribe las frases completas.

Ejemplo: 1 al lado del

1 El mercado está *en el / al lado del* parque.

2 La comisaría no está *lejos de / delante de* la librería.

3 El ayuntamiento está *enfrente de / en* la librería.

4 La librería está *entre / por* el parque y el ayuntamiento.

5 Hay un instituto *detrás del / encima del* colegio.

6 El río pasa *por / desde* esta localidad.

7 El parque está *a la derecha del / a la izquierda del* mercado.

8 Hay una calle *sobre / entre* el colegio y el instituto.

4 a Palabras con acento o sílaba tónica en la penúltima sílaba. Escucha esta frase y separa las palabras. Repite la frase tres veces, tradúcela a tu propia lengua y apréndela de memoria.

Lacárcelestádelantedeunparquecercadelmercado

4 b Lee la frase en alto y díctala a tu compañero/a para que la escriba. Después tu compañero/a te la dicta a ti. ¿Quién tiene menos fallos?

5 a Practica este juego de rol con un(a) compañero/a de clase. Lee la conversación en alto. Túrnate preguntando y respondiendo a las preguntas.

B   Hola, buenos días.

A   Buenos días. ¿Cómo te llamas?

B   Me llamo <u>Alejandro</u>.

A   ¿Dónde vives?

B   Vivo en <u>Villanueva de la Serena</u>.

A   ¿Y dónde está?

B   Es <u>un pueblo de Badajoz</u>.

A   ¿Qué edificios y servicios hay donde vives?

B   Hay de todo. Por ejemplo, <u>una estación de autobuses, una piscina, una biblioteca, un estadio…</u>

A   ¡Qué bien! Muchas gracias.

B   De nada. Otro día me cuentas dónde vives tú.

5 b Habla con tu compañero/a. Describe qué hay donde tú vives adaptando las palabras de la actividad 5a.

6 Prepara un póster sobre el lugar donde vives. Usa la información de la actividad 5 y preposiciones de lugar.

Despegue

3A.2 Nos hemos mudado al campo

★ **Describir localidades urbanas y rurales, y dar tu opinión sobre ellas**
★ **El participio y el pretérito perfecto**

De Madrid a Fermoselle

Fermoselle (Zamora)

Querido Andrés:

Es mi primer día en tu pueblo. ¿Sabes lo que me ha sorprendido? Que Fermoselle tiene dos ríos y está muy cerca de Portugal. ¡Es una región muy pintoresca!

Ya sabes que a mí no me gusta el tráfico y la polución de Madrid. Estoy cerca de todo, pero casi no hay zonas verdes. Han cortado muchos árboles en los alrededores de mi casa, así que es un placer pasear por el campo aquí.

Me gusta mucho la parte antigua. Un amigo y yo hemos subido hasta el castillo. Desde allí hay una vista muy bonita del río Duero y además hay un parque muy agradable. Luego yo he probado los productos típicos tradicionales: aceitunas, quesos y vinos, con mi familia. ¡Muy baratos, por cierto!

Me parece que Fermoselle está un poco aislado y es bastante rural, pero es un pueblo muy amable. Bueno, esta mañana me he levantado pronto y estoy bastante cansado del viaje, así que me despido.

Un fuerte abrazo:

Alejandro

1 a Contesta las preguntas en español basándote en la tarjeta postal. Escribe la letra apropiada.

A segundo	**D** calidad	**G** *primer*	**J** distancia	**M** polución
B castillo	**E** campo	**H** tráfico	**K** precio	
C verdes	**F** contento	**I** retirado	**L** cansado	

Ejemplo: 1 G

1 Es el ………. día que Alejandro está en Fermoselle.
2 Fermoselle es un pueblo a poca ………. de Portugal.
3 A Alejandro le gustaría tener más zonas ………. en Madrid.
4 A Alejandro le gusta andar por el ………. en Fermoselle.
5 El río Duero se puede ver muy bien desde el ………. .
6 Alejandro ha encontrado los productos tradicionales a muy buen ………. .
7 Fermoselle está ………. de las grandes ciudades.
8 Alejandro está ………. porque ha madrugado.

1 b Ahora busca en la tarjeta postal vocabulario útil relacionado con la ciudad y el campo. Escríbelo y tradúcelo a tu idioma.

2 Vas a oír la opinión de tres jóvenes sobre si les gusta el campo o la ciudad y por qué. Escoge la palabra adecuada para completar las frases.

Ejemplo: 1 divertida

1 Antonia piensa que Barcelona es muy *divertida / aburrida / antigua*.
2 A Antonia la playa le parece muy *sucia / bonita / tranquila*.
3 Hay algunas zonas que tienen *mucha basura / contaminación / tráfico*.
4 Carla nunca ha vivido en zonas *verdes / rurales / industriales*.
5 Prefiere vivir en un pueblo *pintoresco / aislado / animado*.
6 En su pueblo hay una biblioteca *enorme / lujosa / tradicional*.
7 A Ricardo los pueblos le parecen muy *peligrosos / aburridos / románticos*.
8 En Buenos Aires hay museos *inútiles / agradables / interesantes*.

3 a El pretérito perfecto. Consulta el punto N9 de la sección de gramática. Corrige las palabras (a)–(j). Deben estar de acuerdo con la frase. ¡Ojo! No es siempre necesario cambiar las palabras.

Ejemplo: (a) gemelo

Esta mañana mi hermano (a) [gemelo] y yo (b) [decidir] que nos vamos a vivir a Barcelona. Es una ciudad (c) [abierto] y dinámica, e ideal para la gente (d) [joven]. Yo creo que al principio a mis padres no les (e) [parecer] buena idea. Luego les (f) [explicar] todas las ventajas de vivir en una gran ciudad y les (g) [decir] que siempre (h) [preferir] vivir cerca del mar. Además, allí hay unos museos (i) [estupendo] y más oportunidades de aprender. Ahora que tenemos 19 años, (j) [llegar] el momento de marcharnos. ¿No os parece?

3 b Ahora busca cuatro ejemplos del pretérito perfecto en el texto del ejercicio 1. Escríbelos y tradúcelos a tu idioma.

Ejemplo: ha sorprendido

4 Mira la foto y prepara unas respuestas detalladas a las siguientes preguntas. Después, con tu compañero/a, túrnate para practicarlas.

1 Describe la imagen, por favor.
2 ¿Qué época del año es? ¿Por qué?
3 ¿Crees que a la chica le gustará vivir aquí en unos años? ¿Por qué (no)?
4 ¿Qué ventajas y desventajas ofrece vivir en un sitio como el de la foto?
5 En tu opinión, ¿crees que la gente vivirá cada vez más en lugares tranquilos? ¿Por qué (no)?

5 Escribe entre 60 y 75 palabras en español sobre tus impresiones de dos lugares (uno rural y otro urbano) donde has estado. Debes utilizar todas las palabras mencionadas.

| gran ciudad | zonas verdes | mudarse | preferir |

Vuelo

3A.3 Pros y contras de cada lugar

★ **Describir las ventajas y desventajas de vivir en lugares diferentes**
★ **Estructuras más complejas para comparar**

Caballos en vez de coches

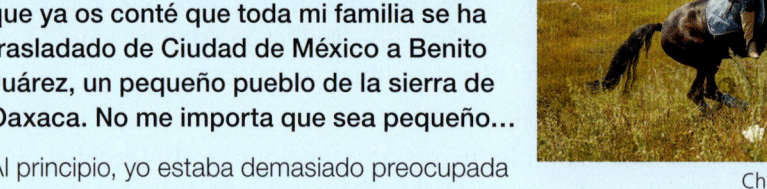

La entrada de esta semana la dedico a comparar las ventajas y desventajas de vivir en una gran ciudad o en el campo. Creo que ya os conté que toda mi familia se ha trasladado de Ciudad de México a Benito Juárez, un pequeño pueblo de la sierra de Oaxaca. No me importa que sea pequeño…

Chica montando a caballo

Al principio, yo estaba demasiado preocupada con la noticia para pensar que podía haber algo bueno en trasladarnos. Ahora pienso que Ciudad de México no es tan bonito como esta localidad y que es mucho más ruidoso. Sin embargo, allí podía ir al cine, a la discoteca y utilizar el metro por toda la ciudad. No tengo bicicleta ni aquí ni allí, pero eso es igual.

Aquí no tengo la compañía de mis amigos de siempre, pero hoy, por ejemplo, puedo hacer mi deporte favorito: montar a caballo. Aprenderé a montar más rápido que antes. Tenemos una fuente en una roca con un agua mucho más pura que en la ciudad. Una gran ventaja. Como todos vamos a coger agua, es ideal para hacer amigos. En el futuro va a ser difícil encontrar un trabajo en este pueblo, pues está bastante aislado.

Y el precio de las viviendas ahora no importa, porque… ¡es muy pronto para comprarme una casa!

1 a Lee la entrada del blog. ¿Qué dice la bloguera sobre vivir en el campo o la ciudad? Contesta a las preguntas en español.

Ejemplo: 1 de las ventajas y desventajas de vivir en la ciudad o en el campo

    1 ¿De qué trata la entrada de esta semana?
    2 ¿Qué es y dónde se encuentra Benito Juárez?
    3 ¿Qué dice la bloguera sobre el tamaño del pueblo?
    4 ¿Cómo se sentía antes del traslado?
    5 ¿Qué opina de Ciudad de México en comparación con el pueblo? [2]
    6 ¿Qué cosas podía hacer en Ciudad de México? [3]
    7 ¿Qué cree que aprenderá más rápido en el pueblo?
    8 ¿Qué es lo que la bloguera no planea hacer todavía?

1 b Haz una lista de vocabulario con las palabras útiles del texto. Tradúcelas a tu idioma y apréndelas. Añade más palabras útiles de la sección de vocabulario.

2 Lo mejor y peor de cada casa. Escucha lo que dice Alba sobre su casa y la de otros. Escoge la letra correcta para cada frase.

A trabajar	**D** deporte	**G** dulces	**J** fábricas	**M** alimentos
B olas	**E** naturaleza	**H** bolso	**K** peligrosa	
C pescado	**F** urbana	**I** coche	**L** *divertirse*	

Ejemplo: 1 L

    1 Una casa que flota es un buen sitio para…
    2 Si vives aquí gastas menos porque te alimentas más de…
    3 A mi hermano le encanta vivir inmerso en la…
    4 Cuando Ismael está acostado oye las…
    5 Eduardo es el único que vive en una zona más…
    6 No es frecuente tener tanto espacio como para cultivar tus propios…
    7 Julia siempre encuentra sitio para dejar su…
    8 Julia echa de menos un lugar donde hacer…

3 a Consulta los puntos D1–3 en la sección de gramática. Completa las frases con una expresión comparativa del recuadro. ¡Atención! No necesitarás todas las expresiones.

demasiadas	tanto como	más barato que	tan lejos como
tan peligroso como	*lo bastante*	más	
demasiado	tan aventurero	lo suficiente como	

Ejemplo: 1 lo bastante

    1 No soy ………. valiente como para vivir solo en una ciudad grande.
    2 Son ………. jóvenes para vivir solos en un apartamento.
    3 Magda no va al campo ………. su hermana.
    4 Vivir en un barco es ………. como hacer camping.
    5 Prefiero vivir en un apartamento, porque es ………. un chalet.
    6 Me gustan mis compañeros de piso ………. para quedarme aquí.
    7 No me gusta vivir en ciudades grandes, porque son ………. incómodas que las pequeñas.
    8 Hay gente que encuentra el campo ………. las ciudades.

3 b Ahora busca cuatro ejemplos de estructuras comparativas en el texto del ejercicio 1.

Ejemplo: demasiado preocupada … para

4 Escribe un breve artículo para la revista de tu colegio (130–150 palabras). Contesta a las siguientes preguntas:

- ¿Cómo es el lugar donde vives?
- ¿Qué ventajas o aspectos positivos ofrece?
- ¿Qué desventajas o inconvenientes tiene?
- ¿Cuál es tu opinión sobre vivir allí?

5 Trabaja con un/a compañero/a. Haz y contesta las siguientes preguntas.

- ¿Cómo es tu casa?
- ¿Qué es lo que más te gusta de tu casa? ¿Y lo que menos?
- Cuando seas mayor, ¿en qué tipo de vivienda te gustaría vivir y por qué?
- Háblame de una vivienda que conoces y que te parece ideal.

3B Shopping and money matters

Embarque

3B.1 ¿Qué venden aquí?

★ **Decir qué artículos se venden en cada tienda y cuánto cuestan**

★ **Utilizar números por encima de 100 y adjetivos demostrativos**

El centro comercial

A   B   C   D

E   F   G   H

farmacia	correos	quiosco de prensa	zapatería
joyería	floristería	juguetería	librería

1 Mira las imágenes. Escribe la letra del artículo (A–H) y el nombre de la tienda que se corresponde con cada frase (1–8).

Ejemplo: 1 E – joyería

   1 En esta tienda compré este collar para mi madre.
   2 En esa tienda venden periódicos de varios países.
   3 Aquellas rosas son las más bonitas de esta tienda.
   4 ¡Uy! Este libro está roto; voy a la tienda a cambiarlo.
   5 Mira, estos medicamentos también son caros en mi país.
   6 Perdón, ¿cuánto cuestan esos ositos?
   7 Por favor, envía aquellas cartas hoy por la tarde.
   8 Me encantan aquellos zapatos de esa tienda.

2 Vas a oír unos diálogos en ocho tiendas. En el recuadro hay ocho precios. Escribe el artículo que se menciona y el precio correcto para completar las frases.

Ejemplo: 1 collar 1.200

1 Este .... cuesta .... dólares.
2 Estas .... cuestan .... dólares.
3 Este .... cuesta .... dólares.
4 Estos .... cuestan .... dólares.

5 Enviar estas .... cuesta .... dólares.
6 Este .... alemán cuesta .... dólares.
7 Aquellos .... cuestan .... dólares.
8 Este .... de recetas cuesta .... dólares.

14	99	47	53	327	180	1.200	23

3 a Los adjetivos demostrativos. Consulta el punto E1 en la sección de gramática. Completa las frases con los adjetivos demostrativos correctos.

Ejemplo: 1 Esta
  1 *Este / Esta* farmacia tiene las medicinas que necesito.
  2 Pedro quiere comprar *estos / estas* flores para su madre.
  3 Voy a llevar *esa / ese* carta a Correos.
  4 *Aquella / Aquello* juguetería es la mejor del barrio.
  5 Todos los zapatos de mamá son de *este / esta* zapatería.
  6 *Estos / Estas* periódicos en ruso son muy complicados para mí.
  7 Por favor, cómprame las aspirinas en *ese / esa* farmacia.
  8 Me encantan *esos / esas* chocolates negros del supermercado.

3 b Los números por encima de 100. Consulta el punto S1 en la sección de gramática. Trabaja con tu compañero/a. Uno/a escribe seis números mayores de 100 y el/la otro/a los dice en español. Luego túrnate.

4 a Palabras con acento o sílaba tónica en la antepenúltima sílaba. Escucha esta frase y separa las palabras. Repite la frase tres veces, tradúcela a tu propia lengua y apréndela de memoria.

Álvaro,cómpramealgoeconómicocontutarjetadecrédito

4 b Lee la frase en alto y díctala a tu compañero/a para que la escriba. Después tu compañero/a te la dicta a ti. ¿Quién tiene menos fallos?

5 a Trabaja con otra persona para realizar un juego de rol. Debes elegir el papel A (el/la dependiente/a) o el papel B (el/la cliente).
Estás en la farmacia y quieres comprar unas aspirinas.

A Buenos días, ¿qué desea?
B Quiero comprar <u>estas aspirinas</u>, por favor.
A Muy bien. ¿Algo más?
B Sí, quiero <u>esta crema solar</u>. ¿Cuánto cuesta?
A Son <u>19</u> dólares.

B ¿Tiene <u>paracetamol</u>?
A Sí. ¿Cuántos quieres?
B <u>Dos cajas</u>, por favor.
A Aquí tiene. Adiós.
B Adiós, gracias.

5 b Ahora cambia de papeles y realiza el diálogo otra vez, sustituyendo las palabras marcadas por las de la lista a continuación.

Estás en...	Quiero comprar / mandar...	Son...
una joyería	un collar, una pulsera, dos anillos	52 / 43 / 94 $
Correos	una carta, un paquete	3 / 9 $
una floristería	doce rosas, diez flores	17 / 20 $
un quiosco de periódicos	un periódico, tres revistas	3 / 7 $
una juguetería	dos camiones, una muñeca	12 / 33 $
una papelería	cuatro cuadernos, un lápiz, una regla	16 / 2 / 3 $
una zapatería	unos zapatos, unas botas, unas zapatillas	57 / 93 / 26 $

6 Escribe sobre diez artículos que hayas comprado en los últimos seis meses. ¿Dónde los compraste y cuánto te costaron? Incluye artículos demostrativos.

Ejemplo: Compré estas botas en una zapatería de mi barrio. Me costaron cincuenta dólares.

Despegue

3B.2 Quisiera tres cuartos de queso manchego

★ **Hablar de comprar comida en pequeños comercios y supermercados**
★ **Adjetivos interrogativos**

Hola, Sonia. ¿Qué tal todo?

Hoy he ido al supermercado del nuevo centro comercial. "Quisiera un kilo de fresas", le he dicho al dependiente. Cuando le he preguntado: "¿Cuánto es?", me ha dicho: "Son 9 EUR. ¿Algo más?". Vamos, que es carísimo. Así que te aconsejo los mercadillos y las tiendas de nuestro barrio. Son mucho más baratos y el ambiente es más animado.

Esta noche celebramos el cumpleaños de mi hermano Andrés en casa, así que tenía muchas cosas que comprar para la cena. Le he preguntado: "¿Cuántas barras de pan compro? ¿Y cuántos pasteles? ¿Cuánta leche te hace falta? ¿Y cuánto pescado?" "Yo creo que, con una lechuga, un kilo de tomates, medio kilo de cebollas y una lata de aceitunas es suficiente para la ensalada. También necesitamos tres cuartos de queso y la mitad de un pescado grande. Muchas gracias." Y me he marchado.

Normalmente compro el pan y los pasteles en la panadería del barrio, porque son muy frescos. He comprado todas las cosas para la ensalada en el mercadillo en vez de en la frutería, y estaban muy buenas. "Quisiera unos tomates." Cuando el dependiente me ha preguntado: "¿Cuántos quiere?". Le he dicho que siete, pero me ha puesto nueve; o sea, que me ha regalado dos. Era muy simpático.

He comprado el queso en el supermercado, porque es más barato...

¿Y tú dónde compras?

Un beso:

Maite

1 Contesta las preguntas en español basándote en la carta. Escribe la letra apropiada.

A comercios	**D** altos	**G** central	**J** regalará	**M** *nuevo*
B baratas	**E** lata	**H** gastará	**K** antiguo	
C precio	**F** menos	**I** habrá	**L** tomates	

Ejemplo: 1 M

1 El supermercado está en un centro comercial ....
2 Maite ha preguntado el .... de las fresas.
3 En el centro comercial, los precios son más .... que en el mercadillo.
4 Maite recomienda a Sonia los .... de su barrio.
5 Esta noche .... una fiesta en casa de Maite.
6 Andrés piensa que para la ensalada una .... de aceitunas es bastante.
7 El dependiente ha dado a Maite dos .... de más.
8 El queso del supermercado cuesta ....

2 Vas a oír a varias personas en distintas tiendas. Fíjate en qué compran, dónde y a qué precio. Contesta a las preguntas.

Ejemplo: 1 en la pescadería

1 ¿Dónde se encuentra la clienta?
2 ¿Qué pide la clienta 1? ¿Cuánto le cuesta? [2]
3 ¿Cuánto cuesta un kilo de plátanos?
4 ¿Cuánto paga la clienta 2?

5 ¿Dónde compra el cliente 3?
6 ¿Qué desea el cliente 3? [2]
7 ¿Qué compra la clienta 4? [2]
8 ¿Cuánto paga en total la clienta 4?

3 Los adjetivos interrogativos. Consulta el punto H1 de la sección de gramática. Corrige las palabras (a)–(j). Deben estar de acuerdo con la frase. ¡Ojo! No es siempre necesario cambiar las palabras.

Ejemplo: (a) antigua

Hay una nueva tienda de alimentación en la parte (a) [antiguo] de mi barrio. Hablé con una amiga (muy habladora) y me empezó a preguntar: '¡Qué bien! A ver… ¿ (b) [Cuánto] dinero me queda este mes? La semana (c) [pasada] gasté demasiado…. ¿Y (d) [cuánto] patatas (e) [violeta] necesitaré para tu (f) [delicioso] receta? Oye, ¿y (g) [cuánto] dependientes tendrán? En todas las tiendas tenemos que esperar mucho siempre. ¿Y (h) [cuánto] bolsas vas a llevar? Ahora no dan bolsas de plástico en casi ningún sitio…' '¿Y (i) [cuánto] preguntas tienes? ¡Quizá mejor que vayamos juntas a la compra!' 'Uy, no paro de hablar. ¡(j) [Cuánto] paciencia tienes que tener, Esther!'

4 Mira la foto y prepara unas respuestas detalladas a las siguientes preguntas. Después, con tu compañero/a, túrnate para practicarlas.

1 Describe la imagen, por favor.
2 ¿Qué está haciendo la señora de la foto?
3 ¿A dónde va a ir la señora después?
4 ¿Cuáles son las ventajas y desventajas de los grandes supermercados?
5 En tu opinión, ¿crees que en el futuro las tiendas y los supermercados serán muy diferentes? ¿Por qué?

5 Un(a) amigo/a va a ir contigo a una fiesta. Escríbele una nota de 80–90 palabras con la información necesaria. Menciona:

- qué se celebra
- dónde es la fiesta y cuándo se celebra
- qué vas a llevar y las cantidades que vas a comprar
- qué puede comprar él / ella para la fiesta y por qué
- qué tiendas le recomiendas para comprar cada cosa y por qué.

Vuelo

3B.3 Ya me he gastado la mitad de mis ahorros

★ **Hablar sobre gastos, ahorros y dinero de bolsillo**
★ **Expresiones de cantidad:** *la mitad, tres cuartos,* **etc.**

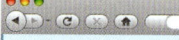

Hoy quiero hablaros de cómo me organizo con el dinero. Creo que mis hábitos han cambiado mucho desde mi niñez.

Hasta los 12 años

Voy de compras con mis padres de vez en cuando. Cuando mi familia me da dinero, me lo 1………. inmediatamente; no me dura dos días en mi 2……….
. Me lo gasto en una bombonería, una librería o unos grandes almacenes, pero no soy capaz de 3……….
jamás. Y me parece que tres cuartos de mi clase hacen lo mismo…

Organizando mis cuentas

De adolescente

De vez en cuando voy de compras con mis amigos. Paso un año en España compartiendo piso con otros estudiantes y aprendo mucho sobre cómo utilizar el dinero. Tengo una 4………., pero nunca la uso. Es exclusivamente para emergencias.

Ahora

Voy de compras y a la compra a menudo. Tengo clara la diferencia entre ir a la compra (comprar cosas esenciales en 5……….) e ir de compras (mirar 6………. por placer y comprar ropa o zapatos, por ejemplo). Con la mitad del dinero pago la habitación y la comida. Después, reservo un octavo para libros y papelería escolar y el otro octavo es mi dinero 7………. . Estoy ahorrando el cuarto que queda porque quiero comprarme un ordenador nuevo.

Lo que he aprendido

Existen otras fórmulas, como la de los tres tercios: gastos indispensables, gastos flexibles y ahorro. La clave está en encontrar un equilibrio entre los gastos e ingresos. Para ello, 8………. lo que realmente necesitas. Si ves algo que te gusta mucho, no lo compres. Vuelve a casa y pregúntate si lo 'necesitas' simplemente porque lo has visto.

Habitación y comida ½	Libros y papelería escolar 1/8	Dinero de bolsillo 1/8	Ordenador nuevo 1/4

1 a Lee el blog y escribe la palabra adecuada del recuadro para rellenar los espacios. ¡Atención! Hay palabras que no necesitas.

precio	escaparates	vender	compra
ahorrar	*gasto*	cartera	barato
el supermercado	de bolsillo	propina	tarjeta de crédito

Ejemplo: 1 gasto

1 b Haz una lista de vocabulario con las palabras útiles del texto. Tradúcelas a tu idioma y apréndelas. Consulta la sección de vocabulario o un diccionario para encontrar más palabras útiles.

2 Cómo me organizo el dinero. Escucha lo que dicen Javier y María. Escribe en español los aspectos positivos y los aspectos negativos que mencionan. No necesitas escribir frases completas.

	Aspectos negativos	Aspectos positivos
Ejemplo: Presentador	Sin control a la hora de gastar	Gasto lo que realmente tengo
Javier	1 .... 2	3 ....
María	4	5 .... 6 ....

3 a Expresiones de cantidad. Consulta el punto S5 en la sección de gramática. Usa expresiones de cantidad para completar las frases. Luego elige dos frases, tradúcelas a tu idioma y léeselas al resto de la clase.

Ejemplo: 1 mitad

    1 La .... (½) de los jóvenes gasta sus ahorros en tecnología.
    2 .... (¾) de la clase recibe una paga de sus padres.
    3 .... (¼) de mis amigos consigue ahorrar todos los meses.
    4 Yo solamente compro .... (⅛) de lo que me gustaría.
    5 .... (¾) de las familias gastan más de lo que tienen por culpa de las tarjetas de crédito.
    6 A .... (⅔) de los jóvenes le gustan los escaparates.
    7 Cuando las tiendas están cerradas, la gente compra la .... (½).
    8 .... (⅔) de lo que ahorro me lo gasto en libros que luego vendo.

3 b Ahora busca ejemplos de cantidades en la entrada del blog. Tradúcelas a tu idioma y apréndelas.

4 Trabaja con tu compañero/a. Haz y responde a las siguientes preguntas.
    1 ¿Con qué frecuencia vas de compras?
    2 ¿Qué te compras normalmente con tu paga o con tus ahorros?
    3 ¿Cuál es la última cosa que te has comprado? ¿Por qué?
    4 Describe en qué proporción se debería administrar un joven el dinero.

5 Escribe entre 130 y 150 palabras en español. Escribe una entrada en tu blog sobre una experiencia (muy buena o desastrosa) relacionada con el dinero. Debes mencionar:
    ● quién te dio el dinero
    ● qué ocurrió exactamente, dónde y por qué
    ● qué proporción de dinero gastaste/ahorraste/perdiste/ganaste comparado con el total
    ● por qué crees que se repetirá (o no) esta experiencia.

Embarque

3C.1 Voy a hacer unas gestiones al banco

★ **Hablar sobre cuestiones de dinero**
★ **Pronombres indefinidos**

A

B

C

D

E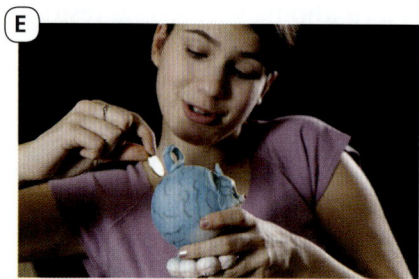

F

1 a Mira las imágenes y lee las siguientes frases. Escribe las letras (A–F) que se corresponden con las frases (1–8). ¡Atención! Hay más frases que dibujos.

Ejemplo: 1 D

   1 ¿Puedo pagar con tarjeta de crédito?
   2 ¿Tienes billetes? Sí, tengo muchos.
   3 ¿Cuánto dinero ha ahorrado Sara? Tiene bastante.
   4 No tengo caja fuerte para guardar las cosas de valor, pero voy a comprar una.
   5 Mi madre ha abierto una cuenta en el banco.
   6 ¿Hay cajeros automáticos aquí? Sí, hay alguno.
   7 ¿Quieres monedas de un dólar? Tengo demasiadas.
   8 Tiene que firmar este documento, por favor.

1 b Cuando termines, traduce las dos frases extra a tu propio idioma.

2 a Escucha a dos personas que conversan en un banco. Indica quién dice qué: H (Hugo) o A (Almudena).

Ejemplo: 1 H

   1 Buenas tardes, ¿en qué puedo ayudarle?
   2 Quisiera sacar dinero.
   3 No me funciona la tarjeta.
   4 Vaya a la ventanilla, por favor.
   5 ¿Cuánto dinero quiere cambiar?
   6 ¿Quiere billetes o monedas?
   7 ¿Dónde hay un cajero automático, por favor?
   8 Creo que se me ha olvidado el número secreto.

2 b Haz una lista con el vocabulario útil del ejercicio 2a, tradúcela a tu idioma y apréndela. Añade más palabras útiles de la sección del vocabulario.

3 a Los pronombres indefinidos. Consulta el punto F2 en la sección de gramática. Escoge la palabra correcta del recuadro y escribe las frases completas.

demasiados	algo	todos	otro
ninguna	una	alguien	tantas

Ejemplo: 1 ninguna
   1 Voy a abrir una cuenta, porque no tengo ....
   2 Tenemos que cancelar las tarjetas. En realidad, solamente necesitamos ....
   3 En tu barrio hay pocos cajeros automáticos. Aquí hay ....
   4 Sus tíos tienen muchas cajas fuertes. ¿Sabes por qué tienen ....?
   5 No, Alan no tiene créditos en este banco. Ya los ha pagado ....
   6 Creo que el banco está vacío. ¿Tú ves a ....?
   7 Este cajero automático no funciona. ¿Dónde hay ....?
   8 Creí que no me quedaba dinero para el supermercado, pero tengo ....

3 b Ahora busca cinco ejemplos de pronombres indefinidos en el texto del ejercicio 1.

4 a Palabras con acento en la última sílaba. Escucha esta frase y separa las palabras. Repite la frase tres veces, tradúcela a tu propia lengua y apréndela de memoria.

Tomásverálaseñalenelcajónyreconoceráalladrón

4 b Lee la frase en alto y díctala a tu compañero/a para que la escriba. Después tu compañero/a te la dicta a ti. ¿Quién tiene menos fallos?

5 a Trabaja con otra persona para realizar un juego de rol. Debes elegir el papel A el/la cajero/a o el papel B el/la cliente/a.
   B   Buenos días.
   A   Buenos días. ¿En qué puedo ayudarle?
   B   Quisiera <u>cambiar dinero</u>.
   A   ¿Cuánto quiere <u>cambiar</u>?
   B   Quisiera <u>cambiar 100 dólares</u>.
   A   <u>¿A qué moneda lo quiere cambiar?</u>
   B   <u>A libras esterlinas</u>, por favor.
   A   ¿Lo quiere todo en <u>billetes</u>?
   B   <u>Sí, excepto 10 libras en monedas.</u>
   A   Aquí tiene.
   B   Perfecto. Muchas gracias.

5 b Ahora cambia de papeles y realiza el diálogo otra vez, sustituyendo las palabras y expresiones marcadas por las de la lista a continuación.

monedas	De la cuenta corriente.
sacar dinero	¿De qué cuenta lo quiere sacar?
No, quisiera todo en billetes.	sacar 200 dólares
sacar	

3C.2 Estoy en una cafetería con wifi

Despegue

★ **Ir a una oficina postal, y usar el teléfono e Internet**
★ *Ser y estar* (1)

¿Qué medio de comunicación prefieres?

Leonor
No soy muy moderna; no me gusta la tecnología. Me gusta mucho escribir y enviar cartas por correo. Aunque es necesario comprar sellos y sobres y tener la dirección, es emocionante encontrarte una carta en el buzón. Puede ser aburrido hacer cola en la oficina de Correos, pero no lo es para mí, porque... ¡me pongo a hablar con la gente!

En un cibercafé

Jaime
Cada vez se usan menos las cabinas telefónicas, pero yo creo que son todavía muy necesarias. Además, yo siempre prefiero comunicarme por teléfono. Prefiero comunicarme por teléfono porque muchas veces no hay cobertura y al final la única opción es llamar desde un teléfono público en una cafetería. El problema es que a veces hay ruido y no se oye muy bien. La guía telefónica está en una mesita, pero la verdad es que casi nadie la mira. Yo estoy acostumbrado a usar la agenda de mi teléfono móvil y es muy práctico; también guardo ahí algunas notas.

Eduardo
Hoy en día estamos conectados siempre. Comunicarse con la familia y los amigos es muy fácil y práctico. En casa mi ordenador está en mi dormitorio. Puedo estar en contacto con mis amigos y no es necesario estar en el colegio para estudiar. A veces uso Internet para navegar o hacer compras cuando estoy en una cafetería con wifi. El problema es que estamos obsesionados con Internet. Los jóvenes están más aislados, porque Internet es el centro de su vida. ¿Y tú? ¿Eres adicto a Internet?

1 a Lee el blog. Empareja las frases con la persona apropiada. Escribe L (Leonor), J (Jaime) o E (Eduardo). ¡Ojo! Es posible que unas afirmaciones tengan más de una inicial o ninguna (-).

Ejemplo: 1 L

1 Me encanta recibir correspondencia en papel en casa.
2 Internet es muy útil, pero también causa problemas.
3 Hoy en día casi no se usan las guías telefónicas.
4 Lo que más utilizo es la mensajería instantánea.
5 Los teléfonos públicos siguen siendo muy necesarios.
6 Puedo dedicarme a mis estudios desde casa.
7 Me encanta escribir utilizando medios tradicionales.
8 Preferimos métodos más antiguos para comunicarnos.

1 b Haz una lista de vocabulario con las palabras útiles del texto. Tradúcelas a tu idioma y apréndelas. Añade más palabras útiles de la sección de vocabulario.

2 Vas a oír a tres jóvenes hablar de tres formas de comunicación. Señala si las afirmaciones son verdaderas (V) o falsas (F). Si son falsas, escribe una frase en español para corregirlas. ¡Atención! Hay cinco afirmaciones que son verdaderas y tres afirmaciones que son falsas.

Ejemplo: 1 F Julieta está en Correos para enviar un paquete a su hermano.

1 Julieta está en Correos para enviar una carta a su hermano.
2 Julieta también tiene que comprar sobres y sellos.
3 Su hermano va a estar preocupado al ver un paquete en su buzón.
4 Cuando Romeo llama y hay ruido, cuelga.
5 La primera vez que Romeo ha llamado a su madre, el teléfono estaba ocupado.
6 Ainhoa y Berta están en un cibercafé.
7 Ainhoa y su amiga no tienen la contraseña y no pueden conectarse.
8 Sus padres piensan que están obsesionadas con Internet.

3 a *Ser* y *estar*. Consulta el punto N18 de la sección de gramática. Corrige las palabras (a)–(j). Deben estar de acuerdo con la frase. ¡Ojo! No es siempre necesario cambiar las palabras.

Ejemplo: (a) Estoy

¡Qué bien! ¡Carta de mi prima Bea! (a) [estar] muy contenta de saber de ella. Vive en Berna, que (b) [estar] en Suiza y, además, (c) [ser] la capital. De pequeñas, jugamos mucho juntas en un jardín (d) [precioso] de mis abuelos. Después, de adolescentes, nos escribimos cartas (e) [interminable] y nos llamamos por teléfono a menudo. Ahora ella (f) [ser] una artista (g) [famoso]. ¡La veo en las revistas y la televisión! Hablamos dos veces a la semana por Internet y (h) [ser] adictas a la mensajería (i) [instantáneo]. ¡Uy! (j) [ser] las seis y media y aún no he contestado su último mensaje.

3 b Ahora busca al menos cinco ejemplos de *ser* y *estar* en el texto del ejercicio 1. Escríbelos y tradúcelos a tu idioma.

4 Mira la foto y prepara unas respuestas detalladas a las siguientes preguntas. Después, con tu compañero/a, túrnate para practicarlas.

- Describe la imagen, por favor.
- Explica qué hace la niña rubia de la foto.
- ¿Para qué utilizaste Internet ayer?
- ¿Qué opinas que están haciendo los niños de la foto? ¿Por qué?
- ¿Cuáles son las ventajas y desventajas de comunicarse por Internet?

5 Escribe entre 60 y 75 palabras en español sobre las ventajas y desventajas de los distintos medios de comunicación. Debes utilizar todas las palabras mencionadas.

| fácil | rápido | barato | demasiados mensajes |

Vuelo

3C.3 ¡He perdido mi saco de dormir!

★ **Comunicar situaciones en las que se ha perdido un objeto**
★ **Pronombres de objeto directo**

Estimados/as empleados/as de Air Europa:

Les escribo porque sospecho que me he dejado mi saco de dormir en el avión. Ayer por la tarde viajé de París a Madrid y lo puse en la parte superior, donde va el equipaje de mano. Al salir, creo que no lo cogí. Estoy muy preocupado.

¿Cómo es? Se lo describo. Es un saco de dormir azul, ligero y de muy buena calidad. Lo he buscado por todas partes. He llamado al 999 66 33 66, el teléfono de Atención al Cliente del aeropuerto, pero hasta ahora nadie lo ha encontrado. Fue un regalo especial y viajo siempre con él, así que tengo muchísimo interés en recuperarlo.

¿Saben si alguien lo ha visto o lo va a devolver? En todo caso, no les quiero molestar más. Por favor, avísenme en cuanto tengan noticias, o envíenmelo a mi domicilio (Calle Augusto, 23 - 43070 Tarragona).

Les agradezco su ayuda.

Un saludo:

Roberto Menéndez

1 a Toma apuntes sobre la carta. Escribe las palabras o números apropiados.

Ejemplo: 1 su saco de dormir
    1 Qué ha perdido Roberto: ....
    2 Dónde cree que lo ha dejado: ....
    3 Qué ruta aérea estaba haciendo: ....
    4 Cómo se siente Roberto: ....
    5 Características del saco: .... [3]
    6 Número de Atención al Cliente: ....
    7 Dónde obtuvo el saco de dormir: ....
    8 Distrito postal en Tarragona: ....

1 b Haz una lista de vocabulario con las palabras útiles del texto. Tradúcelas a tu idioma y apréndelas. Añade más palabras útiles de la sección de vocabulario.

2 Vas a oír a tres clientes que van a la Oficina de Objetos Perdidos. Contesta a las preguntas en español.

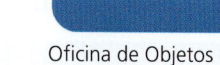

Oficina de Objetos Perdidos

Ejemplo: 1 porque ha perdido su teléfono móvil

1 ¿Por qué está preocupada la Clienta 1?

2 ¿Cómo es el objeto que ha perdido?

3 ¿Qué ocurrió la semana pasada?

4 ¿Qué ha hecho la Clienta 2 antes de ir la Oficina de Objetos Perdidos?

5 ¿Qué sabes del objeto que ha perdido la Clienta 2? [3]

6 ¿Cuándo fue la última vez que el Cliente 3 perdió algo importante?

7 ¿Por qué está muy nervioso el Cliente 3?

8 ¿Qué información debes dar a la empresa de Internet sobre el objeto perdido? [3]

3 a Los pronombres de objeto directo. Consulta el punto M2 en la sección de gramática. Completa los huecos con el pronombre de objeto directo correcto (*lo, la, los, las*).

Ejemplo: 1 la

1 A ¿Has encontrado la cámara?

B Sí, ... he encontrado.

2 A ¿Has perdido tu paraguas?

B Sí, ... he perdido.

3 A ¿Has recomendado ya la página web?

B Sí, ya .... he recomendado.

4 A ¿Sabes dónde has dejado el monedero?

B No sé dónde .... he dejado.

5 A ¿Tiene mucho valor tu anillo?

B Sí, ... tiene.

6 A ¿Te compraste los guantes en el aeropuerto?

B Sí, ... compré allí.

7 A ¿Diste las gracias a la Oficina de Objetos Perdidos?

B Sí, se .... di.

8 A ¿Enviaron los documentos a tu domicilio?

B Sí, ... enviaron.

3 b Ahora busca tres ejemplos de pronombres de objeto directo en el texto del ejercicio 1. Indica a qué se refiere cada pronombre.

4 Trabaja con tu compañero/a. Haz y contesta las siguientes preguntas.

● ¿Cuándo fue la última vez que perdiste algo?

● ¿Cómo/qué era y dónde lo perdiste?

● ¿Cómo lo encontraste? ¿Y dónde?

● ¿Cómo te sentiste al perderlo/encontrarlo?

5 Describe una ocasión en la que perdiste algo muy importante para ti y lo que pasó.

Embarque

3D.1 Yo cuido del medio ambiente… ¿y tú?

★ Hablar sobre qué haces para cuidar del medio ambiente
★ Las conjunciones

A

B

C

D

E

F

G

H

I

1 a Lee las siguientes frases. Escribe las letras de los dibujos que se corresponden con las frases. ¡Atención! Hay un dibujo que no necesitas.

Ejemplo: 1 B

   1 En casa, separamos la basura.
   2 Reciclo las botellas de plástico o de vidrio.
   3 Elisa usa el transporte público en la ciudad porque es ecológico.
   4 Tomo una ducha en lugar de un baño.
   5 Mis padres compran productos orgánicos en el supermercado.
   6 Soy activista en un grupo ecologista de mi región porque me gusta protestar. ¡Debemos hacer algo!
   7 Reciclo las latas usadas de comida y bebida y las pilas.
   8 Apago las luces cuando no las uso; es útil e importante.

1 b Vuelve a leer las frases 1–8 y haz una lista con el vocabulario nuevo.

2 Vas a oír a varios jóvenes hablando sobre diferentes maneras de cuidar el medio ambiente. Empareja a cada persona que habla con un dibujo del ejercicio 1.

Ejemplo: 1 F

3 Las conjunciones. Consulta el punto Q en la sección de gramática. Completa las frases con la conjunción correcta.

Ejemplo: 1 y

1 Macarena recicla dos tipos de botellas: las de vidrio .... plástico.
2 Nosotros podemos protestar .... no hacer nada.
3 Luis tiene que estudiar dos asignaturas: matemáticas .... inglés.
4 Los estudiantes van a clase a pie .... no contamina.
5 Esteban va a vivir en Madrid durante siete .... ocho meses.
6 Me gustaría ser miembro de un grupo ecologista .... quiero proteger a los animales en extinción.
7 Mis ciudades favoritas son Sevilla .... Lisboa.
8 Ana no come carne .... es vegetariana.

e	*y*	porque	porque
porque	o	u	y

4 a El sonido 'll' en español. Escucha esta frase y separa las palabras. Repite la frase tres veces, tradúcela a tu propia lengua y apréndela de memoria.

LaurallevalasbotellasbrillantesalcontenedorenlallanuraconsuamigoLuisMurillo

4 b Lee la frase en alto y díctala a tu compañero/a para que la escriba. Después tu compañero/a te la dicta a ti. ¿Quién tiene menos fallos?

5 Responde a estas preguntas con un(a) compañero/a de clase. Utiliza la tabla para ayudarte.

- ¿Reciclas en casa?
- ¿Qué reciclas exactamente? ¿Y qué no reciclas? ¿Por qué?
- ¿Eres o te gustaría ser miembro de un grupo ecologista? ¿Por qué?
- ¿Qué (no) haces hoy en día que no es muy ecológico?

Personalmente, reciclo	todos los días / a veces / de vez en cuando / raras veces
Generalmente, (no) reciclo	botellas / latas / papel / pilas
Soy / Me gustaría ser miembro de un grupo ecologista porque	es importante proteger el medio ambiente / debemos hacer algo / me gusta protestar a favor de la protección de animales que pueden desaparecer
No soy / No me gustaría ser miembro porque	es una pérdida de tiempo / no me gusta protestar / no estoy de acuerdo con sus métodos
Afortunadamente siempre	apago las luces / la tele / tomo un baño en lugar de una ducha
Desafortunadamente nunca	gasto dinero en productos orgánicos / reciclo

6 Escribe un párrafo sobre el medio ambiente y lo que haces y no haces para protegerlo. Usa el diálogo adaptado de la conversación anterior. Añade más información si puedes.

Despegue

3D.2 Los parques nacionales en los países hispanos y su importancia

★ **Hablar sobre los parques nacionales y su importancia**
★ **Los adjetivos indefinidos**

Los parques nacionales y Doñana

Flamencos en una marisma en Doñana

España es uno de los países europeos con más espacios naturales protegidos; cuenta con 15 parques nacionales. El primero fue declarado en 1918, el parque nacional de Los Picos de Europa. España tiene mucha diversidad con una naturaleza y animales muy diferentes de norte a sur que es muy importante conservar.

Doñana es uno de los parques nacionales más grandes y variados. Ocupa 108.000 hectáreas en total y contiene especies en peligro de extinción como el lince ibérico y el águila imperial. Su naturaleza es espectacular: hay marismas, playas, bosque, montaña y valles. Es muy popular y cada año recibe cuatrocientas mil visitas de personas de todo el mundo.

En Doñana viven unos caballos típicamente españoles y salvajes que también están en peligro de extinción pero gracias al programa de conservación del parque, los animales viven tranquilos y en libertad. Si visitas Doñana, también se pueden ver flamencos y muchos tipos de peces y reptiles únicos.

1 a Lee el folleto sobre Doñana y escoge la palabras del recuadro para completar las frases. Escribe la letra apropiada.

A animales	**D** accesible	**G** antiguo	**J** especie	**M** árbol
B flor	**E** caballos	**H** turistas	**K** atractivo	**N** variedad
C *quince*	**F** pájaros	**I** diverso	**L** distante	

Ejemplo: 1 C

1 En España hay ………. parques nacionales en total.
2 El parque nacional más ………. de España se llama Los Picos de Europa.
3 Los ………. en el norte de España son diferentes de los animales en el sur.
4 Ocupando 108.000 hectáreas, Doñana es un parque natural muy ………. .
5 El lince ibérico es un ejemplo de una ………. en peligro de extinción.
6 Doñana es un lugar muy ………. para los turistas.
7 Lo bueno del parque es que los animales como los ………. están bastante libres.
8 En Doñana hay una gran ………. de especies diferentes.

1 b Lee las afirmaciones otra vez. Haz una lista de vocabulario con las palabras útiles del texto, tradúcelas a tu propio idioma y apréndelas de memoria.

2 Vas a oír a cuatro jóvenes que hablan de sus viajes a parques nacionales en América Central y del Sur. Completa la tabla con la información necesaria.

Persona	Dónde	Cuándo	Cuánto tiempo	Opinión y por qué
Dionisio	*Ejemplo:* Parque Nacional Galápagos			
Carmela				
Mariano				
Sabrina				

3 Los adjetivos indefinidos. Consulta el punto F1 en la sección de gramática. Corrige las palabras (a)–(j). Deben estar de acuerdo con la frase. ¡Ojo! No es siempre necesario cambiar las palabras.

Ejemplo: (a) muchos

En España hay (a) [mucho] animales y plantas interesantes. (b) [Todo] la zona del norte tiene especies muy importantes, y (c) [alguno] animales no se encuentran en ningún otro lugar.

(d) [Cualquier] parque nacional vale la pena (e) [visitar], porque se puede pasar un día al aire libre y (f) [aprender] muchas cosas. (g) [Vario] turistas pasan el día entero solos sin ver a otra persona, y les (h) [gusta] la paz y la tranquilidad. Otros (i) [preferir] caminar o hacer senderismo en grupos.

Para escapar del ruido del mundo no hay nada mejor y muy (j) [poco] gente se arrepiente de pasar un día o dos disfrutando del campo.

4 Escribe un folleto sobre un parque nacional. Debes mencionar:
- dónde está
- por qué este parque es importante
- las distintas especies de animales que lo habitan
- por qué es una buena idea visitar el parque y qué puedes hacer allí.

5 Mira la foto y prepara unas respuestas detalladas a las siguientes preguntas. Después, con tu compañero/a, túrnate para practicarlas.
- ¿Qué hay en la foto?
- ¿Qué tiempo hace?
- ¿Qué piensas que hicieron estos turistas antes?
- ¿Qué opinas de los parques naturales?
- ¿Qué aspectos de la naturaleza te interesan?

Vuelo

3D.3 Nuestro planeta en peligro

★ **Hablar sobre los problemas medioambientales, sus consecuencias y soluciones**
★ **Los pronombres relativos (1)**

1 Problemas medioambientales. ¿Qué dicen Emiliano, Silvia y Carlos? Para cada pregunta elige la letra correcta.

Ejemplo: 1 C

1 Según Emiliano, el calentamiento global…
  A puede bajar el nivel del agua en el mar.
  B es una consecuencia de inundaciones terribles.
  C es un problema serio.
  D no existe en este momento.
2 ¿Qué solución sugiere Emiliano?
  A Compartir más los coches.
  B Contaminar solo la atmósfera.
  C Apenas usar el transporte público.
  D Bajar la emisión de gas a la atmósfera.
3 Según Silvia, ¿por qué son tan importantes los árboles?
  A Las industrias podrían terminar con ellos.
  B Viven y respiran.
  C Evitan la deforestación.
  D Sin ellos, no habrá vida en el planeta.

4 Según Silvia, ¿cómo se puede educar a muchas personas sobre los efectos de la deforestación?
  A Cuidando más del Amazonas.
  B Teniendo más información en la tele, los periódicos, Internet, etc.
  C Prohibiendo muchas industrias.
  D Terminando con los bosques.
5 Según Carlos, ¿por qué está en peligro de extinción el oso panda?
  A Su hábitat se ha reducido considerablemente.
  B El número de osos en total está en peligro.
  C Porque está muy triste actualmente.
  D A causa de su representación de China.
6 Según Carlos, ¿por qué es importante ser miembro de un grupo ecologista?
  A para protestar.
  B para tomar acción directa.
  C para salvar a todos los osos.
  D para no extinguirse.

2 Los pronombres relativos (1). Consulta el punto J de la sección de gramática. Mira las respuestas a estas preguntas y escoge el pronombre correcto.

Ejemplo: 1 el que

  1 ¿Tienes un bolígrafo verde? No, *el que / la que* tengo es rojo.
  2 ¿Reciclas la basura orgánica? *La que / El que* reciclo no es orgánica. Reciclo plástico y pilas.
  3 ¿Entiendes todo? No, *lo que / las que* no entiendo es el problema de matemáticas.
  4 ¿Llevas todos los calcetines en la mochila? No, *las que / los que* llevo son los calcetines de deporte.
  5 ¿Son españolas esas chicas? ¿Cuáles? *¿Los que / Las que* están en la playa?
  6 ¿Tu tío vive en Huelva? Mi tío, *quien / lo que* era escritor, vive en Cádiz.
  7 ¿Son esos chicos tus amigos? *El que / Los que* están jugando al rugby son mis amigos.
  8 ¿Te gustan los nuevos profesores del insti? Los profesores *las que / que* enseñan literatura me gustan.

Madrid tiene un nuevo protocolo de tráfico contra la contaminación

Un carril-bici en el centro de Madrid

El ayuntamiento de Madrid tiene un plan nuevo para controlar el tráfico en la capital y **1**.......... de dióxido de nitrógeno, que son tan dañinos. En este plan, lo más importante es incentivar el uso de **2**.......... en los coches, y también los vehículos menos contaminantes como los coches eléctricos, híbridos y de gas, que nunca serán sancionados por circular en el centro de la ciudad.

Entre las medidas para reducir las emisiones contaminantes de los coches, **3**.......... la velocidad a 70 kilómetros por hora en la ciudad, se prohíbe el aparcamiento de más de media hora en las calles del centro y **4**.......... el sistema de bicicletas por toda la ciudad. BICIMAD es un servicio con más de 2.000 bicicletas que están distribuidas por toda la ciudad en 164 estaciones. Tiene mucho éxito y a los madrileños les encanta usar la bici para ir a trabajar o simplemente **5**.......... la ciudad. El problema es que no hay suficientes calles adecuadas para que los ciclistas no estén en peligro con el resto de los coches. Con este nuevo plan de tráfico, Madrid quiere adecuar más de 64 calles y avenidas en la capital para que las bicis tengan un espacio individual sin afectar al tráfico, o en algunas calles, eliminar los coches **6**.......... .

Otra medida con mucha controversia son las restricciones de tráfico. Si el nivel de contaminación es **7**.......... en la ciudad más de dos días continuos, lo que es habitual, habrá una restricción del número de coches en los barrios más importantes, que tendrán menos humos como consecuencia. La alcaldesa de Madrid, Manuela Carmena, quien es muy ecologista, ha afirmado que casi todos los madrileños **8**.......... con convicción estas restricciones.

3 a Lee esta noticia sobre el tráfico en la capital de España. Indica la letra correcta para cada palabra o expresión que falta.

Ejemplo: 1 D

A por completo	**C** muy elevado	**E** se aumenta	**G** alta ocupación
B se limita	**D** *reducir las emisiones*	**F** aceptarían	**H** pasear por

3 b Explica en tus propias palabras lo que significan las expresiones A–H del ejercicio 3a.

Ejemplo: A – totalmente

4 Trabaja con un/a compañero/a. Haz y contesta las siguientes preguntas.
- ¿Por qué es importante cuidar el medio ambiente?
- En tu opinión, ¿cuál es la peor amenaza al medio ambiente?
- ¿Qué se hace en tu zona para cuidar el medio ambiente?
- ¿Qué podemos hacer para salvar a las especies en vías de extinción?

5 Escribe entre 130 y 150 palabras en español sobre 'El medio ambiente en mi zona'. Debes mencionar:
- algo que produjo mucha contaminación en tu zona
- el impacto sobre la naturaleza
- lo que tú harás como consecuencia
- tu opinión sobre la importancia de proteger el medio ambiente.

3E Weather and climate

Embarque

3E.1 ¿Qué tiempo hace?

★ **Entender y usar las expresiones meteorológicas**
★ **Los puntos cardinales**

1 Lee las siguientes frases sobre el tiempo y luego mira el mapa. Decide si las afirmaciones 1–8 son verdaderas (V) o falsas (F).

Ejemplo: 1 V

Hoy, el tiempo será muy diferente por todas partes de España.

1 En el norte, hace frío y graniza. ¡Atención!
2 En el sur hace calor: temperaturas muy altas, más de treinta grados.
3 En el centro del país, hace sol y viento.
4 En el este, está muy nublado.
5 En el oeste, llueve… ¡viene agua!
6 En el noreste nieva.
7 En el suroeste hay tormenta.
8 En el sureste hay niebla muy intensa ¡Mala visibilidad!

2 a Vas a oír diferentes frases sobre el tiempo en algunas partes del mundo. Escucha con atención y completa las frases con la palabra necesaria.

Ejemplo: 1 calor

1 El centro de Portugal: hace mucho ....
2 En el este de México: temperaturas ....
3 En Barcelona: hace mal tiempo. Hay tormenta y ....
4 No usen el coche en Los Ángeles porque hay ....
5 Hace mucho .... en el sureste de Nicaragua.
6 Mallorca: hace .... y hace ....
7 Temperaturas de .... grados en Buenos Aires.
8 Hoy .... en el noroeste de Colombia.

2 b Haz una lista con todo el vocabulario nuevo que has encontrado hasta ahora.

3 Los puntos cardinales. Consulta el punto T5 en la sección de gramática y luego reescribe los anagramas en las frases siguientes para formar puntos cardinales.

Ejemplo: 1 norte
  1 En el ~~roent~~ de Inglaterra llueve mucho.
  2 En el ~~tese~~ de Francia hace viento.
  3 En el ~~urs~~ de Escocia hace frío.
  4 En el ~~ronesteo~~ de Grecia hace calor.
  5 En el ~~rustese~~ de Alemania hay niebla.
  6 En el ~~teseo~~ de Italia está nublado.
  7 En el ~~nrocest~~ de Egipto hace mucho sol.
  8 En el ~~sruseteo~~ de Irlanda graniza.

4 a El sonido de la 'r' suave y la 'rr' fuerte en español. Escucha esta frase y separa las palabras. Repite la frase tres veces, tradúcela a tu propia lengua y apréndela de memoria.

ElrabodemiperroLuceroesmarrónycortoynosemuevecuandocorrelamaratónenCaracas

4 b Lee la frase en alto y díctala a tu compañero/a para que la escriba. Después tu compañero/a te la dicta a ti. ¿Quién tiene menos fallos?

5 Responde a las preguntas con un(a) compañero/a de clase y usa la tabla para ayudarte. Puedes inventar las respuestas.
  1 ¿Qué tiempo hace hoy en el norte del país?
  2 ¿Cómo es el tiempo en el sur?
  3 ¿Qué tiempo hace hoy en el este? ¿Y en el oeste?
  4 ¿Hace buen tiempo en el centro?
  5 ¿Cómo es el tiempo hoy en el este?

En el norte / sur / este / oeste / noreste / noroeste / sureste / suroeste del país	hace (mucho) sol / hace calor / hace frío / hace buen tiempo / hace mal tiempo / hace viento
	hay niebla / hay tormenta / hay cielos despejados / hay temperaturas bajas / altas
	está nublado
	graniza llueve nieva

6 Escribe tres frases sobre el tiempo en tu país hoy o en cualquier país de tu elección. Usa la tabla y tus respuestas de la actividad 5 para ayudarte.

Despegue

3E.2 Se esperan temperaturas bastante altas

★ **Entender boletines meteorológicos más extensos**
★ **Las expresiones impersonales sobre el tiempo**

El tiempo nacional

Hoy en Argentina las diferencias entre norte y sur serán más que evidentes. Hoy en el norte hace buen tiempo, hace un sol espléndido y las temperaturas se esperan bastante altas, en torno a los 18 grados durante el día. En la costa hay brisas ligeras, pero atención cerca de la ciudad de Salta, porque durante la noche habrá vientos fuertes que pueden ser peligrosos.

En el centro, hoy está nublado con precipitaciones en forma de lluvia débil. En la capital, Buenos Aires, hay tormentas con riesgo de inundación en los barrios cerca del Río de la Plata. Es muy importante mencionar, para los amantes del esquí, que las temperaturas en el sur serán muy bajas, con mínimas de menos doce grados y máximas de menos tres. En la ciudad de Ushuaia hace viento y nieva.

1 a Lee el boletín meteorológico. Para cada pregunta escribe la letra correcta.

A *contrastes*	**E** lloverá	**I** vientos	**M** superar
B inundarse	**F** estupendo	**J** incendiarse	
C despejado	**G** pasará	**K** peligroso	
D habrá	**H** temperaturas	**L** grados	

Ejemplo: 1 A

1 Se van a notar mucho los ………. entre norte y sur.
2 Hoy la temperatura en Argentina es de 18 ………. .
3 ¡Vaya sol! Hace un día ………. en el norte.
4 En la costa hay brisas ligeras, pero cerca de Salta habrá ………. fuertes.
5 En el centro ………., pero solo un poco.
6 Algunos barrios de Buenos Aires pueden llegar a ……….
7 Los esquiadores tienen que ir con prudencia a causa de las bajas ……….
8 Las temperaturas no van a ………. los cero grados.

1 b El tiempo del mapa de Argentina no se corresponde con el boletín. ¿Qué diferencias hay? Haz una lista con las diferencias que observas en…
● Buenos Aires
● el norte de Argentina
● el sur del país y la ciudad de Ushuaia

Ejemplo: No hay tormentas en Buenos Aires.

2 a El clima. Escucha a las siguientes personas y ordena las afirmaciones.

Ejemplo: 1 f

    a En mi región el clima es muy agradable.

    b Hace buen tiempo en primavera y verano.

    c Allí siempre hace muchísimo calor.

    d ¡Me pican los ojos!

    e El otoño es ideal para pasear con mi perro.

    f No me gusta cuando nieva mucho.

    g Me encanta estar cerca del mar.

    h A veces la nieve bloquea la puerta de mi casa.

2 b Añade a tu lista de vocabulario sobre el tiempo palabras y expresiones nuevas y las cuatro estaciones.

3 Las expresiones impersonales sobre el tiempo. Consulta el punto N21 en la sección de gramática y completa las frases con una de las opciones.

Ejemplo: 1 hace

    1 En Chile hoy *hace / es* muy buen tiempo.

    2 Me gusta mucho cuando *llueva / llueve* en Pamplona.

    3 En los valles de Asturias en invierno *hay / tiene* niebla.

    4 ¡Qué frío! Ahora no *nieve / nieva* pero en la tele dicen que empieza a las nueve.

    5 ¡Mira qué nubes tan oscuras! *Hace / Hay* tormenta.

    6 Cuando *hace / hay* fresco me gusta salir a tomar un helado.

    7 Ahora no *granizo / graniza* y podemos ir al supermercado.

    8 Siempre *está / es* nublado en la costa de Colombia.

4 Escribe entre 60 y 75 palabras en español sobre qué tiempo hace hoy donde vives y qué tiempo te gusta o detestas. Debes utilizar todas las palabras mencionadas.

| me encanta | el mal tiempo | prefiero | el paraguas |

5 Trabaja con un/a compañero/a. Mira la tabla a continuación. Haz y contesta las siguientes preguntas.

- Describe el tiempo de hoy y de mañana.
- ¿Qué te gusta hacer cuando hace buen tiempo?
- ¿Qué te molesta más hacer cuando el tiempo es desagradable?
- ¿Qué tiempo preferirías para tus próximas vacaciones?

	Hoy	Mañana
Buenos Aires		
Toledo		
Sevilla		
Oaxaca		

Vuelo

3E.3 El clima nos afectaba mucho

★ **Describir los efectos del clima en ciudades y regiones hispanohablantes**
★ **El imperfecto**

España y el cambio climático

En España hay numerosos problemas con el cambio climático que afectan a muchas ciudades, ecosistemas y territorios.

En primer lugar, en el norte del país el cambio climático amenaza a animales como el oso, que se alimenta directamente de peces en los ríos. El agua de los ríos está cada vez más sucia y los peces están intoxicados, lo que afecta al oso, que ya está en peligro de extinción. Hace 100 años había dos veces más osos que ahora.

La amenaza del cambio climático

En segundo lugar, el este de España, sobre todo la región de Valencia, sufre numerosas lluvias en un periodo muy corto de tiempo, a finales de agosto, que se llama "la gota fría".
Este fenómeno causa muchos daños en las ciudades y el campo, pero el resto del año no llueve lo suficiente. Durante el siglo pasado, Valencia disfrutaba de un clima mediterráneo con lluvias, periodos soleados, frío y calor. Hoy en día no hay tantos contrastes.

En tercer lugar, el sur de España es la parte del país que más sufre los efectos de la falta de lluvia. En la ciudad de Córdoba, por ejemplo, tienen unos catorce días de lluvia, de media, al año. Hace tres décadas la ciudad tenía suficiente agua en sus reservas para cinco años, pero hoy en día apenas tiene para tres meses.

Finalmente, el centro de España, en especial la ciudad de Albacete, sufre problemas de vientos huracanados. Anteriormente Albacete era una ciudad tranquila, pero hoy en día, como consecuencia del cambio climático, en la ciudad ha habido varios accidentes con árboles que se han partido en las calles y parques.

1 a Lee la noticia sobre el cambio climático en España y completa las frases con las terminaciones correctas según el sentido del texto.

Ejemplo: 1 E

1 En el norte de España
2 La cantidad de osos
3 La gota fría
4 En Valencia no llueve
5 En Córdoba
6 Dentro de tres meses Córdoba
7 Hoy en día el clima de Albacete
8 A causa de los vientos fuertes

A durante la mayor parte del año.
B llueve dos semanas al año.
C tiene consecuencias negativas.
D no es tan tranquilo como era.
E ciertas especies podrían desaparecer.
F varios árboles se han caído en Albacete.
G ha bajado un 50%.
H no tendrá agua en sus reservas.

1 b Lee la noticia otra vez. Haz una lista de vocabulario con las palabras útiles del texto, tradúcelas a tu propio idioma y apréndelas de memoria.

2 El clima. Escucha lo que dicen tres personas que hablan sobre el clima. Para cada pregunta elige la letra correcta.

Ejemplo: 1 D

1 Según Filomeno, cuando era pequeño, en Lanzarote…
  A las temperaturas eran muy bajas.
  B el tiempo era muy variable.
  C el clima se parecía al de la península.
  D hacía bueno y llovía poco.

2 Una de las consecuencias del cambio climático es que…
  A es más peligroso conducir.
  B hay menos tormentas.
  C las temperaturas son más estables.
  D casi no hay arena en las costas.

3 Según Casandra, en Almería antes…
  A siempre hacía calor.
  B tenían el único desierto de Europa.
  C las lluvias eran más abundantes.
  D vivía mucha más gente.

4 Ahora la situación en Almería es preocupante, ya que…
  A llueve demasiado.
  B no hay suficiente agua.
  C las sequías son cada vez más infrecuentes.
  D hay muchas inundaciones.

5 Según Kiko, en Cancún…
  A hay demasiadas zonas turísticas.
  B hace muy buen tiempo.
  C las playas no son muy grandes.
  D hay pocos hoteles buenos.

6 A él antes le gustaba más Cancún porque…
  A había construcciones en el campo.
  B había vientos más fuertes.
  C el clima era mejor y disfrutaba más la naturaleza.
  D los turistas eran más simpáticos.

3 El imperfecto. Consulta el punto N4 de la sección de gramática. Corrige las palabras (a)–(j). Deben estar de acuerdo con la frase. ¡Ojo! No es siempre necesario cambiar las palabras.

Ejemplo: (a) éramos

Antes los contrastes entre las estaciones del año estaban mucho más marcados. Me acuerdo perfectamente de que cuando mis hermanos y yo (a) [ser] pequeños, (b) [hacer] unos inviernos muy (c) [frío]. Nos (d) [encantar] jugar con la nieve por la mañana (con todo blanco, precioso), hasta que nos (e) [recoger] el autobús (f) [escolar]. A veces mi hermana Merche (g) [lanzar] unas bolas de nieve (h) [gigante] y al principio nos (i) [enfadar] con ella. Después, ¡aprendimos a defendernos! Ahora, con el cambio (j) [climático], son raras las veces que los niños pueden jugar así, pues todas las estaciones son del mismo color…

4 Escribe unas 130–140 palabras sobre una región de tu elección, preferiblemente de un país hispanohablante. Menciona:
  ● el clima en la región hoy en día
  ● el clima hace 100 años ¿Era muy diferente o no?
  ● cómo afecta el clima al medio ambiente
  ● cómo afecta el clima a la vida de las personas en esa región.

5 Mira la foto y prepara unas respuestas detalladas a las siguientes preguntas. Después, con tu compañero/a, túrnate para practicarlas.
  1 Describe la imagen.
  2 ¿Qué lleva puesto la chica?
  3 ¿Qué harías tú en esa situación? ¿Por qué?
  4 ¿Has estado alguna vez en la misma situación que la chica de la foto? ¿Qué hiciste?
  5 ¿Crees que hoy en día nieva más o menos que antes? ¿Por qué?

3F Everyday life in a Spanish–speaking country

Embarque

3F.1 Un placer conocerle

★ **Saludar y presentarse en situaciones diferentes**
★ **Manera formal e informal de dirigirse a alguien: *tú*, *vosotros/as* y *usted*(es).
Los pronombres interrogativos (2)**

A: ¡Hola! ¿Qué tal estáis? Me **1** .... Sebastián López.
B: ¡Hola! Fenomenal, gracias. Encantado, señor López.
C: Un placer conocerle.

A: 2 .... días Simona, ¿Cómo estás?
B: Hola, bien, gracias, ¿y **3** ....?

A: Me **4** .... : Soy Manuel, el director. ¿Cómo se encuentran?
B: Encantada de conocerle Don Manuel. Yo soy Sira, la secretaria.
C: ¡Hola! Bienvenido. Yo soy Jorge, el subdirector.

A: ¡Adiós! Nos vemos mañana, buenas **5** ....
B: ¡Por supuesto! **6** .... mañana Miriam, encantado de conocerte.

A: ¡Hola! **7** .... al hotel Centenario.
B: Buenos días. ¿Puede ayudarme?

A: ¡Juan! ¿Qué **8** ....?
B: ¡Alberto! ¡Muy buenas! ¡Choca esos cinco!

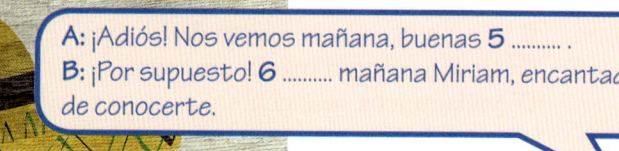

 1 Lee las presentaciones y saludos y escribe la palabra adecuada del recuadro para rellenar los espacios.

Ejemplo: 1 llamo

| noches | *llamo* | hasta | pasa |
| presento | buenos | tú | bienvenido |

 2 a Vas a oír seis saludos y presentaciones diferentes. Escucha con atención y lee los diálogos. Corrige la información incorrecta, utilizando las palabras del recuadro. ¡Atención! No necesitas todas las palabras.

Ejemplo: 1 regular

1 ¿Cómo se encuentra hoy Doña Margarita?
~~Mal~~, pero me alegro mucho de verte Ramón.

2 ¿Qué ~~pasa~~, Rosa?
¡Hola Gerardo! Todo en orden, ¿Y tú?
~~Fabulosamente~~.

3 Muy buenas tardes Señor Martínez.
Buenas tardes, ~~mucho gusto~~.
Igualmente.

4 Román, ¿Cómo se encuentra la ~~tía~~ hoy?
Hola Lola, muy bien, está en casa.

5 ¡Bienvenidos tíos y primos! Mi casa es vuestra casa.
¡Buenas ~~noches~~! Gracias.
¡Hola, primo Samuel! ¿Qué tal estás?

6 Un saludo ~~afectuoso~~ a mis fans de México y ~~Colombia~~.
¡Hola! ¡Hola! ¿Cómo estáis? ¡Un abrazo!

| tardes | cordial | tal | estupendamente | encantado | noches |
| *regular* | el abuelo | Argentina | estás | la abuela | Alemania |

2 b Vuelve a escuchar los saludos. Decide si cada uno es familiar o formal.

Ejemplo: 1 formal, familiar

3 Pronombres interrogativos (2). Consulta el punto H2 en la sección de gramática. En las frases siguientes, escoge la opción correcta en cada caso.

Ejemplo: 1 Cómo

1 *¿Qué / Cómo* está Doña Eugenia hoy?
2 ¡Hola chicos! *¿Qué / Cómo* tal estáis esta mañana?
3 Mercedes, *¿Para qué / Qué* quieres comprar, un kilo de naranjas?
4 *¿Dónde / De dónde* es tu tío Carlos? ¿España o Italia?
5 *¿Cómo / Cuánto* te encuentras, Jaime? —Bien, gracias.
6 *¿Cuántas / Cuántos* personas hay?
7 *¿Adónde / De dónde* vamos esta tarde? —Vamos a Cuenca con mis padres.
8 *¿Por qué / Para qué* no te gusta la limonada, Lucía?

4 a El sonido de la 'f', 'w' y 'gu' en español. Escucha esta frase y separa las palabras. Repite la frase tres veces, tradúcela a tu propia lengua y apréndela de memoria.

Guillermohablaporteléfonosobrelasfotosylafilosofíaperonuncabebewhisky

4 b Lee la frase en alto y díctala a tu compañero/a para que la escriba. Después tu compañero/a te la dicta a ti. ¿Quién tiene menos fallos?

5 a Practica este juego de rol con un(a) compañero/a.

A   ¡Buenas tardes!
B   ¡Hola! ¿Qué pasa? ¿Cómo estás, amigo/a?
A   Muy bien, ¿y tú? ¿Cómo te va?
B   Regular. Me alegro de verte.

5 b Practica el siguiente juego de rol con tu compañero/a. Túrnate preguntando y respondiendo a las preguntas, sustituyendo las palabras marcadas por las de la lista a continuación.

A   Hola. ¿Cómo está?
B   Buenos días. Encantado/a de conocerle. Bastante bien gracias, ¿Y usted?
A   Fenomenal. Soy el señor / la señorita .... ¿Cómo se llama?
B   Me llamo .... Un placer.

Regular	¿Cómo se encuentra?
Buenas tardes	Muy bien

6 Reescribe las siguientes presentaciones y saludos en un orden lógico. Después, escribe dos diálogos más que te inventes.

Ejemplo: A 1 ¿Qué tal, Gema?

A
1 ¡Adiós!
2 Muy bien Moncho, ¿y tú?
1 ¿Qué tal, Gema?
2 ¡Igualmente! ¡Hasta la vista!
1 Fenomenal, me alegro de verte.

B
2 ¡Adiós Perico, nos vemos mañana!
1 ¡Hasta luego, Luís!
1 ¡Sí, claro Luis, adiós!

C
1 Bien, gracias. ¿Y usted?
1 Soy la señora Pérez, bienvenida a mi casa, Rosalinda.
2 Gracias señora. Un placer conocerla. ¿Cómo está?
2 Muy bien, gracias por preguntar.

Despegue

3F.2 Otro país, otras costumbres

★ **Hablar de la vida en los países de habla española**
★ **Los pronombres preposicionales**

Cuéntanos sobre tu país

Maria: Juan, háblame de tu pais. Quiero saberlo todo.

Juan: Para mí Argentina es diverso e interesante, especialmente mi zona en el sur. Para los turistas en Tierra del Fuego siempre hay algo que ver y cosas que hacer. Tenemos paisaje fantástico, con mucha variedad. Incluso hay una comunidad que habla el galés. Lo que impresiona a la gente es el tamaño del país. Los que vienen de Europa no están acostumbrados a las distancias.

Maria: ¿A ti te gustaría vivir en el extranjero?

Juan: Creo que sí. En el futuro si paso un tiempo en Estados Unidos, puedo perfeccionar mi inglés y tener una experiencia diferente. Hoy en día el comercio globalizado es central, y para ello hay que saber otros idiomas y no depender de intérpretes. Allí veo mi futuro.

Maria: ¿Has viajado mucho? ¿Qué sitios más te gustan?

Juan: He visitado muchos países, pero el que más me gustó fue el Perú. Allí he visto edificios y monumentos impresionantes. También estuve en Venezuela en la Isla Margarita. No tengo nada contra ella; si te gustan las piñas coladas y la movida es un lugar fantástico para bailar hasta la madrugada, únicamente que eso no es para mí.

Maria: ¡Cuántas experiencias! Te tengo mucha envidia. Y supongo que te enseña mucho.

Juan: De hecho, creo que es la mejor manera de educarse a fondo sobre otros países y otras culturas.

Puerto de Ushuaia, Tierra del Fuego, sur de Argentina

1 Lee el extracto de la revista. Escribe apuntes sobre la entrevista. Escribe las palabras o números apropiados.

Ejemplo: 1 Argentina

    1 País nativo de Juan   ....
    2 <u>Dos</u> hechos sobre Argentina   .... [2]
    3 <u>Una</u> razón porque Juan quiere ir a Estados Unidos   ....
    4 Sector en el que quiere trabajar Juan   ....
    5 País favorito de Juan   ....
    6 Lugar donde Juan no tuvo buena experiencia.   ....
    7 Emoción que siente María   ....
    8 Lo importante de viajar, para Juan.   ....

2 Una entrevista con Inma, una chica de la República Dominicana que vive en Estados Unidos. Elige las cinco frases correctas de la lista, según lo que dice Inma.

Ejemplo: 1

   1 Inma a veces duda si es americana o dominicana.
   2 A Inma no le gustan los americanos.
   3 En EEUU mucha gente habla español.
   4 Las amigas de Inma viajan mucho al extranjero.
   5 Muchos miembros de su familia visitan la casa de Inma.
   6 'La bandera' es un plato típico.
   7 Cristóbal Colón nunca vio la isla de La Española.
   8 Inma viene de una sociedad muy multicultural.

3 a Los pronombres preposicionales. Consulta el punto M5 en la sección de gramática. En cada frase cambia lo subrayado por un pronombre preposicional. Escribe la frase entera y tradúcelas a tu propio idioma.

Ejemplo: 1 Prefiero ir al cine sin ella.

   1 Prefiero ir al cine sin <u>María</u>.
   2 No tengo nada contra <u>tus amigos</u>.
   3 Voy a la playa con <u>Susana y Marta</u>.
   4 Este bocadillo es para <u>Juan</u>.
   5 Estas entradas son para <u>Luz</u> y para <u>mí</u>.

3 b Completa las frases con un pronombre preposicional, eligiendo entre *conmigo*, *contigo* o *consigo*.
   1 ¿Vienes a mi casa ....?
   2 No es tu mejor amigo y por eso no quiere ir de vacaciones ....
   3 Él tiene siempre a su esposa ....

4 Trabaja con tu compañero/a. Haz y responde a las siguientes preguntas.
   1 ¿Viajas mucho?
   2 ¿Qué diferencias ves entre el lugar donde tú vives y un lugar que has visitado?
   3 ¿Por qué viajar es importante?
   4 ¿Hasta qué punto es importante comprender las costumbres de otras culturas?

5 Escribe una continuación de la historia de Juan y María que figura en el ejercicio 1. Puedes emplear tu creatividad o buscar información sobre otros países donde se habla español, para hacer lo que escribes más interesante. Debes incluir:
   ● más información sobre el país donde vive María
   ● si María ha visitado otros países
   ● si María piensa que viajar es importante.

Vuelo

3F.3 Ahora me toca a mí viajar

★ **Hablar sobre el viaje al extranjero para conocer a un(a) amigo/a**
★ **Los pronombres de objeto indirecto**

(A)    (B)    (C)    (D)

(E) 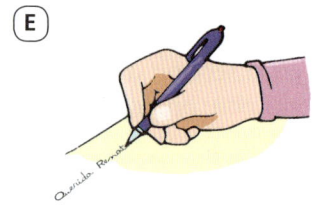   (F)    (G)    (H)

Una experiencia inolvidable

Soy Jessica, y soy de Dublín, en Irlanda. Ayer volví a casa después de visitar a mi amiga por correspondencia, Renata. Empecé a escribirle hace tres años, en el instituto. Renata es de Panamá, y con ella he tenido la oportunidad de mejorar mi nivel de español por nuestras cartas y mensajes. Por fin, hace casi tres semanas, visité su casa y a su familia.

El vuelo fue larguísimo, unas 12 horas, y yo estaba muy cansada aun antes de desembarcar del avión. Renata y su madre me esperaron en el aeropuerto de Tocumen con un cartel con mi nombre. Fue muy emocionante ver a Renata por primera vez en persona. Fuimos a su casa y allí conocí al resto de su familia: su padre, Sebastián, su hermano mayor, Jerónimo y su hermana pequeña, Selma. Selma solo tiene cinco años y es muy graciosa.

El primer día fuimos de excursión a la ciudad capital, donde hay muchos rascacielos impresionantes. El ambiente dinámico de la ciudad me fascinó. Fuimos de compras a un centro comercial muy grande y Renata me compró un regalo. ¡Qué generosa! Por la tarde fuimos a la bolera y lo pasamos muy bien.

Otro día el padre de Renata nos mostró los bosques cerca de la ciudad, con mucha vegetación y pájaros tropicales que me impresionaron mucho. Además, su hermano trabaja en el canal de Panamá, y toda la familia y yo fuimos a visitar el canal en barco. ¡Qué emocionante! Desafortunadamente, el último día vi mucha pobreza en un barrio bastante lejos del centro de la capital. La madre de Renata me contó sobre la situación económica del país y la falta de igualdad que existe. No obstante, es innegable que mi visita fue una experiencia genial. Lo mejor fue hablarles en persona y aprender sobre el idioma y la cultura panameña.

1 a Lee el blog y ordena los dibujos en el orden cronológico correcto.

Ejemplo: 1 E

1 b Lee el blog otra vez. Haz una lista de vocabulario con las palabras útiles del texto, tradúcelas a tu propio idioma y apréndelas de memoria.

2 Vas a oír a dos jóvenes hablando de su próxima visita para conocer a su amigo/a por correspondencia. Escribe la letra apropiada (A, B, C, D) para cada casilla.

Ejemplo: 1 C

1 Godofredo va a pasar…
  A cinco días con Ángelo.
  B mucho tiempo en el instituto de Ángelo.
  C aproximadamente dos semanas con Ángelo.
  D mucho tiempo con otros estudiantes de intercambio.

2 Esta tarde, Godofredo…
  A va a ver un partido de fútbol del Boca Juniors.
  B va a cambiar dinero.
  C comprará un regalo para su familia.
  D va a hacer la maleta.

3 En Milán, parece que los dos chicos
  A van a visitar muchos sitios de interés.
  B tendrán un apetito enorme.
  C evitarán la catedral.
  D comprarán mucha pasta.

4 Con respecto al viaje a Rusia, Vera…
  A piensa que el vuelo es aburrido.
  B no tiene experiencia de haber estado allí.
  C tiene prisa.
  D está muy ansiosa.

5 El vuelo a Moscú despega…
  A durante la madrugada.
  B a las quince horas.
  C muy tarde.
  D con seis horas y media de retraso.

6 La relación entre Vera y Anastasia es…
  A muy interesante.
  B bastante única.
  C larga.
  D profunda.

7 Con respecto a su familia, Anastasia…
  A solo vive con su padre.
  B no tiene hermanos.
  C es muy independiente.
  D no tiene mucho interés.

8 ¿Cómo será el tiempo cuando llegue Vera?
  A Hará fresco.
  B Hará buen tiempo.
  C Hará frío.
  D Hará viento.

3 Los pronombres de objeto indirecto. Consulta el punto M3 de la sección de gramática y usa un pronombre de objeto indirecto en cada frase para completarla.

Ejemplo: 1 me
  1 Ayer vi a Juan y ………. dio un regalo de cumpleaños.
  2 Mi tío Leopoldo ………. está pintando la casa a mi familia y a mí.
  3 Siempre hablo con Manuela por teléfono, pero hoy ………. voy a escribir una carta.
  4 Dolores compró muchas naranjas para vosotros. ………. las compró en el mercado Real.
  5 Cuando estábamos en su casa, nuestro abuelo ………. contó la historia.
  6 Cuando hablo con mi profesor, estoy muy nervioso. Mañana, ………. voy a hablar más tranquilamente.
  7 Mientras hablaba conmigo, Gerardo ………. sacó una foto con su perro.
  8 Ernesto y Sara son muy egoístas. No ………. voy a pedir un favor.

4 Trabaja con un/a compañero/a. Haz y contesta las siguientes preguntas.
  1 ¿Es importante tener un corresponsal? ¿Por qué?
  2 ¿Cuáles son las ventajas de tener un corresponsal?
  3 ¿Qué te gustaría hacer con tu corresponsal en su país?
  4 Para un típico corresponsal en España, ¿Qué diferencias hay entre su país y el sitio donde tú vives?

5 Escribe entre 130 y 150 palabras en español. Escribe un artículo sobre un lugar que visitaste para conocer a tu corresponsal. Debes mencionar:
  ● el viaje
  ● qué le dijiste a tu corresponsal cuando le conociste
  ● qué te recomendó visitar y por qué
  ● tu experiencia y tu opinión después de la visita.

3G Customs and festivals

3G.1 ¡Una vuelta al mundo en mil culturas!

Embarque

> ★ **Describir las costumbres de diferentes países**
> ★ **Los adjetivos de nacionalidad**

1 Los adjetivos de nacionalidad. Consulta el punto C2 en la sección de gramática. Completa las frases con las nacionalidades correctas en las opciones.

Ejemplo: 1 australiano

1 Mi hermano es de Australia. Él es *australiano / australiana*.
2 Samanta es *francesa / Francia*. Vive en Niza.
3 Kike y Fernando son de Cuba. Ellos son *cubos / cubanos*.
4 Mi padre nació en Gales. Él es *galés / gales*.
5 Brittany nació en Glasgow, y por eso es *escocés / escocesa*.
6 Luis es de Colombia. Habla español y es de nacionalidad *colombiana / colombiano*.
7 Nuestros abuelos son de China. Son *chinas / chinos*.
8 Paco tiene doble nacionalidad: *la portuguesa / el portugués* y la italiana.

2 Lee las frases sobre jóvenes de países diferentes y mira las imágenes A–F. Escribe los números que se corresponden con las imágenes.

Ejemplo: 1 F

1 Soy Adriana y soy brasileña. En mi país el carnaval es muy importante en el mes de febrero. ¡Bailamos samba y llevamos ropa de muchos colores!
2 Me llamo Lawan y soy tailandés. Me encanta el festival de las linternas cuando el cielo se ilumina con miles de linternas que lleva la gente.
3 Mi nombre es Graciela y soy mexicana. El Día de Muertos es el festival más espiritual de mi país, para recordar a los familiares muertos con esqueletos de colores y comida típica.
4 Me llamo Francisco y en España, en un pueblo que se llama Buñol, hay una tradición que se llama la Tomatina. Es una pelea con millones de tomates, ¡pero no se comen!

5 Hola, soy Prisha, y soy india. El festival Holi es espectacular, con muchos polvos de colores que hacen cambiar el color de tu cara y tu ropa.

6 Me llamo Paulov y en la fiesta de las noches blancas en Rusia hay música y teatro en la ciudad de San Petersburgo. Mi familia hace un picnic en el parque y comemos *solianka*, una sopa típica.

3 Vas a oír a cuatro jóvenes que hablan de sus culturas o países favoritos. Escribe la letra apropiada para cada casilla.

Ejemplo: 1 B

1 ¿De qué color es la cara de una geisha?
- **A** rosa
- **B** blanco
- **C** rojo
- **D** verde

2 ¿Qué tipo de decoración hay en los kimonos?
- **A** cuadros
- **B** rayas
- **C** lunares
- **D** flores

3 ¿Qué tipo de ropa es importante para los inuit?
- **A** los zapatos
- **B** los abrigos
- **C** los guantes
- **D** los pantalones

4 ¿Qué comen los inuit?
- **A** carne y pescado
- **B** pasta y arroz
- **D** fruta y verdura
- **d** productos lácteos

5 ¿Qué fruta es más típica de Hawái?
- **A** el plátano
- **B** el coco
- **C** la fresa
- **D** la pera

6 ¿Cómo se llama el baile típico hawaiano?
- **A** salsa
- **B** flamenco
- **C** samba
- **D** Hula

4 a El sonido y la pronunciación de palabras inglesas en español. Escucha esta frase y separa las palabras. Repite la frase tres veces, tradúcela a tu propia lengua y apréndela de memoria.

TengounatelevisióndigitaldondeveounDVDdeicebergsousobluetoothparatenerunchat conmiamigo

4 b Lee la frase en alto y díctala a tu compañero/a para que la escriba. Después tu compañero/a te la dicta a ti. ¿Quién tiene menos fallos?

5 Responde a la pregunta con un(a) compañero/a de clase. Usa la tabla para ayudarte en tu respuesta. ¿Qué tradiciones y costumbres hay en Japón / México / India?

En Japón	es tradicional	comer *sushi* llevar un kimono	y / también / además / asimismo	me fascina / me interesa	el estilo de las geishas Monte Fuji
En México		comer fajitas y tacos tener una piñata para el cumpleaños			el Día de Muertos Chichén Itzá
En India		comer curry celebrar Diwali			el festival Holi el Taj Mahal

6 Escoge un país y escribe tres frases sobre sus costumbres. Menciona sus festivales, comida y otras características culturales. Usa información de la tabla de la actividad 5.

Despegue

3G.2 La hispanidad a través de sus festivales

★ **Explorar las diferentes fiestas populares hispanas**
★ **Los adverbios**

1 Vas a oír a cuatro jóvenes hablando de las fiestas populares en España e Hispanoamérica. En cada frase hay algo que no corresponde a lo que se dice en la entrevista. Escucha la entrevista y escribe la(s) palabra(s) correcta(s) en español.

Ejemplo: 1 marzo

Las Fallas…
1 tienen lugar en el mes de ~~mayo~~.
2 La construcción ganadora va a ~~una galería~~.
Durante la Feria de Abril…
3 mucha gente lleva flores en el ~~pecho~~.
4 A los ~~ancianos~~ les gusta la feria de atracciones.
Durante la Fiesta de la Vendimia…
5 la fruta que se celebra es la ~~manzana~~.
6 hay muchos conciertos ~~en salas~~.
El Festival de las Flores…
7 dura ~~doce~~ días.
8 tiene lugar en Medellín, una ciudad ~~venezolana~~.

El Cinco de Mayo en México

En México el día cinco de mayo se conmemora el día de la Batalla de Puebla, en la cual los mexicanos vencieron a los franceses.

En 1862 México sufría una grave crisis financiera y Benito Juárez, el presidente de México, decidió no pagar la deuda económica del país por dos años. Como consecuencia, los franceses, españoles e ingleses vinieron a México con el fin de usar la violencia para robar el dinero.

Los ingleses y los españoles se fueron en seguida, pero los franceses iniciaron pronto unos violentos ataques al país, sobre todo en la ciudad de Puebla. Las tropas francesas eran más fuertes que el ejército mexicano e iban delante. Sin embargo, la población mexicana empezó a combatir y se formó un ejército de unos 4.800

hombres, que expulsaron a casi todos los franceses de allí, de la ciudad de Puebla.

Hoy en día la fiesta popular del Cinco de Mayo es todavía una celebración nacional significativa para los mexicanos. Es una ocasión para celebrar el orgullo mexicano, ya que detrás están su cultura, su comida, su bebida y las reuniones entre familiares o amigos.

Es un día para bailar en todas partes al ritmo de un mariachi – un tipo de música mexicana tradicional – y tomar típicas bebidas mexicanas como la margarita o comidas como las tortillas con guacamole o mole negro al chocolate. El Cinco de Mayo también se celebra mucho en Estados Unidos, donde se conoce el día como el Día del Orgullo Mexicano, y en otros países del continente americano que respetan a México y sus costumbres.

2 a Lee el texto sobre el Cinco de Mayo y contesta a las preguntas en español.

Ejemplo: 1 Francia

    1 ¿Qué país atacó a México en la batalla de Puebla?
    2 ¿Qué problema económico tuvo México en 1862?
    3 ¿Durante cuánto tiempo no pagó la deuda el presidente?
    4 ¿Cuántos hombres había en el Ejército mexicano?
    5 ¿Qué es un mariachi?
    6 ¿Qué comen los mexicanos el Cinco de Mayo? Menciona dos cosas. [2]
    7 ¿Qué otro nombre tiene la fiesta allí?
    8 ¿En qué país norteamericano se celebra el Cinco de Mayo también?

2 b Vuelve a leer el texto y busca al menos cinco ejemplos de cognados.

3 a Adverbios. Consulta el punto K de la sección de gramática. Encuentra los adverbios e indica a qué tipo pertenecen (*tiempo*, *modo* o *lugar*).

Ejemplo: 1 a menudo (tiempo)

    1 En las celebraciones rurales, a menudo se comparten bebidas y comida típica.
    2 En las fiestas de Guelaguetza conmemoramos las costumbres de antes.
    3 A nosotros nos gusta conservar nuestras tradiciones, de la misma manera que a vosotros las vuestras.
    4 A mis abuelos siempre les ha gustado ir a los toros.
    5 Cuando hay fiestas en su pueblo, esa noche la gente se acuesta tarde.
    6 Me encantaría asistir a algún festival que esté cerca.
    7 Si sigues bailando así, no te quedarán fuerzas para mañana.
    8 Esas tortillas con salsa de jalapeño encima están deliciosas.

3 b Vuelve a leer el texto del ejercicio 2 y haz una lista con al menos seis adverbios que encuentres. Después, tradúcelos a tu propio idioma.

4 Mira la foto y prepara unas respuestas detalladas a las siguientes preguntas. Después, con tu compañero/a, túrnate para practicarlas.

    1 Describe la imagen.
    2 ¿Qué son los objetos en el aire y qué representan?
    3 ¿Crees que vas a ir pronto a un festival similar?
    4 ¿Qué opinas de este tipo de celebraciones?
    5 ¿A qué festival hispánico te gustaría asistir? ¿Por qué?

5 Mira la foto y escribe sobre cuándo y dónde crees que tiene lugar el festival de la foto. Recuerda utilizar adverbios.

- Hay … gente ahí; parece un/a … ; llevan … unos globos naranjas.
- La gente está en las calles; parece que hace buen / mal tiempo; debe ser verano / primavera.
- Hay … en el aire; parecen … ; es una fruta más típica de …; podría ser la ciudad de…

Vuelo

3G.3 Estábamos paseando entre los cerezos en flor cuando …

★ **Hablar sobre una celebración regional**
★ **El pasado continuo**

1 Celebraciones en Extremadura. Escucha las impresiones sobre el Valle del Jerte. Corrige la información incorrecta con las palabras del recuadro. ¡Atención! No necesitas todas las palabras.

champán	fechas
templo	*divertido*
deportivos	probar
flores	día libre
productos	mezquitas
fiesta	fuegos artificiales

Cerezos en flor (Valle del Jerte)

Ejemplo: 1 divertido

1 Además de que es muy ~~aburrido~~, la gente es muy amable.
2 La Fiesta del Cerezo en Flor no es siempre en las mismas ~~sinagogas~~.
3 La gente estaba adornando las calles con ~~velas~~.
4 Las migas y los licores son ~~monumentos~~ típicos del Valle del Jerte.
5 Se organizan muchos eventos culturales y ~~económicos~~.
6 Después de las actividades religiosas, se pueden ~~hacer~~ dulces típicos.
7 Vimos que estaban preparando ~~regalos~~ y bajamos rápidamente.
8 Después la gente se sienta alrededor del fuego, hay espectáculo y continúa la ~~hoguera~~.

Desde el balcón de mi casa estaba mirando las vistas a la bahía. ¡Qué difícil era acostumbrarse a ver estrellas de Hollywood pasar por alfombras rojas en mi ciudad! De repente, vi que Gabriel Gael García Bernal estaba paseando solo por la Playa la Zurriola, delante del Auditorio del Kursaal. Allí es donde se celebra el famoso Festival Internacional de Cine de San Sebastián.

Sabía que Gabriel estaba contento. Yo podía adivinar su alegría simplemente en el andar; seguro que estaba sonriendo en su interior. Le acababan de dar el primer Premio al Cine Latino como reconocimiento a toda su carrera. Y por supuesto tenía razones para sentirse satisfecho y feliz. A sus 37 años, era más joven que el propio festival (que nació en 1953), un festival que vino al mundo con una misión muy clara: representar al cine más creativo e innovador.

Me preguntaba qué haría Gabriel para celebrarlo. ¿Se iría después a la Playa de la Concha? ¿O quizá lo celebraría viendo 'Neruda', su más reciente película? ¿O pasearía por las ruidosas calles de la ciudad que mezclaban gente anónima con gente elegante salida de la gran pantalla? Me imagino que se sentará en un restaurante acogedor para probar las deliciosas especialidades de la gastronomía vasca. Quizá él prefería celebrar en privado lo que sus compañeros de Hollywood estaban celebrando de forma mucho más ceremoniosa a base de champán, regalos y tarjetas...

2 a Lee el artículo en la página 152 y toma apuntes sobre el Festival Internacional de Cine de San Sebastián. Escribe las palabras o números apropiados.

Ejemplo: 1 mirando las vistas a la bahía

    1 Qué estaba haciendo el autor del artículo: ....
    2 Quién estaba andando por la playa: ....
    3 Qué se estaba celebrando: ....
    4 Qué le dieron a Gabriel y por qué: .... [2]
    5 Edad de Gabriel: ....
    6 Año en que empezó el Festival: ....
    7 Última película de Gabriel: ....
    8 Cómo lo celebran otros actores y directores: .... [2]

2 b Haz una lista de vocabulario con las palabras útiles del texto. Tradúcelas a tu idioma y apréndelas. Consulta la sección de vocabulario para buscar más palabras útiles.

3 El pasado continuo. Consulta el punto N5 de la sección de gramática. Corrige las palabras (a)–(j). Deben estar de acuerdo con la frase. ¡Ojo! No es siempre necesario cambiar las palabras.

Ejemplo: (a) estaba celebrando

Un día yo (a) [celebrar] mi cumpleaños en el pueblo cuando apareció Tomás, un gran amigo de mi niñez. Cuando éramos pequeños, los adultos siempre nos pedían silencio en las procesiones porque (b) [cantar] muy alto o porque (c) [jugar] con las velas. Después de la procesión, nos gustaba subir a la torre más (d) [alto] de la iglesia a ver los fuegos artificiales desde allí. Ese día, cuando abrí la puerta de mi casa, era Tomás, que (e) [sonreír] muy satisfecho. Me traía una caja de bombones enorme con un papel (f) [precioso]. Tomás y (g) [su] padres se habían marchado del pueblo hace ya muchos años. Yo siempre (h) [desear] verlo. Esa noche todos vieron que Tomás y yo (i) [reírse] en la torre de la iglesia viendo los fuegos como en los (j) [viejo] tiempos, y claro, tomando bombones.

4 Escribe un artículo de entre 130 y 150 palabras en español sobre un festival o celebración hispanos o de tu país. Puede ser un festival que conozcas o que hayas investigado en Internet. Debes mencionar:
- en qué consiste (quién lo organiza, dónde, cuándo, por qué)
- cómo se celebra (qué se come y bebe, si hay fuegos, flores, espectáculos, etc.)
- tu opinión sobre el evento
- cuándo irás a otra celebración próximamente.

5 Trabaja con tu compañero/a. Haz y contesta las siguientes preguntas.
    1 ¿Qué festivales o celebraciones hay en tu país?
    2 La última vez que viste un festival, ¿cómo lo estaban celebrando?
    3 En tu opinión, ¿se continuarán conservando las celebraciones tradicionales?
    4 ¿Qué festivales crees que son más importantes para los jóvenes? ¿Por qué?

3H   Travel and transport

Embarque

3H.1 ¿Cuál prefieres, el tren, el metro o el autobús?

★ **Hablar del transporte público**
★ **Preposiciones**

1 a Vas a oír a ocho personas hablar sobre el modo de transporte que usan para ir a diferentes lugares. Escucha y empareja el modo de transporte que usan y el lugar adonde van.

Ejemplo: 1 en coche, el restaurante

Los modos de transporte		
en tren	en tranvía	en avión
en coche	en metro	andando
en autobús	en bicicleta	

Los lugares		
el instituto	el campo	el supermercado
el cine	las montañas	*el restaurante*
la playa	el centro comercial	

1 b Haz una lista de vocabulario y aprende la lista.

Alberto: Voy al colegio en autobús porque es rápido.

Noelia: Mi problema es que el metro está muy lejos y tengo que ir andando hasta mi casa.

Raúl: Me encanta volar. Los aviones son el transporte perfecto si quieres ir al extranjero.

Raquel: Utilizo mucho el metro en la ciudad. Aquí en Bilbao hay una línea que va hacia la costa.

Santi: Me gusta la bicicleta porque es rápida y no contamina. En mi ciudad tenemos vías especiales para ciclistas.

Laura: Los trenes en España son muy buenos. Es posible viajar desde Madrid hasta Valencia en menos de dos horas.

2 Lee lo que dicen estas personas. Escribe V (Verdad) F (Falso) o N (No se menciona) para cada frase.

Ejemplo: 1 V

1 Alberto utiliza el transporte público.
2 Alberto solo viaja en tren.
3 Noelia va a casa directamente en metro.
4 A Raúl le gusta ir a Francia.
5 Raquel puede ir a la playa en metro.

6 Santi participa en competiciones de ciclismo.
7 La ciudad de Santi es muy buena para los ciclistas.
8 Laura piensa que los trenes son lentos.

3 a Las preposiciones. Consulta el punto P2 en la sección de gramática. En las frases siguientes, elige la preposición correcta y escribe la frase completa.

Ejemplo: 1 a

1 Voy *a / en* casa en coche.
2 Viajo a Italia *hasta / en* avión.
3 ¿Hay autobuses en dirección *hacia / en* el centro?
4 Yo prefiero viajar *a / en* tren.

5 Tienes que viajar en esta línea de metro *en / hasta* el final.
6 ¿Vas andando *a / en* tu instituto?
7 ¿Vas en autobús *a / en* Málaga?
8 Sevilla está *en / hasta* el sur de España.

3 b Ahora cuenta los ejemplos de preposiciones en el texto del ejercicio 2.

Ejemplo: a 2

4 Prepara contestaciones a las siguientes preguntas. Usa la tabla a continuación para ayudarte en tus respuestas e intenta añadir más información. Túrnate preguntando y respondiendo a las preguntas con diferentes compañeros/as de tu clase.

- ¿Cómo viajas al instituto?
- ¿Prefieres viajar en autobús o en coche? ¿Por qué?
- Cuando vas de vacaciones, ¿cómo viajas normalmente?
- ¿Qué piensas del transporte público en tu zona?
- ¿Cuál es tu opinión de viajar en avión?

Normalmente A veces	tomo viajo en	(el) tren (el) metro (el) coche	porque ya que	es más barato es más conveniente es más rápido
Prefiero Me gusta más	viajar en tomar ir en	(el) autobús (la) bicicleta (el) avión		
En mi opinión Me gusta / no me gusta	utilizar viajar en ir en			es muy lento es un poco caro es bastante incómodo

5 a El sonido de la 'c' y la 'z' en español. Escucha esta frase y separa las palabras. Repite la frase tres veces, tradúcela a tu propia lengua y apréndela de memoria.

Cadadíaviajocincokilómetrosalzoodondetrabajoyalasonceycuartotomocaféyunamanzana

5 b Lee la frase en alto y díctala a tu compañero/a para que la escriba. Después tu compañero/a te la dicta a ti. ¿Quién tiene menos fallos?

Despegue

3H.2 ¿A pie, en autobús o cómo?

★ **Expresar y justificar opiniones sobre diferentes modos de transporte**
★ **El contraste entre *ser* y *estar***

Para mí el transporte público es esencial. Tengo 15 años y todavía no tengo permiso de conducir. Dependo mucho de **los autobuses**, **los trenes** y **el metro** para viajar.

En el autobús, por ejemplo, **un billete de ida** cuesta solo un euro, y **un billete de ida y vuelta** un euro con 50. Los billetes son válidos para toda la ciudad.

Tengo bicicleta y está muy bien para los viajes cortos, por ejemplo para visitar a mis amigos. Desafortunadamente mi casa está en el centro. **Hay bastante tráfico** y algunos conductores de camiones están un poco locos en mi opinión. Parece que soy invisible para ellos. Si no voy muy lejos pues, **voy andando**, que es buen ejercicio también.

En mi familia somos todos muy diferentes. Mi madre no anda nunca. Para ella el coche es **más conveniente** porque es profesora y siempre tiene muchas bolsas con libros.

Mi padre prefiere el autobús. Para él es muy práctico cuando hay mucho tráfico en la hora punta. **La parada** está cerca de su oficina.

1 a Lee lo que Pedro escribe en su blog y traduce a tu propio idioma las palabras o expresiones marcadas.

Ejemplo: los autobuses = ?

1 b Lee el blog sobre el transporte público y escoge las palabras del recuadro para completar las frases. Escribe la letra apropiada.

Ejemplo: 1 C

A calles	**D** conducir	**G** peatones	**J** trabajar	**M** lejos	**P** bajar
B partes	**E** atascos	**H** peligroso	**K** cerca	**N** metro	
C *esencial*	**F** autobús	**I** mercado	**L** coche	**O** útil	

  1 Para el escritor el transporte público es ………. .
  2 Un viaje de ida solo en ………. cuesta un euro.
  3 Con un solo billete puedes viajar a todas ………. de la ciudad.
  4 Si no va muy ………. Pedro viaja en bicicleta.
  5 Andar en bicicleta por el centro de la ciudad es ………. .
  6 Su madre casi siempre prefiere ………. .
  7 Su padre utiliza el transporte público para evitar ………. .
  8 Cuando viaja en autobús su padre puede ………. cerca de donde trabaja.

2 Vas a oír cinco conversaciones. Lee las siguientes afirmaciones. En cada una hay algo que no corresponde a lo que se dice en la conversación. Escucha las conversaciones y escribe la palabra correcta en español.

Ejemplo: 1 autobús

1 La persona quiere coger un ~~tren~~.
2 Va al ~~campo~~.
3 Los viajes de ~~ida~~ son más baratos.
4 La persona quiere ir a la ~~catedral~~.
5 Tiene que andar ~~cinco~~ minutos.
6 La persona quiere ir al ~~supermercado~~.
7 La persona va a la ~~panadería~~.
8 La parada correcta está ~~al lado~~ de Correos.

3 a El contraste entre *ser* y *estar*. Consulta el punto N18 en la sección de gramática. Corrige las palabras (a)–(j). Deben estar de acuerdo con la frase. ¡Ojo! No es siempre necesario cambiar las palabras.

Ejemplo: (a) son

No me gustan los autobuses; para mí (a) [ser] muy lentos y a veces (b) [estar] sucios. Prefiero más viajar en los trenes porque (c) [ser] mucho más (d) [cómodo] y la estación (e) [estar] bastante cerca de mi casa. Además (f) [ser] una estación muy moderna con trenes muy frecuentes para Madrid y las grandes ciudades. A mi hermana le encanta ir en bicicleta; el (g) [único] problema es que hay mucho tráfico. Las calles (h) [estar] llenas de camiones y autobuses, así que a veces es un poco (i) [peligroso]. Aquí en el centro hay también un sistema de metro, que es muy (j) [rápido] y muy eficaz.

3 b Vuelve al texto del ejercicio 1 y busca todos los ejemplos de *ser* y *estar*. Trabaja con otra persona para decir por qué usar *ser* o *estar* en cada caso.

4 Mira la foto y prepara unas respuestas detalladas a las siguientes preguntas. Después, con tu compañero/a, túrnate para practicarlas.

1 Describe la foto.
2 ¿Qué tipo de ropa lleva la gente?
3 ¿Adónde piensas que irán? ¿Qué harán allí?
4 ¿Qué opinas de viajar en autobús?

5 Escribe un artículo para tu revista escolar con el título 'Yo y el transporte'. Incluye:

- una descripción de los trenes y autobuses donde tú vives
- cuáles son las ventajas y desventajas del transporte público
- qué transporte es el más práctico y por qué.

Vuelo

3H.3 ¡Viajamos y disfrutamos!

★ **Hablar de diferentes tipos de vacaciones y viajes**
★ *Si* **en las oraciones subordinadas**

Si quieres viajar, puedes...

... hacer un crucero en el extranjero

Si lo tuyo es el lujo, no hay nada mejor que uno de nuestros cruceros por las islas del Caribe. Viajarás primero en avión a Cuba, donde te embarcarás en un viaje inolvidable de unas siete noches visitando islas desiertas, tomando cócteles con el capitán, comiendo en nuestros restaurantes gastronómicos y disfrutando de espectáculos fantásticos cada noche.

... ser voluntario

Si prefieres pasar tus próximas vacaciones cambiando las vidas de gente menos afortunada, ¿por qué no participar en nuestro proyecto? Se buscan jóvenes voluntarios de entre 16 y 18 años para colaborar con nuestro organismo, que tiene como meta dar vacaciones a los jóvenes discapacitados. Ayudando en uno de nuestros centros, podrás montar a caballo, nadar, hacer piragüismo, senderismo y mucho más.

... visitar Cullera

Si tienes ganas de sol y playa, pero te has cansado de Benidorm y Torremolinos, ven a Cullera. Nuestra pequeña ciudad tiene mucho que ofrecer para las familias. Estamos a menos de una hora del aeropuerto de Valencia. Desde allí tienes trenes directos cada media hora, así que puedes llegar sin problema. Una vez aquí, encontrarás unas playas magníficas para los más pequeños y una gastronomía variada y de buena calidad para los papás.

... viajar por Andalucía en autocar

Si piensas que los viajes en autocar son una cosa del pasado, piénsatelo dos veces. Si quieres conocer la auténtica Andalucía, este verano no hay mejor manera que en un autocar climatizado. Visitarás la Alhambra en Granada, la Mezquita de Córdoba y experimentarás todos los tesoros y el patrimonio de Sevilla. Hay también opción de excursiones a Ronda y Lanjarón.

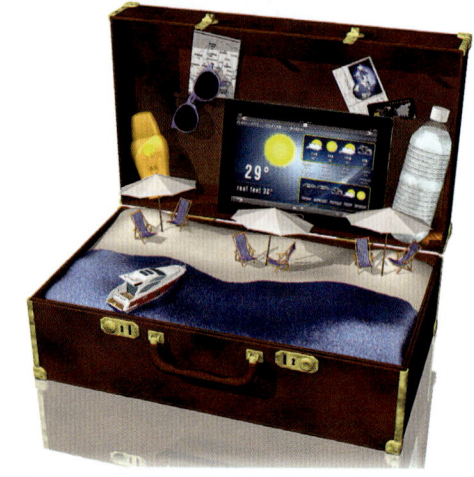

1 Lee el folleto sobre las diferentes opciones de vacaciones y completa las frases con uno de los subtítulos arriba. Escribe solo el subtítulo.

Ejemplo: 1 viajar por Andalucía en autocar

1 Si quieres ver lugares de interés histórico, debes ....
2 Si deseas salir de España este verano, puedes ....
3 Si te mola ayudar a los demás, una posibilidad será ....
4 Si te apetece un viaje de lujo, ¿por qué no..........?
5 Si buscas unas vacaciones muy activas, puedes ....
6 Si necesitas visitar un sitio ideal para niños, lo mejor será ....
7 Si te gusta el lujo, la buena comida y los lugares exóticos, se aconseja ....
8 Si te interesa ver muchas ciudades históricas, debes ....

2 ¿Qué hacer este verano? Escucha los consejos de Paco. Escribe la letra apropiada.

Ejemplo: 1 C

A actividades	**D** barco	**G** costosos	**J** empleos	**M** ocio	**P** voluntario/a
B avión	**E** camarero	**H** carretera	**K** esquiar	**N** pasado	**Q** zoo
C *bañarte*	**F** cansados	**I** ecoturismo	**L** las montañas	**O** trabajo	

1 Gandía está bien si quieres…
2 Perú está bien si te interesa el…
3 Se puede ir a Perú en…
4 Los viajes largos suelen ser muy…
5 Si quieres vacaciones sin gastar mucho puedes trabajar de…
6 Para participar en el proyecto en Galicia se viaja por…
7 Allí tienes tiempo para el…
8 Se puede hacer una gran variedad de…

3 a *Si* en las oraciones subordinadas. Consulta el punto N14 en la sección de gramática. Completa cada una de estas frases subordinadas con una frase principal.

Ejemplo: 1 puedes ir a Gandía.

1 Si te gusta el mar (+ *presente*) ....
2 Si te interesa el deporte (+ *presente*) ....
3 Si no te gusta la historia (+ *presente*) ....
4 Si deseas esquiar (+ *imperativo*) ....
5 Si quieres mejorar tu español (+ *futuro*) ....
6 Si no puedes trabajar de voluntario (+ *futuro*) ....
7 Si prefieres la naturaleza (+ *elige un tiempo*) ....
8 Si viajas a España (+ *elige un tiempo*) ....

3 b Ahora inventa cuatro frases tuyas empezando con *si* y siguiendo los modelos del ejercicio 3a.

4 Prepara contestaciones a estas preguntas. Practícalas con tu compañero/a.
- ¿Qué tipo de vacaciones quieres tener este verano?
- Si les gusta la historia, ¿qué hay para los turistas en tu país?
- Si quieres unas vacaciones un poco diferentes, ¿adónde vas?
- Si quieres trabajar de voluntario/a ¿adónde puedes ir?
- Si te apetece mejorar tu español, ¿a qué país vas y qué debes hacer?
- ¿Qué hay para los turistas en tu pueblo / ciudad?

5 Escribe entre 130 y 150 palabras. Responde a este correo electrónico.
Debes mencionar:
- adónde irás y por qué
- los lugares que visitaste el verano pasado
- tu opinión sobre lo bueno y lo malo de los viajes largos
- tus vacaciones ideales.

Hola,

Pronto estaremos en tiempo de vacaciones. ¿Qué planes tienes?

Un abrazo

Vocabulario

3A.1 Qué hay donde yo vivo

al lado de	enfrente de	junto a	la plaza (mayor)
el ayuntamiento	entre	la librería	el polideportivo
la catedral	la estación de autobuses	la montaña	el pueblo
la comisaría	hay	el mercado	el río
delante de	el hospital	el museo	el teatro
detrás de	la iglesia	la playa	la universidad

3A.2 Nos hemos mudado al campo

aburrido/a	caro/a	el museo	el río
agradable	el castillo	el paisaje	ruidoso/a
aislado/a	cerca	parecer	rural
los alrededores	divertido/a	el parque	típico/a
antiguo/a	encontrar	pasear	tradicional
barato/a	interesante	pintoresco/a	el tráfico
la basura	lejos	la polución	la vista
la biblioteca	el mar	el pueblo	la zona
el campo	*mudarse*	la región	

3A.3 Pros y contras de cada lugar

aparcar	*flotar*	perder	*trasladarse*
aventurero/a	hacer deporte	relajarse	urbano/a
caminar	*incómodo/a*	sentirse	la ventaja
demasiado/a	más/menos … que	*la sierra*	
la desventaja	mudarse	tan … como	
echar de menos	peligroso/a	tranquilo/a	

3B.1 ¿Qué venden aquí?

el banco	*el escaparate*	el monedero	la revista
la cartera	escoger	la papelería	la tarjeta de crédito
comprar	la farmacia	*el puesto*	vender
Correos	la floristería	la pulsera	la zapatería
costar	hacer falta	el quiosco de periódicos	
el cuaderno	la joyería	la rebaja	
el/la dependiente/a	la juguetería	el regalo	

3B.2 Quisiera tres cuartos de queso manchego

la aceituna	el dependiente	*el mercadillo*	recomendar
el ambiente	la docena	necesitar	regalar
animado/a	la ensalada	el pastel	el supermercado
el arroz	la fresa	la patata frita	la tarta
la barra	la gamba	el pescado	la tienda
la bolsa	el huevo	el pollo	la zanahoria
celebrar	el kilo	poner	el zumo
el centro comercial	la lata	querer	
cuánto	la lechuga	el queso	

3B.3 Ya me he gastado la mitad de mis ahorros

administrar	cerrado/a	darse cuenta	el escaparate
ahorrar	compartir	de vez en cuando	gastar
a menudo	comprar	devolver	generoso/a
arreglarse	el cuarto	el dinero de bolsillo	el ingreso
la cartera	*darse bien/mal*	el equilibrio	ir a la compra

ir de compras	el precio	odiar	vender
la mitad	la propina	pedir (prestado)	
la niñez	el tercio	quedar	
la paga	el octavo	sensato/a	

3C.1 Voy a hacer unas gestiones al banco

abrir una cuenta	el billete	desear	meter
¿a cuánto está…?	la caja fuerte	firmar	la moneda (extranjera)
ahorrar	el cajero automático	gastar	sacar dinero
ayudar	la cuenta (corriente)	hacer gestiones	la tarjeta de crédito/débito
			la ventanilla

3C.2 Estoy en una cafetería con wifi

la agenda	emocionante	llamar	la red social
atender	enviar	mandar	el ruido
el buzón	escribir	moderno/a	el sello
la cabina telefónica	estar aislado/a	*la mensajería instantánea*	*el sobre*
la carta	estar obsesionado/a	el motor (de búsqueda)	*ser adicto/a*
la cobertura	la guía telefónica	el móvil	el teléfono
conectarse	hacer cola	navegar	ventanilla
contestar	*imprimir*	el paquete	
la contraseña	jugar en línea	recibir	

3C.3 ¡He perdido mi saco de dormir!

agradecer	*el domicilio*	*nervioso/a*	*recuperar*
el anillo	entregar	la Oficina de Objetos Perdidos	*el saco de dormir*
avisar	el guante	olvidar	sospechar
buscar	llevar	el paraguas	el teléfono móvil
dejarse	el monedero	la recompensa	

3D.1 Yo cuido del medio ambiente… ¿y tú?

el/la activista	el contenedor	la luz	separar
apagar	*desaparecer*	el miembro	usar
bañarse	la ducha	orgánico/a	el vidrio
la basura	ecologista	la pila	
la botella	gastar	el plástico	
contaminar	la lata	reciclar	

3D.2 Los parques nacionales en los países hispanos y su importancia

el águila (f)	la especie	*la marisma*	el pez
el animal	la fauna	la montaña	la planta
aprender	el espacio	natural	popular
arrepentirse	europeo/a	la naturaleza	salvaje
el bosque	*el flamenco*	el país	la tranquilidad
el caballo	la flor	el pájaro	el valle
conservar	hacer senderismo	el parque nacional	
cualquier	la libertad	la paz	
la diversidad	libre	el peligro	

3D.3 Nuestro planeta en peligro

el alcalde/la alcaldesa	la contaminación	habitual	prohibir
aparcar	el contaminante	la industria	protestar
el árbol	contaminar	la inundación	reducir
aumentar	dañino/a	limitar	*renovable*
el calentamiento global	la deforestación	la medida	respirar
el cambio climático	la emisión	el medio ambiente	
cierto/a	la energía	el nivel	
el clima	extinguirse	el planeta	

3E.1 ¿Qué tiempo hace?

el centro	llover	el oeste	el tiempo
el cielo despejado	la niebla	el sol	la tormenta
el este	el noreste	el sur	el viento
el frío	el noroeste	el sureste	
el grado	el norte	el suroeste	
granizar	nublado/a	la temperatura	

3E.2 Se esperan temperaturas bastante altas

alto/a	*en torno*	menos	*la precipitación*
andar	esperarse	mínimo/a	la primavera
la arena	*espléndido/a*	la nieve	*la prudencia*
bajo/a	fuerte	la nube	el riesgo
brisa	el invierno	nublado/a	la temperatura
la costa	ligero/a	el otoño	la tormenta
débil	la lluvia	peligroso/a	el verano
despejado/a	máximo/a	precioso/a	el viento

3E.3 El clima nos afectaba mucho

el accidente	desgraciadamente	*el oso*	*la restricción*
afectar	*el desierto*	*el paraíso*	*la sequía*
el aire acondicionado	destruir	*la península*	*suave*
alojarse	estable	permitir	suficiente
amenazar	*el huracán*	la playa	sufrir
caluroso/a	la isla	*provocar*	el tornado
el desastre	la línea	el puente	turístico/a

3F.1 Un placer conocerle

adiós	*cuidar*	fenomenal	mal
alegrarse	encantado/a	gracias	el placer
bien	encantar	hola	regular
bienvenido/a	encontrarse	igualmente	usted
conocer	estar	llamarse	

3F.2 Otro país, otras costumbres

acostumbrarse	distinto/a	el idioma	siempre
el comercio	diverso	importar	el tamaño
conocer	escuchar	el intérprete	la temporada
la costumbre	explicar	*la movida*	triste
curioso/a	el extranjero	la palabra	utilizar
la dieta	*globalizado*	pertenecer	
diferente	la habitación	el problema	

3F.3 Ahora me toca a mí viajar

el aeropuerto	desembarcar	el intercambio	el rascacielos
el avión	empezar	ir	el retraso
ayer	la excursión	largo/a	visitar
el barco	la experiencia	la madrugada	volver
el barrio	la falta de	mejorar	el vuelo
la bolera	genial	mostrar	
cansado/a	hace (+ evento pasado)	no obstante	
la capital	*impresionar*	la oportunidad	
la ciudad	*innegable*	pasarlo bien	

3G.1 ¡Una vuelta al mundo en mil culturas!

bailar	el día	la fiesta	la ropa
la cara	especial	la música	típico/a
el color	*el esqueleto*	la pelea	el tomate
la comunidad	espectacular	el polvo	tradicional
la cultura	el festival	recordar	único/a

3G.2 La hispanidad a través de sus festivales

al aire libre	*conmemorar*	hoy en día	*producir*
aproximadamente	la costumbre	irse	*el público*
aquí	decidir	luego	*respetar*
el ataque	delante	la música callejera	la reunión
las atracciones	en todas partes	nacional	temprano
bailar	famoso/a	el olor	*vencer*
la celebración	la feria	el orgullo	venir
la competición	fuera	quemar	

3G.3 Estábamos paseando entre los cerezos en flor cuando...

acogedor/a	los dulces	la gran pantalla	el regalo
la alfombra roja	elegante	la hoguera	la sinagoga
la bahía	el espectáculo	la iglesia	la tarjeta (de felicitación)
la carrera	la estrella	la mezquita	el templo
la cerámica	*la fecha*	el premio	la vela
el champán	el festival	los preparativos	
el concurso	la fiesta	probar	
el día libre	los fuegos artificiales	la procesión	

3H.1 ¿Cuál prefieres, el tren, el metro o el autobús?

andando	un billete de ida (y vuelta)	el metro	*el tranvía*
a pie	el coche	porque	el tren
el autobús	cómodo/a	preferir	viajar
el avión	*contaminar*	rápido/a	ya que
barato/a	difícil	soler	
la bicicleta	fácil	tomar	

3H.2 ¿A pie, en autobús o cómo?

el autobús	correos	invisible	público
la bicicleta	corto/a	lejos	rápido/a
el billete	*depender*	lento/a	el transporte
la calle	*eficaz*	el metro	el tren
la catedral	*esencial*	la panadería	*válido/a*
el camión	la estación	la parada	el viaje
el coche	ida	el peatón	
el(la) conductor(a)	ida y vuelta	el permiso de conducir	

3H.3 ¡Viajamos y disfrutamos!

afortunado/a	costoso/a	hacer turismo	el ocio
el albergue juvenil	*discapacitado/a*	el interés	*el organismo*
el autocar	disfrutar	la isla	el piragüismo
bañarse	*el ecoturismo*	el lugar	el proyecto
cansado	esquiar	*la meta*	el senderismo
la carretera	gratis	molar	la tarea
el consejo	gratuito/a	montar a caballo	el/la voluntario/a

Despegue

Las múltiples caras de Cuba

Viajeros en Cuba

Leamos las experiencias recientes de unos jóvenes viajeros a Cuba…

Rebeca Díaz

Cuando visité Cuba hace unos meses, fui a Pinar del Río, en el norte de la isla. Me impresionó mucho porque no representó la idea que tenía de una isla en el Caribe. En esta parte del país hay montañas y valles verdes. Por supuesto, hay playas maravillosas también. Lo mejor del viaje fue conocer a la gente por la calle. ¡Hay un ambiente muy amable en Cuba! Una familia me invitó a entrar en su casa y a comer y beber algo. Vi muchas casas con la puerta abierta todo el día. Visité una plantación de tabaco y probé el famoso sándwich cubano, que tiene pan tostado, queso y carne asada… ¡delicioso!

Pedro Mariscal

Yo fui a la capital, La Habana. Me gustó mucho ver los coches antiguos de los años 50 y 60 por las avenidas de la ciudad. Históricamente, Estados Unidos tuvo un bloqueo político y económico con la isla y no hay muchos coches nuevos. Mi taxi era un Cadillac amarillo muy bonito. ¡Increíble! La Habana tiene más de dos millones de habitantes y hay mucha cultura que descubrir. Vi a muchos músicos tocando salsa por la calle y mucha gente baila al aire libre sin preocupación. ¡No hay estrés!

Javier Marcos

Pasé una semana estupenda en Cuba. ¿Mi lugar favorito? Cayo Perla, sin ninguna duda, porque es tan tranquilo y lleno de naturaleza. Allí hice buceo… ¡Espectacular! El agua azul turquesa es hermosa. En mi último día de viaje, visité el club Tropicana, donde hacen espectáculos de baile que son famosos en todo el mundo. Me gustó mucho, aunque muchos turistas dicen que es demasiado caro.

1 Lee las opiniones de los tres jóvenes sobre Cuba. Indica quién dice qué: Rebeca (R), Pedro (P) o Javier (J).

1 Pasé todo el tiempo en la ciudad.

2 Hay un sitio turístico que cuesta mucho dinero.

3 Recomiendo la comida cubana.

4 El estilo de vida es muy relajado.

5 ¡Es como vivir en un museo del automóvil!

6 La geografía de la isla es diferente a lo que yo esperaba.

7 Hice un deporte acuático.

8 La gente es muy agradable con los extranjeros.

2 Lee la ficha de información sobre Cuba y escribe los números que se corresponden con las letras.

Ficha de información

1 Siglo XV: Los colonos españoles llegan a la isla de Cuba…

2 1812: Muchos esclavos sufren en la isla, especialmente los que…

3 1895: Con el general José Martí, Cuba obtiene…

4 1902: El 20 de mayo, se forma oficialmente la…

5 1952: Bajo el presidente Batista hay mucha…

6 1956: El general Fidel Castro y el Che Guevara empiezan la revolución cubana con el apoyo del…

7 1961: Se produce la invasión de la Bahía de Cochinos, una operación militar en la que tropas apoyadas por Estados Unidos…

8 2006: Fidel Castro está viejo y cede la presidencia a su hermano, Raúl Castro. Continúa la dictadura …

9 2015: Mejoran las relaciones comerciales y políticas con…

A vinieron de África.
B Estados Unidos.
C corrupción.
D por primera vez.
E pueblo cubano.
F la independencia de España.
G comunista.
H atacan a Cuba.
I república cubana.

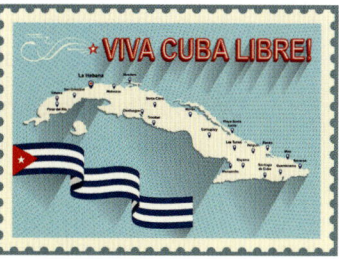

3 Lee el texto y empareja los subtítulos A–D con los párrafos 1–4.

A Récord de temperaturas altas
B Una tormenta reciente
C La tormenta más peligrosa
D Dos estaciones bien diferenciadas

¡El clima en Cuba está loco!

1 El clima en Cuba es un clima tropical moderado. De noviembre a abril se da la estación seca y fresca, y en los meses de verano, la temperatura media sube hasta los 30ºC, con una humedad un poco mayor. Con su clima tropical, Cuba es ideal para las vacaciones todo el año, pero los tornados y tormentas tropicales pueden sorprender a los visitantes a la isla.

2 El pasado mes de junio, se formó Colin, una tormenta tropical con vientos de 65 kilómetros por hora. Primero, hubo cielos despejados y sol, pero a las cuatro de la tarde del lunes, el viento cambió de dirección y en solo veinte minutos las lluvias torrenciales invadieron el norte y centro de la isla. Colin destruyó varias plantaciones de azúcar.

3 En el año 2008, Ike fue uno de los huracanes más fuertes en la historia reciente de la isla. Durante casi tres días este huracán con vientos muy rápidos destrozó casas y edificios por completo, arrasando con árboles y ciudades. Después llovió durante casi diez días seguidos y esto ocasionó inundaciones.

4 El año 2015 fue el más caluroso en la isla históricamente. A causa del fenómeno meteorológico de El Niño, las aguas en las costas cubanas también eran más cálidas. El 28 de abril fue un día histórico porque la isla alcanzó su temperatura más extrema, 38,7 grados. Según los expertos, esto es una consecuencia del cambio climático.

Un huracán se mueve hacia Cuba

Vuelo

¡Arriba Mexico!

Archivo cultural: ¿Qué es la quinceañera?

La celebración de la quinceañera consiste en celebrar el quince cumpleaños de las chicas en países de Latinoamérica como una ocasión muy especial para simbolizar la transición de niña a mujer. Es una celebración tradicional católica con una mezcla de ritos aztecas, que hoy en día muchas familias celebran como una fiesta con banquete, regalos y baile.

Mi quinceañera: una cronología

Soy Lupita y vivo en Monterrey, en México. Ayer celebré mi fiesta de quinceañera y fue un día muy especial para mí y para mi familia. ¡Estuvimos planeando la celebración casi todo el año! Mi familia y amigos fueron muy importantes y cada miembro tuvo una tarea especial.

Con mi abuelita Carmela

Mi abuela está viuda y para ella, celebrar mis quince años es espiritual y religioso, y lo más importante es la celebración en la iglesia. Ella me ayudó a comprar mi vestido para la ceremonia religiosa…¡es como el vestido de una novia! Ella siempre cuenta que, cuando era pequeña, su fiesta de quinceañera fue muy sobria y no tuvo regalos, baile ni comida familiar.

Los preparativos antes de la ceremonia religiosa

Mi foto favorita con mis padres, Avelino y Samira

Con mis padres Avelino y Samira

Mis padres son muy generosos y empezaron a ahorrar dinero hace un año para poder celebrar mi fiesta de quince años con toda la familia, amigos y vecinos del barrio. Mi padre ha reservado un restaurante por completo y tenemos mesas para celebrar un banquete para 100 personas después de ir a la iglesia. Mi madre está muy emocionada porque dice que cuando tienes quince años ya eres una 'mujercita' y tienes que ser más madura. Mi padre va a conducir una limusina rosa para mí y mis amigas del instituto.

Con mi mejor amiga Petro

Petro es mi mejor amiga y ella celebró su quinceañera hace un mes. Su familia es más humilde y su fiesta fue más pequeña, por eso está muy sorprendida de todos los preparativos de mi fiesta. Petro me ayudó a escribir las invitaciones para mis amigos del insti. ¡He invitado a toda mi clase al baile!

Con Teo, mi amigo especial

Todas mis amigas dicen que Teo es mi novio, pero ¡solo es mi amigo! Teo fue mi acompañante al baile después del banquete, y preparó una coreografía muy romántica con un vals tradicional. Después de bailar, me cambié de ropa, me quité el vestido blanco y me puse otro rojo para disfrutar del resto de la fiesta.

1 Lee la cronología de una quinceañera y decide si cada afirmación es verdadera (V), falsa (F) o no se menciona (NM).

1 La quinceañera solo tiene sus orígenes en el catolicismo.

2 Durante la fiesta, el banquete tiene que ser gratis.

3 La abuela de Lupita no tiene marido.

4 Hoy en día la celebración es más modesta.

5 Según la madre de Lupita, una chica de quince años debe empezar a comportarse como una adulta.

6 Petro es mayor que Lupita.

7 Lupita y Teo tienen una relación muy romántica.

8 El color favorito de Lupito es el rojo.

2 Completa las frases siguientes con una palabra de la lista.

El templo de Kukulcán en Chichén Itzá

1 Chichén Itzá es uno de los sitios más importantes e históricos en **1** ...., y está situado en la península de Yucatán, al **2** .... del país.

2 La antigua civilización **3** .... tuvo en esta ciudad su centro social y religioso durante muchos años.

3 Construida entre el 800 y el 1100 DC, la **4** .... central, el templo de Kukulcán, es un monumento apreciado mundialmente de fama internacional. La construcción tiene **5** .... pisos de altura.

4 El templo muestra como los mayas eran expertos en matemáticas, acústica y **6** ....

5 Hay varios datos que confirman las celebraciones religiosas, algunas con **7** .... humanos que se hacían en la parte superior del templo.

6 En el interior se han descubierto esculturas de animales como el **8** .... con incrustaciones de piedras preciosas como el jade.

pirámide	jaguar	astronomía	sacrificios
sur	México	maya	nueve

3 Lee y elige la palabra correcta.

¡Ándale, ándale!

No hay nada que represente mejor al folklore **1** *mexicano / colombiano* que una banda de mariachis cantando canciones **2** *tradicionales / modernas*. Generalmente la banda tiene como mínimo **3** *tres / ocho* personas que tocan la trompeta, el violín y el guitarrón (una guitarra clásica de tamaño **4** *grande / pequeño*). Lo más importante es llevar la ropa correcta, casi siempre blanca y **5** *negra / rosa*, y muchos mariachis llevan también el típico sombrero mexicano con **6** *flores / lunares* y motivos en diferentes colores.

Las bandas de mariachi son un reclamo turístico

Una de las canciones más reconocidas en todo México, que los mariachis suelen tocar en celebraciones como fiestas populares o **7** *bodas / funerales,* se llama *Ay, Jalisco no te rajes*, y se hizo muy famosa por el cantante Jorge Negrete. La letra habla de la región de Jalisco y su capital, Guadalajara, donde el mariachi es súper popular.

Rincón del examen 3.1

Vuelo

Examen de escucha – nivel superior 1

Introducción

En el examen de escucha de nivel superior hay tres tipos de ejercicio que te pueden pedir. Son:
Preguntas de elección múltiple (A, B, C o D)
➜ Completar unas frases
➜ Tarea de categorización
El material que vas a escuchar puede ser de tres tipos diferentes
➜ Gente que habla de sus experiencias
➜ Gente que da su punto de vista
➜ Entrevistas

Estrategias

➜ Identifica los diferentes tiempos verbales – tienes que reconocer la diferencia entre pasado, presente y futuro.
➜ Puedes tomar apuntes mientras escuchas, pero directamente después.

Preguntas de elección múltiple (A, B, C o D)

Estrategias

➜ Lee con cuidado el título para saber el contexto de la grabación.
➜ Escucha por si hay sinónimos o frases sinónimas.
➜ Es probable que tengas que hacer deducciones.

1 a Antes de escuchar la grabación, mira las preguntas y decide cuáles de las posibilidades parecen poco probables.

Ejemplo: (b) Simón ve los beneficios del…

[ ]	**A**	turismo (Posible)
[ ]	**B**	vandalismo (Poco probable)
[ ]	**C**	empleo (Posible)
[ ]	**D**	hotel (Posible, pero no muy probable)

1 b Escucha lo que dicen estos jóvenes sobre el sitio donde viven. Pon una equis (X) en las seis casillas adecuadas.

Donde viven y como es

Ejemplo: Mario quiere…

[ ]	**A**	trabajar en una granja
[X]	**B**	vivir en las montañas
[ ]	**C**	ser mecánico
[ ]	**D**	vivir en un sitio con más ambiente [1]

(a) Para Luz un problema es…

[ ]	A	el ruido
[ ]	B	la contaminación
[ ]	C	el transporte
[ ]	D	el francés [1]

(d) Para Pedro la mejor opción sería…

[ ]	A	volver a su país nativo
[ ]	B	vivir en otra parte de su país
[ ]	C	buscar trabajo como camarero
[ ]	D	ir a vivir al extranjero [1]

(b) Simón ve los beneficios del…

[ ]	A	turismo
[ ]	B	vandalismo
[ ]	C	empleo
[ ]	D	hotel [1]

(e) Cristina se siente…

[ ]	A	contenta con donde vive
[ ]	B	enfadada con sus vecinos
[ ]	C	cansada de ser actriz
[ ]	D	enferma [1]

(c) Ana vive en un sitio con poca…

[ ]	A	comida
[ ]	B	familia
[ ]	C	gente
[ ]	D	ropa [1]

(f) Mustafá se siente…

[ ]	A	harto de ser jardinero
[ ]	B	perdido en Almería
[ ]	C	un extranjero en Almería
[ ]	D	una parte de Almería [1]

Total: [6]

vuelo

Examen de escucha – nivel superior 2

Completar unas frases

Estrategias

➜ Usa tu conocimiento de la gramática para ayudarte a elegir la palabra correcta.

➜ Nunca dejes huecos – adivina si no sabes.

➜ A veces tienes que aplicar la lógica para llegar a la respuesta correcta (por ejemplo si oyes 'despegar', 'aterrizar' y 'vuelo' la respuesta puede ser 'avión').

➜ Ten cuidado de utilizar cada letra solo una vez, es buena idea ir tachando las respuestas ya utilizadas.

2 a Antes de escuchar la grabación, lee con cuidado las frases y las opciones en la página 170, y para cada opción decide cuáles son las posibilidades y qué palabras son imposibles por razones de gramática.

2 b Escucha lo que dice el Señor Vázquez sobre las tiendas de Calahorra. Escoge la letra correcta.

Ir de compras en Calahorra

A tiendas	**D** *asociación*	**G** casas	**J** dependientes	**M** escribiendo
B tiempo	**E** pesimista	**H** realista	**K** dinero	
C clientes	**F** aumentando	**I** red	**L** disminuyendo	

Ejemplo: El Señor Vázquez es presidente de una…	D
(a) La gente ya no quiere comprar tanto en las…	
(b) Comprando por Internet se ahorra…	
(c) Las zapaterías todavía tienen bastantes…	
(d) Las sábanas y las toallas ahora se compran más en la…	
(e) El número de librerías va…	
(f) El Señor Vázquez tiene un punto de vista…	

Tarea de categorización

Estrategias

➜ Prepara una colección de frases útiles y apréndetelas.
➜ Recuerda que no tienes que escribir frases completas.
➜ Escucha con mucho cuidado las frases negativas. ¡Ojo! Puede haber trampas.

3 a Categoriza estas frases como positivas o negativas. Tradúcelas a tu propio idioma.

lo peor es	me parece difícil	lo preocupante es
lo positivo es	una ventaja es	lo que destaca es
lo que más me gusta es	un inconveniente es	me sienta bien
me cae bien	lo mejor es	

3 b Escucha lo que dicen Juanjo y Noelia sobre las costumbres y los festivales. Escribe en español los aspectos positivos y los aspectos negativos que mencionan. No necesitas escribir frases completas.

Costumbres y festivales en España

	Aspectos positivos	Aspectos negativos
Ejemplo: Juanjo	No ir al instituto	caro
Noelia	(a)…………………............... …………………………… (b) ………………………….. ……………………………	(c)………………………… ……………………………
Juanjo	(d) ………………………… ……………………………..	(e) ………………………… …………………………… (f)………………………… ……………………………

Rincón del examen 3.2

Examen de lectura – nivel superior 1

Introducción

En el examen de lectura de nivel superior hay dos tipos de ejercicio que te pueden pedir. Son:
→ Ejercicio donde se toman apuntes sobre un texto
→ Ejercicio con preguntas en español
Puedes encontrar textos de los siguientes tipos:
→ Extracto literario – de una novela, una obra de teatro, un poema o un texto histórico
→ Texto factual – de un periódico, una revista, una página web, etcétera.

Estrategias

→ Lee el texto entero rápidamente para tener una idea de qué se trata.
→ Lee las instrucciones y las preguntas y luego lee el texto otra vez más lentamente.
→ Mira bien los tiempos verbales – tienes que poder reconocer la diferencia entre el pasado, el presente y el futuro.

Ejercicio donde toman apuntes sobre un texto

Estrategias

→ Busca en el texto las palabras que indican una conversación (dijo, preguntó, comentó).
→ Busca en el texto las palabras que te indican una acción – muchas veces se utiliza el pretérito para esto (salió, abrió, pensó).
→ Busca en el texto las palabras que indican el progreso de la acción (luego, después, pronto).
→ Recuerda que puedes escribir en forma de notas.

1 a   Busca en el fragmento de texto las siguientes palabras. ¿Qué indican? Para cada palabra escribe (a) si indica una conversación, (b) si indica una acción, (c) si indica un tipo de comida. Apúntalas y tradúcelas a tu propio idioma.

abrío	se barrerá	fiambres	preguntó
aves	dijo	se pintará	se traerá

1 b   Lee el fragmento del texto en la página 172. Andrés va a un pueblo nuevo y busca alojamiento. Escribe apuntes sobre el texto. Completa la tabla con palabras en español o con números.

Ejemplo: Tamaño de la habitación que quiere Andrés: Grande

(a) La planta donde quiere su habitación: ....

(b) Detalles de la habitación que ve: .... [2]

(c) Lo que harán para mejorar la habitación: .... [2]

(d) Para qué quiere Andrés la tinaja ....

(e) Diferencias entre su comida y la comida de casa ....

(f) Comida alternativa que la señora ofrece .... [2]

(g) Lo que Andrés quiere con sus dos comidas ....

Total: [10]

Andrés, el nuevo médico, llega a un pueblo donde va a trabajar y busca alojamiento.

'Yo quiero', dijo Andrés, 'un cuarto en el piso bajo, y, a poder ser, grande'.

'En el piso bajo no tengo...', dijo ella, '...más que un cuarto grande, pero sin arreglar.'

'Si puede usted enseñarlo.'

'Bueno.'

La mujer abrió una sala antigua y sin muebles, con una reja afiligranada a la callejuela que se llamaba Carretones.

'¿Y este cuarto está libre?'

'Sí.'

'Ah, pues aquí me quedo', dijo Andrés.

'Bueno, si usted quiere; se pintará, se barrerá y se traerá la cama.'

Sánchez se fue; Andrés habló con su nueva patrona.

'¿Usted no tendrá una tinaja inservible?', le preguntó.

'¿Para qué?'

'Para bañarme.'

'En el corralillo hay una.'

'Vamos a verla.'

'¿Y de comer? ¿Qué quiere usted comer? ¿Lo que comemos en casa?'

'Sí, lo mismo.'

'¿No quiere usted alguna cosa más? ¿Aves? ¿Fiambres?

'No, no. En tal caso, si a usted no le molesta, quisiera con las dos comidas tener un plato de legumbres.'

Texto adaptado de El árbol de la ciencia *por Pío Baroja (publicado en 1911)*

Vuelo

Examen de lectura – nivel superior 2

Ejercicio con preguntas en español

Estrategias

→ Recuerda que la información del texto va en el mismo orden de las preguntas. Utiliza esta información para ayudarte a localizar las respuestas en el texto.

→ Mira con mucho cuidado cuántos puntos hay para cada pregunta. Si hay dos puntos debes escribir dos detalles.

→ No tienes que escribir frases completas, así que no siempre tienes que utilizar un verbo. Ten cuidado con la forma y el tiempo verbal de un verbo para no causar confusiones.

→ Recuerda que en tus respuestas tienes que comunicarte claramente y sin ambigüedad con el examinador. Si no comprende lo que has escrito, no recibirás puntos.

2 a Antes de leer el texto lee todas las preguntas e identifica para cada pregunta qué tiempo verbal; *Presente* (Pr), *pasado* (Pa) o *futuro* (F). Apúntalos.

Ejemplo: Pr

2 b Contesta las preguntas en español basándote en el texto. No necesitas escribir frases completas.

Ejemplo: ¿Por qué no duerme mucha gente? el ruido

(a) ¿Qué acontecimientos pueden interrumpir el sueño? [2]

(b) ¿Qué te pasará si te despiertas durante la noche?

(c) ¿Cuál será el efecto del cansancio al día siguiente?

(d) ¿Cuál puede ser el efecto de llamar a la policía si tus vecinos hacen ruido?

(e) ¿Qué dijo el informe sobre el ruido urbano? [2]

(f) ¿Por qué el texto menciona Noruega?

(g) ¿Cómo es el ruido que hacen las máquinas de ruido blanco?

(h) ¿Por qué te ayudan a dormir?

Total [10]

El ruido blanco

Mucha gente tiene problemas para dormir a causa del ruido. Sabes cómo es; estás cansado, te acuestas a buena hora y luego vienen por las paredes las discusiones rabiosas de los vecinos, o por la ventana el claxon de un conductor frustrado. Te despertarás y luego no conseguirás dormir en toda la noche. Sabes también que al día siguiente no podrás concentrarte en el trabajo a causa del cansancio.

Para alguna gente, desesperada por vecinos ruidosos, no hay más remedio que llamar a la policía. Ay, pero solucionar el problema así puede ser también un poco 'antisocial', y adiós a tu relación con ellos. Para otros lo único es mudarse al campo, aunque allá con las vacas y el madrugar mucho tampoco se garantiza la tranquilidad.

Un informe reciente clasificó el ruido, sobre todo en las grandes ciudades, como una forma de contaminación tanto como lo sería el humo o la basura en las calles.

¡La ciencia al rescate!

Unos experimentos llevados a cabo en Noruega indican que la solución está en las máquinas del ruido blanco. Éstas no emiten más que un sonido que se parece a un ventilador o una radio sin sintonizar, pero con solo enchufar y encenderlas dormirás como un bebé. Tampoco eliminan el ruido exterior, sino lo cubren.

4A Childhood

Despegue

4A.1 Cuando era pequeño/a...

★ **Hablar de recuerdos y anécdotas de la infancia**
★ **El contraste entre el pretérito imperfecto y el pretérito indefinido**

1 Trabaja con tu compañero/a. Une las palabras de las dos columnas.

1	cómo eras de pequeño/a (aspecto)	**a**	Perdí mi sombrero en un río.
2	cómo eras de pequeño/a (carácter)	**b**	Me encantaba nadar.
3	qué te gustaba hacer	**c**	tranquila y bastante tímida
4	tu juguete favorito	**d**	con pelo rubio, muy corto
5	anécdota	**e**	unos guantes de piloto

Melisa

> [Melisa] De pequeña yo era muy traviesa. Tenía el pelo oscuro y rizado. Me encantaba nadar. Un día fui sola a la piscina, pero afortunadamente mis vecinos me vieron. Y… odiaba comer sopa. Un día de invierno llamaron mis abuelos. Les dije, llorando: '¡Yo solamente quiero sopas de helado!'

> [Teresa] Cuando era pequeña, yo tenía la piel clara y el pelo rubio, muy corto. Era tranquila y bastante tímida. Me gustaba mucho llevar sombreros. Un día perdí mi sombrero favorito en un río. ¡Qué lástima! ¡Ah! No me gustaba nada bailar, así que me escondía en las fiestas.

> [Amalio] Pues yo de pequeño era alto, delgado y muy valiente. De mayor quería ser piloto. Por eso mi juguete favorito eran unos guantes de piloto. No me gustaba nada montar en bici. Un día mi tío me dejó sentarme en sus piernas y conducir su coche. Eso me gustó más.

2 a Empareja las frases con la persona apropriada. Escribe M (Melisa), T (Teresa) o A (Amalio). ¡Ojo! Es posible que unas afirmaciones tengan más de una inicial o ninguna (-).

Ejemplo: 1 A

1 Yo no tenía miedo de nada.
2 Me gustaba mucho el agua.
3 Perdí algo que me gustaba mucho.
4 Dije una cosa graciosa cuando me llamaron.
5 Desde pequeño, me encantaba la idea de volar.
6 Odiaba moverme al ritmo de la música.
7 A los niños les encanta hacer de conductores.
8 De pequeño quería ser cocinero.

2 b Trabaja con tu compañero y escribe en tu idioma las palabras del ejercicio 2a relacionadas con la niñez.

3 a Mi vida de niño. Escucha a cuatro personas que hablan de cuatro recuerdos de su niñez. Rellena la tabla con la información que falta.

	Cómo eras	Qué te gustaba	Tu juguete favorito	Anécdota
Marcela	alegre y sonriente	coger flores	una muñeca de mi abuela	las flores eran zanahorias
Eugenio				
Magdalena				
Víctor				

3 b Ahora trabaja con tres compañeros/as. Cambia los nombres de la primera columna y completa vuestra propia tabla.

4 El contraste entre el pretérito indefinido y el pretérito imperfecto. Consulta los puntos N3 y N4 de la sección de gramática. Corrige las palabras (a)–(j). Deben estar de acuerdo con la frase. ¡Ojo! No es siempre necesario cambiar las palabras.

Ejemplo: a era

Cuando (a) [ser] pequeño, siempre (b) [volver] a las 4 P.M. del colegio. Todos los días (c) [merendar] lo mismo: un bocadillo de queso manchego. Un día le (d) [hablar] a mi madre de Jonathan: 'Es un amigo del colegio muy (e) [simpático]; es de Perú y… ¡nunca ha probado el queso manchego! ¿Puedo llevarle a él y a su familia unos (f) [bueno] bocadillos mañana?' 'Claro que sí. Me gusta esa amabilidad hacia (g) [tu] compañeros.' Al día siguiente, mi madre y yo (h) [llegar] en autobús a la escuela. Al bajar, le di los bocadillos a Jonathan y (i) [ponerse] muy contento. Me preguntó: '(j) ¿[Este] bocadillos son de queso manchego? Hmmm… ¡Gracias!'

5 Trabaja con tu compañero/a. Haz y responde a las siguientes preguntas.

1 ¿Cómo eras de pequeño/a?
2 ¿Qué te gustaba (o no) hacer de niño/a?
3 ¿Cuál era tu juguete favorito? ¿Por qué?
4 ¿Me puedes describir alguna anécdota que ocurrió en tu infancia?

De pequeño/a era	bastante un poco muy	tranquilo/a. | travieso/a. | tímido/a. | valiente. | alegre. | sonriente.
		rubio/a. | moreno/a. | pelirrojo/a. | delgado/a. | gordito/a.
De pequeño/a tenía	el pelo	rubio. | moreno. | oscuro. | claro. | largo. | corto.
	la piel	clara. | oscura.
	los ojos	verdes. | azules. | marrones. | negros
Me gustaba(n)/encantaba(n) No me gustaba(n)/Odiaba	la sopa. | los sombreros. | nadar. | bailar. | montar en bici. | cuidar animales. | jugar con mi canguro. | ir a casa de mis primos.	
Mi juguete/juego favorito era(n)	unos guantes de piloto una muñeca un dinosaurio de plástico una cocinita un libro de viajes	porque — me gustaba volar. era de mi abuela.
Un(a) día/vez En una ocasión	+ simple past	

6 Escribe entre 60 y 75 palabras en español sobre 'Cuando era pequeño/a'. Debes utilizar todas las palabras mencionadas.

> **en mi infancia**   **juegos**   **Recuerdo…**   **mi familia**

vuelo

4A.2 Nunca habíamos salido de nuestro pueblo

★ **Hablar de cuando tus abuelos eran niños**
★ **El pretérito pluscuamperfecto**

El espejo de Matsuyama

Hace mucho tiempo vivían dos jóvenes esposos en lugar muy lejano. Tenían una hija y ambos la querían profundamente. Cuando la niña era aún muy pequeña, el padre se fue a la gran ciudad. Como estaba tan lejos, ni la madre ni la niña podrían acompañarle. La madre no había salido nunca de la aldea y tenía miedo del largo viaje de su marido. Al mismo tiempo sentía satisfacción de su visita a todos aquellos lugares.

En fin, cuando supo la mujer que volvía su marido, vistió a la niña de fiesta y ella se puso un precioso vestido azul que él había dicho que le gustaba en extremo.

La mujer se puso muy contenta cuando vio al marido volver a casa sano y salvo. Era el primer hombre que había ido a la rica ciudad, donde el rey y los magnates vivían y donde había tantas maravillas.

La pequeña sonreía al ver los juguetes que su padre le había traído. Y él hablaba de las cosas extraordinarias que había visto, durante su viaje y en la capital misma. A su mujer le había regalado un objeto circular extraño; se llama espejo. "Míralo y dime qué ves dentro." El marido estaba contento de la cara maravillada de ella y muy orgulloso de mostrar que había aprendido algo durante su ausencia. Ella describió a una hermosa mujer, que le miraba y movía los labios al hablar y que curiosamente llevaba un vestido azul, exactamente como el suyo. El marido le explicó que era su propia cara. En la ciudad cada persona tiene uno, por más que nosotros, aquí en el campo, no los hayamos visto hasta hoy.

Encantada la mujer con el presente, pasó algunos días mirándose a cada momento, porque, como ya dije, era la primera vez que había visto un espejo y, por tanto, la imagen de su bonita cara. Consideró que tan extraordinaria joya tenía demasiado valor para uso de diario, y la guardó en su cajita con cuidado como un tesoro.

Texto adaptado de El espejo de Matsuyama *por Erwin W. Roessler y Alfred Remy*

1 a Lee esta versión abreviada de un relato corto sobre épocas pasadas y corrige los errores. Escribe la palabra correcta.

Ejemplo: 1 mayor pequeña

1 La niña era mayor cuando el padre se fue.
2 La distancia entre la casa y la ciudad era poca.
3 La madre y la niña tuvieron que esperarlo en un hotel.
4 Al marido le gustaba bastante el vestido azul de su mujer.
5 El regalo para su mujer era un abrigo.
6 El marido había olvidado algo durante su viaje.
7 En la aldea, todo el mundo tiene un espejo.
8 La mujer guardó el espejo en una bolsa.

1 b Ahora trabaja con tu compañero/a. Imagina que hablas con tus nietos y completa las siguientes frases.

Siempre habíamos pensado que…

En nuestra época…

Nunca habíamos…

Casi nadie había…

Cuando éramos jóvenes…

2 Volver a su pueblo. Escucha lo que dice la Señora Fuencisla sobre su experiencia. Escoge la letra correcta para cada pregunta.

A estudios	**E** tecnología	**I** *años*	**M** jubilados
B conmovedora	**F** huerta	**J** edificios	
C terrible	**G** alimentos	**K** aburridas	
D juventud	**H** infancia	**L** árboles	

Ejemplo: 1 I

1 La última vez que Fuencisla estuvo en su pueblo fue hace 50…
2 La experiencia de Fuencisla fue muy…
3 Donde antes estaba su casa, ahora habían construido…
4 El campo de golf actual antes era su…
5 En su época, nadie se dedicaba a los…
6 Los ancianos se habían familiarizado con la…
7 A la gente joven le gusta cultivar sus propios…
8 El periodista no ha encontrado las impresiones de Fuencisla…

3 a El pretérito pluscuamperfecto. Consulta el punto N12 en la sección de gramática. Escribe el pretérito pluscuamperfecto de los verbos para completar las frases.

Ejemplo: 1 había aprendido

El día en que mi abuelo se marchó, me di cuenta de todo lo que (1) ……….. [aprender] de él. De niño, (2) ……….. [vivir] en una casa humilde, sin apenas una sopa o un juguete. Era una persona muy activa que de joven (3) ……….. [realizar] todo tipo de trabajos: camarero, mecánico, enfermero, aviador … Además, él y mi tío (4) ……….. [pasar] trece años de su vida como refugiados en Francia. Todo ello le (5) ……….. [enseñar] a apreciar lo importante. Valoraba mucho a la familia y los amigos y siempre estaba de buen humor. Su mujer nunca (6) ……….. [salir] de su pueblo, pero no se cansó de esperarlo y apoyarlo en todo. Ahora, a los 97 años, nosotros lo (7) ……….. [perder], pero sin duda su vida singular y su carácter afable nos (8) ……….. [marcar] para siempre.

3 b Ahora busca ejemplos del pluscuamperfecto en el correo del ejercicio 1. Escríbelos y tradúcelos a tu idioma.

4 Mira la foto y prepara unas respuestas detalladas a las siguientes preguntas. Después, con tu compañero/a, túrnate para practicarlas.

1 Háblame de esta imagen.
2 ¿Qué me puedes decir de la persona en la imagen?
3 ¿Cuándo se habían tomado las fotos?
4 ¿Qué crees que hará esta persona más tarde?
5 Compara la infancia de tus abuelos con la tuya.

5 Escribe entre 130 y 150 palabras en español. Escribe un correo de unos abuelos a su nieto/a sobre cómo han cambiado las cosas. No te olvides de utilizar el pretérito pluscuamperfecto. Debes mencionar:

- Cambios en cómo se transmiten las noticias
- Cambios en los transportes
- Cambios en la vida de las mujeres
- Cambios respecto a las comidas.

4B School rules and pressures

Despegue

4B.1 ¿Te portas bien en el instituto?

★ **Comprender y dar opiniones sobre las normas escolares**
★ **Los negativos**

1 Dibuja una tabla y pon cada palabra en la categoría más apropiada. Traduce las palabras a tu propio idioma.

llegar	la contraseña	respetar	aceptar	entregar	el móvil
el chicle	copiar	nunca	hacer novillos	los derechos	compartir
correr	prohibir	los deberes	ningún	opinar	
el pasillo	*no*	nadie	prestar	la atención	

Infinitivo de un verbo	Sustantivo	Negativo
		no

I.E.S ALBERTO TORRÓ – NORMAS DE NUESTRO CENTRO

Siempre se debe...

1. Respetar los derechos de los demás miembros de nuestra comunidad. Cada persona es un individuo y merece tu respeto.

2. Llegar a clase a tiempo. Por respeto a los profesores, y los demás alumnos, acuérdate que si llegas tarde interrumpes la clase para otras personas. ¡Si entregas tarde tus deberes también interrumpes!

3. Prestar atención en clase. La educación es para ti. Es para tu futuro; nunca debes olvidar eso.

4. Aprender tanto de lo que haces bien como de tus errores. Nadie es perfecto, pero todos podemos ser mejores.

Se prohíbe...

5. Actuar de manera que amenace la seguridad física de tus compañeros de clase. NO debes NUNCA correr en los pasillos, meterte en peleas, jugar de manera violenta.

6. Actuar de manera que amenace la seguridad psicológica de tus compañeros de clase. Recuerda que nadie, nunca, en ningún momento tiene el derecho ni de acosarte, ni gastarte bromas crueles, ni obligarte a hacer lo que tú no quieres. Esta norma incluye el uso de Internet y las redes sociales. (No debes nunca compartir tus contraseñas con nadie).

7. Fumar o usar sustancias ilegales ni en el instituto, ni en camino al instituto. En cada momento eres representante público del instituto. El chicle está también prohibido.

8. COPIAR en exámenes o en pruebas durante el curso. Si copias no sabemos si has aprendido o no, y así no te podemos ayudar a mejorar en tus estudios. Tampoco debes utilizar tu teléfono durante las clases.

En el caso de no cumplimento con estas normas se debe hablar directamente con la directora.

NUNCA DEBES SUFRIR EN SILENCIO

2 a Lee las normas y mira los dibujos. Escribe las normas que se corresponden con los dibujos. ¡Ojo! Puedes utilizar algunas normas más de una vez o nunca.

Ejemplo: A 8

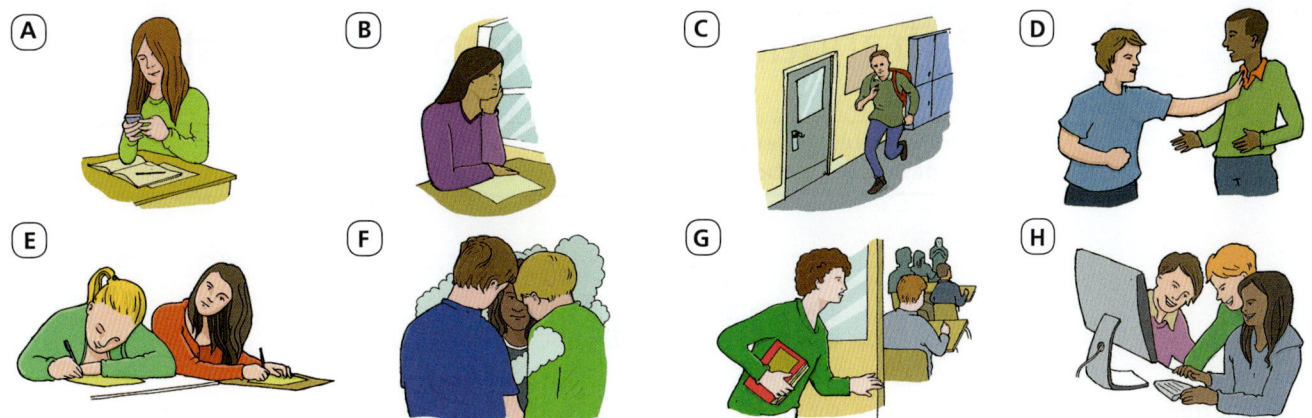

2 b ¿Hasta qué punto estas normas son similares a las normas de tu instituto? Para cada norma da una puntuación del uno (nada similar) al cinco (casi idéntica). Compara lo que piensas con un compañero de clase.

3 Unos jóvenes comentan las normas de su instituto. Decide si sus opiniones son *positiva*, *generalmente negativa* o *positiva y negativa*. Escribe (P), (N) o (P+N) por cada persona.

Ejemplo: 1 Rafa P

1	Rafa	**3**	Santi	**5**	Mario	**7**	Chema
2	Ana	**4**	Luz	**6**	Nekane	**8**	Simona

4 a Los negativos. Consulta el punto O en la sección de gramática. Completa las frases con los negativos correctos. Traduce las frases enteras a tu idioma.

Ejemplo: 1 No

1 ………. me gustan las normas de mi instituto, porque algunas ………. son justas.

2 Las normas son importantes para tu seguridad. ………. tiene el derecho de hacerte daño.

3 No debes ………. olvidarte que el respeto a los demás es muy importante.

4 ………. se permite usar los *smartphones* en mi instituto.

5 Ni ahora ………. en el futuro, se debe copiar durante los exámenes.

6 ………. tiene el derecho de obligarte a hacer lo que tú no quieres.

4 b Escribe un frase tuya sobre las normas escolares empezando con estas entradas.

1 Nunca debes ….

2 En mi instituto nadie puede ….

3 No se debe ni correr en los pasillos ni ….

5 Trabaja con tu compañero/a. Haz y responde a las siguientes preguntas.

1 ¿Qué piensas de las normas de tu instituto?

2 ¿Qué norma te gustaría abolir y por qué?

3 Según tu experiencia personal, ¿los profesores aplican justamente las normas?

4 ¿Hasta qué punto es importante tener normas en un instituto?

6 Escribe entre 60 y 75 palabras en español sobre 'Mi instituto y sus normas'. Debes utilizar todas las palabras mencionadas.

norma	cambiar	instituto	alumnos

Vuelo

4B.2 ¡Tranquilízate un poco con los estudios!

★ **Hablar del estrés de ser estudiante**
★ **La voz pasiva; los verbos impersonales en tercera persona del plural**

Capítulo 6

Dicen que los días de colegio son los mejores días de la vida. No estoy tan seguro. Mi vida es muy difícil. Ayer decidí explicar mis ambiciones de ser veterinario a mi profe de ciencias naturales. Comprendí por su cara que veía descabellada mi idea.

Él me explicó que son muchos años de estudios y mucha gente suspende cada año. Hablando después con mi novia Julia, ella me dijo que en el colegio saben que él también tenía las mismas ambiciones de joven y no le salieron. Julia piensa que su negatividad viene de su propio sentido de fracaso. Tal vez.

Muy pronto tendré exámenes, así que muchas horas están dedicadas a repasar mis apuntes. A veces estudio durante toda la noche y no duermo. A veces no como durante todo el día, pero para mí es tan importante aprobar.

En casa piensan que es demasiado, se preocupan y dicen que debo descansar un poco, salir, cuidarme más. Sé que sus sentimientos hacia mí vienen del amor por su único hijo, pero siento tanta presión que no me permito suspender. Seguramente mis problemas no serán solucionados por mis padres, y tengo que depender de mí mismo.

Mientras parece que mis papás a veces me entienden mal, Julia no. Ella, por contrario, me apoya en todo. De hecho, no sé qué haría sin ella.

1 a Lee el extracto de la novela. Contesta a las siguientes preguntas en español basándote en el texto. No necesitas escribir frases completas.

Ejemplo: 1 Está en contra
    1 ¿Qué opina el profesor de su decisión de estudiar veterinaria?
    2 Según el profesor, ¿cuáles son las dificultades de la carrera de veterinaria? [2]
    3 Según Julia, ¿por qué su profesor reacciona de esta manera?
    4 ¿Cómo sabemos que el escritor estudia mucho para sus exámenes? [2]
    5 Menciona un consejo que le dan los padres al escritor.
    6 ¿Qué diferencias hay entre los padres del escritor y Julia?

1 b Lee de nuevo el extracto. Amplía tu vocabulario buscando sinónimos de las siguientes palabras en el texto.

Ejemplo: 1 descabellada
    1 loca
    2 entender
    3 no aprobar
    4 contrario de 'éxito'
    5 contrario de 'prohibir'

2 Los problemas del instituto. Escucha una conversación entre Manuel y Roberta. Escribe las siguientes frases en orden según lo que escuchas.

Ejemplo: 4

   1 Roberta – ¿Por qué no hablar con un orientador profesional?
   2 Manuel – Gracias.
   3 Roberta – El aconsejador me ayudó mucho.
   4 Manuel – Tengo problemas para aprender la información de mis apuntes.
   5 Roberta – Hay muchos métodos diferentes para aprender.
   6 Manuel – No te comprendo, Roberta.
   7 Roberta – Se puede pedir una cita sin hablar con nadie.
   8 Manuel – No quiero hablar con el orientador porque me preocupa lo que pensarán otras personas. No quiero parecer débil.

3 Voz pasiva y verbos impersonales en tercera persona del plural. Consulta el punto (N16) en la sección de gramática. Cambia las frases pasivas a frases activas y tradúcelas a tu idioma.

Ejemplo: 1 Suspendieron a muchos estudiantes.

   1 Muchos estudiantes fueron suspendidos.
   2 Muchos alumnos no fueron aprobados por los profesores.
   3 Pablo no fue comprendido por su profesor.
   4 Fui ayudado mucho por el orientador del instituto.
   5 Los profesores serán criticados por los alumnos.
   6 Los apuntes fueron repasados por los estudiantes.
   7 Su casa fue destrozada por un terremoto.
   8 La manzana será comida por el chico.

4 Escribe unos párrafos para completar el capítulo 6 de la novela del ejercicio 1. Escribe en primera persona. Debes incluir en el contenido:
- más información sobre la relación del escritor con Julia
- lo que pasa con sus exámenes.
  Debes incluir, como mínimo, los siguientes puntos gramaticales:
- 3 tiempos verbales diferentes
- 2 verbos impersonales en tercera persona del plural
- 1 frase con cláusula subordinada.

5 Mira la foto y responde a las siguientes preguntas con tu compañero/a de clase. Túrnate para contestar a todas las preguntas.

   1 Describe esta imagen.
   2 ¿Dónde está la chica?
   3 ¿Qué va a pasar mañana?
   4 ¿Qué emociones piensas que siente la chica?
   5 ¿Por qué los exámenes causan mucho estrés?

Despegue

4C.1 ¿Las fotos? ¡Ya te las he enviado!

★ **Hablar de salidas y viajes con el colegio**
★ **El orden de los pronombres de objeto (como *se lo*)**

1 Mira estas palabras. Escribe las nueve palabras relacionadas con viajes escolares y tradúcelas a tu idioma.

marcar un gol	el extranjero	el vuelo	el intercambio escolar
la maleta	el pasaporte	la familia anfitriona	la carnicería
la mochila	el aeropuerto	planear	el jarabe

Queridos papá y mamá:

¿Cómo estáis? Yo estoy muy contenta. Mi viaje a Cáceres está siendo un éxito. Como conocí a la familia por Skype y les mandé un vídeo sobre mí, nos hemos reconocido rápidamente en el aeropuerto. ¡Qué bien que <u>se lo</u> mandé! Luego me han ayudado con las maletas y me han hecho pasta al llegar, pues sabían que me gusta mucho.

Me encanta ir a las clases extraescolares y he conocido a muchos otros estudiantes. Las excursiones también están muy bien y mañana mi familia me va a llevar a un monasterio precioso. No os preocupéis por el dinero, pues tengo suficiente y si me hace falta más, la familia anfitriona ha dicho que <u>me lo</u> presta.

Ya he aprendido muchísimo sobre sus costumbres y he conocido a mucha gente. Lo malo es que está haciendo mucho calor. Mamá, ¿puedes comprar unas camisetas y mandár<u>melas</u>? ¡Muchas gracias! Y no me he traído los dos jerséis nuevos, pero no hace falta que <u>me los</u> envíes. Respecto a la dirección aquí, ya <u>se la</u> he mandado a papá por correo.

Bueno, a ver si un día conocéis a mi familia de aquí cara a cara...

De momento, un beso muy fuerte:

Tina

---

2 Lee el correo. Escribe V (Verdad), M (Mentira) o N (No se menciona) para cada frase. Corrige las afirmaciones falsas.

Ejemplo: 1 V

  1 Tina está muy satisfecha con su experiencia hasta ahora.
  2 Estar en contacto antes del viaje fue muy buena idea.
  3 Cuando ha llegado, no le gustaba la comida.
  4 Tiene que ir al teatro todas las semanas.
  5 La familia la va a llevar de excursión a un monasterio.
  6 Tina piensa que no va a necesitar más dinero.
  7 Quiere que su madre le mande algo de comida.
  8 La familia de Tina ha mandado un regalo a la familia anfitriona.

3 Viaje a otro país. Escucha la experiencia de varios estudiantes tras su estancia en el extranjero. Escribe la letra del dibujo apropiado.

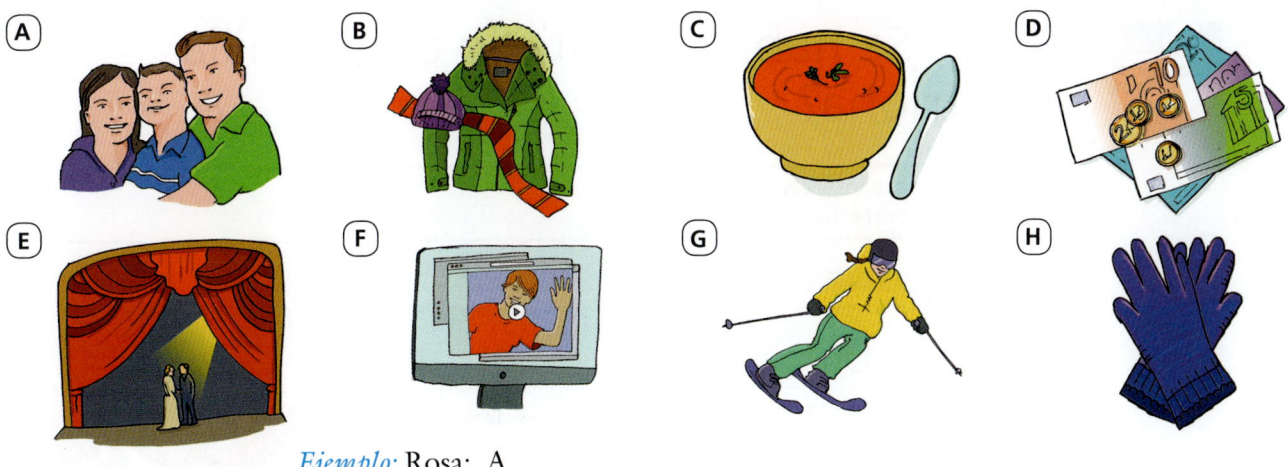

Ejemplo: Rosa: A

Rosa: ………..   Luis: ………..   Irene: ………..

4 a El orden de los pronombres de objeto. Consulta el punto M4 de la sección de gramática. Une 1–8 con la frase a–h que corresponda. Traduce todas las frases a tu idioma.

Ejemplo: 1 e

1 He dado mi nueva dirección / (a ti).
2 Acuérdate de comprar un regalo / (a mí).
3 Los profesores han leído las recomendaciones (a vosotros).
4 ¿Puedes dar unos consejos / (a mí)?
5 Todavía no he enviado mi itinerario a la familia anfitriona.
6 He dejado un mapa a mis amigos.
7 He llevado un producto típico a mi nueva familia.
8 ¿Has contado tus planes a tu padre?

a Acuérdate de comprármelo.
b ¿Se los has contado?
c Los profesores os las han leído.
d Se lo he dejado.
e Te la he dado.
f Se lo he llevado.
g ¿Me los puedes dar?
h Todavía no se lo he enviado.

4 b Lee el correo de nuevo. Mira las palabras subrayadas y escribe a qué o quién sustituyen.

Ejemplo: (se) la familia en Cáceres
(lo) el vídeo

5 Escribe una postal, entre 60 y 75 palabras en español, desde un lugar donde estás aprendiendo español. Debes utilizar todas las palabras mencionadas.

| un regalo | viaje escolar | me encanta | la familia anfitriona |

6 Mira la foto y prepara unas respuestas detalladas a las siguientes preguntas. Después, con tu compañero/a, túrnate para contestar a todas las preguntas.

1 Describe la imagen.
2 ¿Qué ropa y complementos llevan las chicas?
3 ¿Adónde crees que irán de viaje?
4 ¿Qué piensas tú de la imagen?
5 ¿Crees que los viajes escolares son útiles? ¿Por qué (no)?

Vuelo

4C.2 ¿Se habrá adaptado a la familia anfitriona?

★ **Hablar sobre intercambios escolares**
★ **El futuro perfecto**

Carla en Uruguay

Mi experiencia en Uruguay ha sido inolvidable. Me he hecho muy amiga de Rubén, con quien hacía el intercambio escolar. Es muy simpático; no sé cuántas palabras me habrá enseñado en español, pero sé que muchas. Su casa era preciosa y muy acogedora. Tenía cuatro habitaciones y un salón enorme. Sin embargo, en mi casa de aquí, hay un pasillo muy estrecho. ¡No sé cuántas veces habré empujado a alguien de la familia! También, tenían un jardín muy grande y una piscina espectacular. El verano que viene, Rubén ya se habrá sacado su diploma de natación.

Tortas fritas uruguayas

Rubén tiene tres hermanas y me he reído mucho con ellas. Hay una a la que le gusta mucho la fotografía y me ha llevado a los lugares más famosos de Montevideo. A otra hermana le encanta el deporte, así que hemos recorrido la ciudad en bici, aunque a veces hacía demasiado calor. Todo era muy barato. Me habré gastado como mucho 50 EUR en todos los regalos. A la mayor le vuelve loca ir de compras y se gasta demasiado dinero. Seguro que cuando tenga 19 años, ya habrá aprendido a ahorrar. Toda la familia es muy generosa. Me habrán dado por lo menos 20 tortas fritas para mis padres y mis hermanos. Cuando ellos conozcan a Rubén en persona, ya lo habrán visto muchas veces en foto.

1 Contesta las preguntas en español basándote en el texto. No necesitas escribir frases completas.

Ejemplo: Sí, pues lo describe como 'inolvidable'.

   1 ¿Se va a acordar Carla siempre de su viaje a Uruguay? ¿Por qué?
   2 ¿Quién es Rubén?
   3 ¿Cómo sabes que Carla habrá aprendido mucho español?
   4 Describe con dos adjetivos (distintos al texto) cómo era la casa de Rubén. [2]
   5 ¿Qué cualificación habrá conseguido Rubén el año que viene?
   6 ¿Con quién ha ido Carla a visitar puntos representativos de la ciudad?
   7 ¿Qué inconveniente había cuando montaban en bici?
   8 Da dos aspectos sobre cómo es la hermana mayor de Rubén. [2]

2 Escucha el *podcast*. Hay un error en cada frase. Encuéntralo y cámbialo.

Ejemplo: ~~cantantes~~ estudiantes

1 La presentadora habla de ~~cantantes~~ estadounidenses en Panamá.
2 Anthony no esperaba encontrar una cultura tan uniforme.
3 Anthony piensa que la combinación de orígenes es muy desagradable.
4 Anthony ha tenido oportunidad de bailar algo.
5 Ángeles echaba de menos su país al final.
6 A Ángeles le gustaba que los miembros de la familia se comunican raramente.
7 Saúl tiene muchos sombreros porque se los han hecho.
8 Saúl ha comido cosas que le gustaban.

3 El futuro perfecto. Consulta el punto N10 de la sección de gramática. Corrige las palabras (a)–(j). Deben estar de acuerdo con la frase. ¡Ojo! No es siempre necesario cambiar las palabras.

Ejemplo: (a) enriquecedora

Hacer un intercambio escolar es claramente una experiencia (a) [enriquecedor]. Me he alojado en un pequeño pueblo uruguayo, con una familia (b) [tradicional]. Para cada cosa (c) [tener] que llevar una ropa (d) [diferente], así que me (e) [cambiar] de ropa cuatro veces al día. Allí todo está riquísimo; seguramente (f) [engordar] durante mi estancia… Hoy, cuando aparezca mi mejor amigo, yo ya (g) [llegar] a clase. Tenía razón cuando me dijo: "Cuando vuelvas de Uruguay, ya (h) [aprender] a hacer windsurf y te (i) [convertir] en un experto en español." He aprendido mucho vocabulario sobre peces y barcos. En la clase de lengua, mi profesor se preguntará quién me (j) [enseñar] todo eso.

4 Trabaja con tu compañero/a. Haz y responde a las siguientes preguntas.
1 ¿Crees que todos los jóvenes deben hacer un intercambio escolar/familiar al menos una vez? ¿Por qué?
2 ¿Qué puede ser más difícil en un intercambio?
3 ¿De qué manera habrán cambiado las vidas de los jóvenes tras un intercambio?
4 En tu opinión, ¿influye la personalidad del huésped y de las familias anfitrionas? ¿Por qué?

5 Escribe una entrada en tu blog sobre intercambios escolares (reales o imaginados). Debes mencionar:
- cómo era la familia y la casa y qué hiciste
- cómo habrán cambiado ellos y sus vidas desde que te fuiste
- información sobre lo diferente y lo similar comparado con donde tú vives
- tus reflexiones sobre lo que aprendiste de la experiencia y consejos a otros estudiantes.

The importance of sport

Despegue

4D.1 ¡Este es mi primer partido con el equipo!

★ **Hablar sobre el espíritu de equipo**
★ **Los números ordinales**

1 Trabaja con tu compañero/a. Escribe una lista de diez palabras relacionadas con el deporte en equipo.

Carolina: El primer año que jugué con ellos fue difícil, pero ahora me encanta estar en el equipo de baloncesto del colegio. Me gusta contribuir a su buena fama y puedo hacer deporte regularmente. La primera y tercera semana jugamos dentro y las demás en otros centros. Estoy contenta de representar a mi colegio.

Julián: Gracias al ping pong, he conocido a mucha gente de otras clases y otros colegios. Me gusta conocer a alumnos mayores de los que puedo aprender y también viajar de vez en cuando para las competiciones. También tengo que lavar mi ropa para los partidos de la segunda y cuarta semana de cada mes, cuando jugamos fuera.

Daniel: Estoy contento porque estoy mejorando como deportista. Además, aprendo que tengo que tener empatía y respeto hacia los otros jugadores. Alegrarse cuando marca un gol tu compañero (en vez de hacerlo tú) o cuando el otro equipo marca su séptimo gol no es fácil. También es difícil sustituir a un compañero en el equipo de baloncesto si no sabes jugar, pero… ¡eso es espíritu de equipo!

2 Lee lo que dicen Carolina, Julián y Daniel. Empareja las frases con la persona apropiada. Escribe C (Carolina), J (Julián) o D (Daniel). ¡Ojo! Es posible que unas afirmaciones tengan más de una inicial o ninguna (–).

Ejemplo: 1 D
  1 Aprendo a ser mejor gracias al deporte.
  2 Al principio no me gustaba ser parte del equipo.
  3 La semana 2 y 4 del mes jugamos en otro centro.
  4 Juego al baloncesto.
  5 Me gusta tener amigos de cursos superiores.
  6 Necesito tener ropa limpia para todo mi equipo.
  7 Me encanta jugar al vóleibol.
  8 Hay que respetar a los miembros del equipo.

3 Lee las frases. Elige la respuesta correcta para que sean verdaderas para ti. Puedes añadir una cuarta opción, si es necesario.

1 Practico el *béisbol / golf / tenis*.
2 Mi tercer deporte es *la vela / el hockey / el kite surf*.
3 Hago deporte *los miércoles / los viernes / el fin de semana*.
4 Lo práctico para *representar al colegio / hacer amigos / estar en forma*.
5 Es bueno hacer deporte para *tener salud / estar al aire libre / descansar de los estudios*.
6 Tener espíritu de equipo es *aprender de los demás / hacer amigos / no querer ganar siempre*.
7 Cuando era pequeño, *montaba en bici / jugaba al fútbol / hacía carreras*.
8 El equipo que llevo consiste en un pantalón *negro / corto / ligero* y una camiseta *de rayas / con puntos / amarilla*.

4 Escucha a Garbiñe Muguruza, jugadora de tenis, hablar sobre el espíritu de equipo. Contesta a las preguntas en español.

Ejemplo: 1 Ninguna. Es la primera vez.

1 ¿Cuántas veces ha habido una gran tenista en el programa?
2 ¿Cómo se sentía Garbiñe de pertenecer al equipo del colegio?
3 ¿Qué cualidad se necesita para tener una carrera exitosa?
4 ¿Qué es importante lavar?
5 ¿A quién se debe respetar?
6 En la ocasión en la que no ganó, ¿en qué posición quedó Garbiñe?
7 ¿Qué es tan importante como ganar o perder?
8 Según Garbiñe, ¿qué es más divertido?

5 Los números ordinales. Consulta el punto S2 de la sección de gramática. Completa las frases con los números ordinales correctos.

Ejemplo: 1 primeros

1 Creo que somos los ………. en llegar. (*1*)
2 Es la ………. vez que llamo al instructor, pero no contesta. (*3*)
3 El equipo de baloncesto está en ………. posición. (*7*)
4 El partido se juega el jueves a ………. hora de la mañana. (*1*)
5 Llegar el ………. en un maratón es un buen resultado. (*10*)
6 Rubén estaba muy contento de haber marcado el ………. gol. (*2*)
7 El espíritu de equipo es el ………. paso para ser buen deportista. (*1*)
8 Aunque somos los ………., no nos han eliminado todavía. (*6*)

6 Mira la foto y prepara unas respuestas detalladas a las siguientes preguntas. Después, con tu compañero/a, túrnate para practicarlas.

1 Describe la imagen, por favor.
2 ¿Cómo es el equipo que llevan?
3 ¿Qué deportes practicarás tú la semana que viene?
4 ¿Qué opinas del rugby como deporte? ¿Por qué?
5 En tu opinión, ¿es importante tener espíritu de equipo? ¿Por qué?

7 Escribe una entrada en un blog sobre deportes. Debes mencionar:

- qué deportes practicas (en orden de preferencia: primero, segundo, tercero…)
- cuándo los practicas y por qué te gustan
- por qué es bueno practicar deportes
- qué deportes practicabas cuando eras pequeño/a.

Vuelo

4D.2 ¡Eres el mejor jugador de la historia!

★ **Hablar sobre iconos del deporte**
★ **El superlativo**

Mi futbolista favorito

Se llama Francisco Román Alarcón Suárez, pero todos le llaman Isco. Es de Málaga y no llega a los treinta años. Lo 1 ………… desde que jugaba en el Valencia, cuando estaba de reserva, y luego lo vi 2 ………… dentro del Málaga. En mi opinión, hacía muchísimo que merecía ir al Madrid (el equipo más famoso), así que para mí no fue una sorpresa. Estoy convencido de que tiene un magnífico 3 ………… por delante con muchos premios y medallas. ¡Ya ganó el Golden Boy!

Isco

Por qué le admiro tanto

Aunque es menos 4 ………… que Ramos o Casillas o muchos otros, también es el más joven. Yo creo que va a ser un futbolista muy famoso, porque tiene cualidades buenísimas. Es fuerte, 5 ………… y un excelente medio campista. Además, siempre muestra 6 ………… en el campo y eso me encanta. Por otro lado, tiene un gran sentido del humor. ¿Sabéis que tiene un perro que se llama Messi?

En las redes sociales

Como casi todas las estrellas, Isco utiliza las redes sociales para comunicarse con su público y sus admiradores. Presentó a su hijo en Instagram y su novia lo hizo por medio de Twitter. Seguro que tiene muchos seguidores, pues hay muchos 7 ………… al fútbol.

Planes de futuro

Isco no sabe en qué equipo se quedará, pero lo importante es que varios clubs han mostrado interés en él. De momento, quiere seguir mejorando y disfrutar de su nueva familia. Confío en que siga siendo el mejor en muchos partidos.

Bueno, ya me contaréis qué 8 ………… os gustan. Yo ahora estoy cansadísimo, pero me voy al polideportivo a correr. A ver si un día puedo llegar a ser como Isco…

1 a Lee la página web y escribe la palabra adecuada del recuadro para rellenar los espacios. ¡Atención! Hay palabras que no necesitas.

aficionados	espíritu de equipo	bicicleta	*sigo*
al aire libre	rápido	futuro	pelota
conocido	prosperar	deportistas	

Ejemplo: 1 sigo

1 b Haz una lista de vocabulario con las palabras útiles del texto. Tradúcelas a tu idioma y apréndelas. Añade más palabras útiles de la sección de vocabulario.

2 a Deportistas extraordinarios. Escucha. Para cada pregunta elige la letra correcta.

Ejemplo: 1 B

1 La primera persona ha marcado … goles durante su vida profesional.
  A 1.210
  B 1.220
  C 220
  D 112

2 La segunda persona que habla tiene dos…
  A nacionalidades.
  B deportes.
  C niños.
  D derechos.

3 La tercera persona que habla mide…
  A 100m.
  B 200m.
  C 1m.
  D 2m.

4 A la tercera persona le encanta…
  A cantar y bailar.
  B la música y bailar.
  C coser y cantar.
  D saltar y leer.

5 La cuarta persona habla de … de una competición en 1982.
  A la gran felicidad
  B la terrible dificultad
  C la sorprendente fama
  D la escasa debilidad

6 La cuarta persona llegó a la meta…
  A muy débil.
  B bastante contenta.
  C enfadadísima.
  D con una rodilla rota.

2 b Escucha de nuevo. Haz una lista de vocabulario con las palabras útiles de la grabación. Tradúcelas a tu idioma y apréndelas. Añade más palabras útiles de la sección de vocabulario.

3 Los superlativos. Consulta el punto D4 en la sección de gramática. Usa superlativos para completar las frases.

Ejemplo: 1 la más joven
  1 Serena Williams es ………. (*joven*) de cinco hermanas.
  2 En mi opinión, Rafa Nadal es ………. (*bueno*) tenista del mundo.
  3 Julie Moore debió llegar a la meta ………. (*cansada*).
  4 De los iconos del deporte, Pelé es posiblemente ………. (*conocido*).
  5 ¿Es Usain Bolt ………. (*rápido*) de los deportistas?
  6 En mi opinión, Kathrine Switzer era la mujer ………. (*valiente*) de su época.
  7 El domingo es el día ………. (*divertido*) porque hay muchos partidos.
  8 Varios de los deportistas famosos son ………. (*guapos*).

4 Trabaja con un compañero/a. Haz y contesta las siguientes preguntas.
  1 ¿Haces ejercicio con frecuencia? ¿Por qué?
  2 ¿Qué cosas son importantes para ti en un deportista? ¿Por qué?
  3 Háblame de un icono del deporte al que admiras.
  4 ¿Cómo influyen las redes sociales en el deporte?

5 Escribe una entrada de entre 130 y 150 palabras en español en tu blog sobre una persona del mundo del deporte que es un modelo a imitar. Debes mencionar:
  ● sus datos personales principales (origen, edad, deporte, medallas, etc.)
  ● por qué admiras a este deportista
  ● qué dijeron de él/ella la semana pasada en las redes sociales
  ● sus planes para el futuro.

4E Accidents and injuries

Despegue

4E.1 Estoy muy mareado a causa del golpe

★ **Hablar sobre accidentes deportivos**
★ **Los cuantificadores [muy, bastante, poco, mucho]**

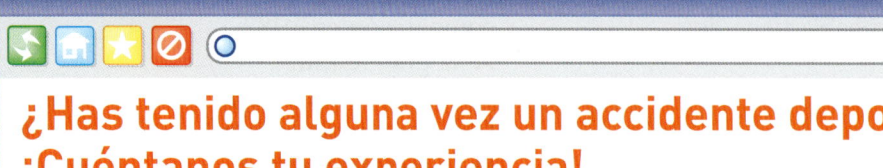

¿Has tenido alguna vez un accidente deportivo? ¡Cuéntanos tu experiencia!

Hug37: El verano pasado me rompí un brazo haciendo surf. Había mucho viento y me choqué contra otro surfista... Otro día, muy caluroso, estaba jugando al tenis. No bebí suficiente agua y me encontraba muy débil. Empecé a vomitar y no podía ponerme de pie... ¡Voy a dejar de hacer deporte!

Emi84: El fin de semana pasado estaba en el polideportivo. De repente, llegó una pelota de tenis de la pista de al lado y me golpeó el ojo izquierdo. Iba a bastante velocidad. ¡Me hizo mucho daño! Me pusieron un vendaje. Todavía tengo el ojo un poco hinchado, pero estoy fuera de peligro...

VictVi03: Pues yo una vez me caí de la bicicleta y me di un golpe en la cabeza. Estaba muy mareado y me caí al suelo. Mis amigos llamaron rápidamente a los Servicios de Emergencias Médicas. Y el invierno anterior en los Alpes me torcí un pie esquiando. Fue un golpe inesperado; había mucho hielo...

----

1 a Lee las entradas del foro. Empareja las frases con la persona apropiada. Escribe H (Hug37), E (Emi84) o V (VictVi03). ¡Ojo! Es posible que unas afirmaciones tengan más de una inicial o ninguna (–).

Ejemplo: 1 H

   1 No debo hacer deporte con temperaturas muy altas.
   2 El accidente ocurrió cuando era pequeño.
   3 Yo tuve un accidente haciendo ciclismo.
   4 Estoy lesionado porque la pelota venía muy rápido.
   5 Hay que beber mucho cuando se hace deporte.
   6 La superficie era muy peligrosa y me caí.
   7 Tengo un ojo más grande que otro.
   8 Tuve un accidente con otro deportista.

1 b Escribe una lista de vocabulario con las palabras útiles del texto. Tradúcelas a tu idioma y apréndelas. Consulta la sección de vocabulario o un diccionario para encontrar más adjetivos útiles.

2 Escucha a Lola, fisioterapeuta, hablar sobre accidentes deportivos. Escribe las siguientes afirmaciones en orden según lo que escuchas.

Ejemplo: 1 f

a Romperse las piernas o brazos es uno de los accidentes más habituales.
b El periodista pregunta qué lesiones pasan más a menudo.
c Si alguien sangra mucho, hay que contactar con Urgencias rápidamente.
d Cuando la gente no bebe mientras hace deporte, se marea.
e La gente se rompe algo al hacer estos tres deportes.
f El periodista da la bienvenida a Lola.
g Los golpes con ciertas pelotas pueden ser muy graves.
h Si hay un movimiento que no esperas, te puedes torcer el pie.

3 Los cuantificadores. Consulta el punto L en la sección de gramática. Elige el cuantificador correcto para completar las frases.

Ejemplo: 1 bastante

1 Sangraba *bastante / muy / tanto* cuando me caí esquiando.
2 Ayer se dio un golpe *poco / muy / mucho* fuerte en la piscina.
3 No nos permiten hacer judo. Somos *mucho / poco / demasiado* pequeños.
4 Hay *bastante / muy / muchas* tiritas en el armario de la enfermería.
5 Tenemos *pocos / muy / bastante* dolor tras el partido de tenis.
6 Me torcí el pie corriendo y me llevaron a Urgencias *mucho / poco / muy* rápidamente.
7 Le pusieron un vendaje *demasiado / poco / mucho* malo.
8 Tiene un golpe *pocos / mucho / bastante* grave en el ojo derecho.

4 Mira la foto y prepara unas respuestas detalladas a las siguientes preguntas. Después, con tu compañero/a, túrnate para contestar a todas las preguntas.

1 Describe la imagen, por favor.
2 ¿Qué deporte crees que estaban practicando? ¿Por qué?
3 ¿Qué crees que le pasa a la persona con la camiseta amarilla?
4 ¿Qué opinas que pasará en las próximas horas?
5 ¿Has sufrido alguna vez un accidente deportivo? Descríbelo.

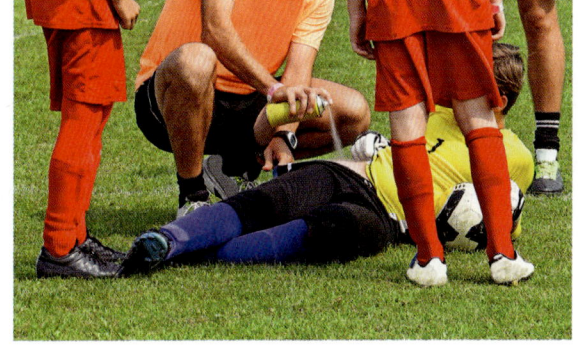

5 Escribe entre 60 y 75 palabras en español sobre 'Una vez estaba haciendo deporte y…'. Debes utilizar todas las palabras mencionadas.

el vendaje	vomitar	respirar	hacerse daño

Vuelo

4E.2 Todavía siento dolor en la rodilla

★ **Hablar sobre cómo tratar lesiones deportivas**
★ **Las preposiciones**

Accidentes deportivos

Néstor: Cuando tenía diez años, me caí esquiando. Me rompí la pierna y estuve tres meses en el hospital. Tras varias operaciones, me recuperé. Para mí lo más difícil fue acostumbrarme a andar con muletas. Desde aquella caída, siento la pierna derecha muy débil y tengo que tener cuidado cuando corro o monto en bici. Además, cuando cambia el tiempo, el dolor es más fuerte.

Beatriz: Mi peor lesión ocurrió de una forma muy tonta. Y la razón era que no tenía el equipo adecuado. Mis amigos estaban jugando al fútbol en el patio del colegio. Yo ya me marchaba a casa, pero me quedé a jugar con ellos mientras esperaba a mis padres. Llevaba unos pantalones vaqueros y unas sandalias. De repente, puse mal el pie y me caí al suelo. Me llevaron a Urgencias y me pusieron un vendaje. Lo tengo que lavar a menudo y es incómodo para vestirme. Además, ya no puedo practicar ningún deporte.

Eduardo: En mi caso, yo me estaba entrenando para un maratón. Siempre me ha gustado el deporte y estoy en forma, pero creo que me sentía demasiado seguro de mí mismo. Un día salí a correr. No tenía mucho tiempo y no hice ningún tipo de calentamiento. A los tres kilómetros me sentí muy mareado y tenía ganas de vomitar. Me dolía todo el cuerpo y me tuvieron que llevar al hospital. Fue así como descubrieron que tengo las rodillas muy débiles. El médico no me deja correr más de 20 km, así que nunca podré correr un maratón…

1 a Lee las anécdotas en la revista. Escribe V (Verdad), M (Mentira) o N (No se menciona) para cada frase. Corrige las afirmaciones falsas.

Ejemplo: 1 V

   1 Néstor tuvo un accidente en la nieve.
   2 Pasó medio año en el hospital.
   3 Ahora Néstor puede montar en bici normalmente.
   4 Beatriz no llevaba la ropa ni los zapatos apropiados para jugar al fútbol.
   5 En Urgencias le pusieron una tirita.
   6 El vendaje que lleva Beatriz es muy molesto.
   7 El sueño de Eduardo de correr un maratón no podrá cumplirse.
   8 Eduardo dudaba de su condición física.

1 b Haz una lista de vocabulario con al menos 10 palabras o expresiones del texto relacionadas con accidentes deportivos. Tradúcelas a tu idioma y apréndelas. Añade más palabras útiles de la sección de vocabulario.

Ejemplo: Me caí esquiando

2 Medallas paraolímpicas. Escucha esta conversación con un deportista paraolímpico. Escoge la letra correcta para cada frase.

A aburrido	**D** asma	**G** premios	**J** lengua	**M** *ciego*
B medallas	**E** paraolímpico	**H** español	**K** lamenta	
C vista	**F** libro	**I** fuerte	**L** campeones	

Ejemplo: 1 M

1 A los ocho años Enhamed se quedó…
2 Enhamed progresó muchísimo desde que perdió la…
3 Enhamed es considerado el mejor nadador…
4 Ha participado en olimpiadas y ganado varias…
5 Enhamed piensa que todos podemos llegar a ser…
6 Su amigo le admira también porque ha escrito un…
7 Enhamed está ciego, pero no lo…
8 Enhamed piensa que ser ciego le ha hecho más…

Enhamed y sus medallas paraolímpicas

3 Las preposiciones. Consulta el punto P2 de la sección de gramática. Elige la preposición correcta para completar las frases.

Ejemplo: 1 Iba a 37 km por hora cuando me caí de la bici.

1 Iba *de / a / en* 37 km por hora cuando me caí de la bici.
2 Me sorprendió ver a mi profesor *para / de / sobre* tenis en el hospital.
3 Querían jugar al fútbol, pero no tenían ropa *en / para / de* deporte.
4 Los deportistas lesionados salen *por / en / a* la puerta trasera.
5 Como me he roto la pierna, mi hermano va a jugar *sobre / por / con* mí.
6 La media maratón paraolímpica empieza *a / en / con* las nueve.
7 Tus compañeros de equipo han preparado una tarjeta *por / para / sobre* animarte.
8 Si quieres, le puedo prestar mis muletas *sobre / a / de* tu madre.

4 a Trabaja con tu compañero/a. Mantén una conversación utilizando las siguientes preguntas.

1 ¿Has tenido alguna vez un accidente deportivo? ¿Qué te pasó y por qué?
2 ¿Cómo te afectó después?
3 ¿Continúas practicando ese deporte? ¿Por qué (no)?
4 Describe un accidente deportivo y explica cómo afectó a la persona en los meses/años siguientes.
5 En tu opinión, ¿qué deporte es el más arriesgado y por qué?

4 b Ahora túrnate y cambia los papeles.

5 Escribe un artículo para una revista deportiva. Debes mencionar:
- una estrella del deporte a la que admiras y por qué
- un accidente deportivo que ha tenido
- cómo afectó su vida ese accidente
- tu experiencia con un accidente (real o imaginario)
- lo que tú harás para evitar tener un accidente deportivo.

The world of work

Despegue

4F.1 Cómo entrar en el mercado laboral

★ **Hablar sobre los distintos tipos de trabajos y carreras**
★ **Pronombres interrogativos precedidos de preposición (2)**

Cómo se gana la vida en nuestro círculo de familiares y amigos

Aquí os explico en qué trabajan nuestra familia y nuestros amigos.

¿Sabéis con quién trabaja Arturo, mi hermano? ¡Con algunos de los futbolistas y atletas más famosos del mundo! Siempre quiso ser árbitro y ahora ese es su trabajo. Al principio, verlo en la televisión era divertido. Ahora nos hemos acostumbrado.

Mi padre

Mi papá está jubilado, pero ¿sabéis en qué trabajó durante toda su vida? Fue marinero militar. Sus estudios fueron bastante difíciles porque hizo la carrera de ingeniería ya como militar. Pasaba mucho tiempo fuera de casa, así que ahora estamos muy contentos de que no trabaje.

Y mi prima Sandra… Ella trabaja de basurera. Quiere ser abogada, pero trabaja los fines de semana para ahorrar. No le gusta limpiar la basura de los demás. ¿Con qué disfruta más? Disfruta hablando con gente que no conoce de nada. Así aprende mucho de la vida, como le dice su padre. Su sueño es defender a los más débiles.

Mi amigo Alberto es médico. Estudió medicina en Sevilla. Llegar a ser médico no ha sido fácil. Ha estudiado muchas horas. ¿De qué se lamenta? De nada, porque le gusta ayudar a los demás y porque ahora tiene un buen trabajo. Vive tranquilo y tiene suficiente dinero para su familia.

La próxima semana os contaré la historia de mis tres hermanas: Carmen (arquitecta), Silvia (actriz) y Esther (peluquera). ¡Hasta pronto!

(Escrito y editado por Francisco)

1 Contesta las preguntas en español basándote en el texto. Escribe la letra correcta.

A mayor	**E** arquitecto	**I** fuertes	**M** informando
B cómoda	**F** desempleado	**J** esfuerzo	
C dinero	**G** inteligentes	**K** ausente	
D televisión	**H** *conocidos*	**L** limpiando	

Ejemplo: 1 H

1 Arturo trabaja con deportistas muy…
2 Con la profesión de Arturo se sale a menudo en la…
3 El padre de Francisco no trabaja porque es…
4 La desventaja de tener un padre marinero es que continuamente está…
5 Sandra trabaja los sábados y domingos…

6 A Sandra le gustaría proteger a los menos…
7 Alberto no se queja porque lleva una vida…
8 Para ser médico, Alberto ha dedicado mucho…

2 Vas a oír la experiencia de cuatro jóvenes que han hablado con su orientador sobre su carrera profesional. Lee las siguientes afirmaciones e indica si son verdaderas (V) o falsas (F). ¡Atención! Hay cuatro que son verdaderas y cuatro falsas.

Ejemplo: 1 F

Alice
1 Alice está interesada en carreras poco artísticas.
2 Alice quizá estudie historia del arte, arquitectura o diseño gráfico.
Gabriel
3 Gabriel disfruta leyendo y estando informado.
4 A Gabriel le convienen las profesiones nocturnas.
Miriam
5 Miriam tiene claro que no irá a la universidad.
6 A Miriam le han recomendado puestos de portera, cocinera o cajera.
César
7 César no tiene mucha habilidad para montar y desmontar cosas.
8 César no tiene interés en trabajar de voluntario este verano.

3 a Pronombres interrogativos precedidos de preposición. Consulta el punto H2 en la sección de gramática. Usa los pronombres interrogativos *qué* o *quién* para completar las frases.

Ejemplo: 1 qué

1 ¿A …….. clase tengo que ir?
2 ¿De …….. te vas a examinar tú?
3 ¿Con …….. van a hacer las prácticas?
4 Me gustaría saber para …….. tengo que hablar con el director.
5 ¿De …….. es la idea de que tengo que ser actriz o bailarina?
6 ¿Para …….. estudié ingeniería? ¡No me gusta nada!
7 ¿Por …….. no trabajas para una organización benéfica?
8 ¿Para …….. sirve trabajar los fines de semana?

3 b Ahora busca cuatro ejemplos de preposiciones seguidas de un pronombre interrogativo en el texto del ejercicio 1. Escríbelos y tradúcelos a tu idioma.

Ejemplo: ¿Sabéis con quién…?

4 Escribe una breve redacción explicando:
● en qué trabaja alguien de tu familia u otra persona que conozcas
● qué sabes de su experiencia
● a qué te gustaría dedicarte
● por qué elegirías esa profesión.

5 Trabaja con tu compañero/a. Haz y contesta las siguientes preguntas.
● ¿Cuáles son tus planes para el próximo curso escolar?
● ¿Te gustaría estudiar en la universidad o no? ¿A qué universidad te gustaría ir y por qué?
● ¿Crees que es difícil para los jóvenes encontrar trabajo? ¿Por qué?
● Después del colegio, ¿en qué quieres trabajar? ¿Por qué?

vuelo

4F.2 Mi madre quiere que sea periodista

★ **Hablar sobre aspiraciones profesionales**
★ **El presente de subjuntivo en oraciones subordinadas (deseo, orden, petición, emoción)**

Siempre he querido ser 1 ...., porque me parece una profesión muy completa. Combina muchas cosas interesantes como la ingeniería, el diseño, el arte, las matemáticas, la física, la naturaleza… Además, soy creativa e innovadora y me encanta 2 .... Es una profesión que está bien 3 ....; tiene la ventaja de que puedes montar tu propio 4 ....

Es cierto que mi padre quiere que sea contable y mi madre desea que sea periodista. Sin embargo, desde que conocí la casa de Horta, los muebles de Mackintosh o los puentes de Calatrava, sabía el camino que iba a tomar mi vida 5 .... Y eso sin hablar de la arquitectura de la época griega o romana.

Si no estás seguro de qué 6 ...., pide a tus padres y profesores que te aconsejen qué 7 .... Yo he pedido una plaza en una conocida 8 .... Espero que me digan pronto si me han aceptado. Me preocupa que esté ya completo el curso.

1 Lee la página web y escribe la palabra adecuada del recuadro para rellenar los espacios. ¡Atención! Hay palabras que no necesitas.

formación	dibujar	estudiar	*arquitecta*	dueño	profesional
pagada	elegir	imprimir	universidad	negocio	cualificado

Ejemplo: 1 arquitecta

2 ¿Qué quieren ser? Escucha lo que dicen estos estudiantes (Pablo e Inés) sobre sus planes de futuro. Para cada pregunta elige la letra correcta.

Ejemplo: 1 D

1 Cuando Pablo pregunta a Inés qué quiere hacer en el futuro, ella…
  A está confusa.
  B dice que lo que quieran sus padres.
  C dice que le gusta cocinar.
  D sabe exactamente lo que quiere.

2 El novio de Inés le pide que haga unas prácticas…
  A de periodismo.
  B para ser azafata.
  C de peluquería.
  D para ser policía.

3 El sueño de Inés es…
  A cuidar niños pequeños.
  B hacer cursos de formación.
  C tener más tiempo libre.
  D ser voluntaria.

4 Inés no da clases de formación porque…
  A no le interesa la tecnología.
  B no tiene ganas.
  C está demasiado ocupada.
  D no se siente preparada.

5 A Pablo le encantaría…
  A tener la misma profesión que su tío.
  B ser electricista.
  C ser fontanero.
  D ser ingeniero como sus padres.

6 Pablo va a pedir a su tío que le…
  A dé un buen sueldo.
  B deje ser camarero.
  C proteja.
  D ayude.

3 a Usos del subjuntivo. Consulta el punto N13 en la sección de gramática. Corrige las palabras (a)–(j). Deben estar de acuerdo con la frase. ¡Ojo! No es siempre necesario cambiar las palabras.

Ejemplo: a excelente

A mí me parece que toda mi familia quiere opinar de lo que vamos a hacer los más jóvenes de la familia. Mi tío piensa que mi prima Carla sería una maestra (a) ………. [excelente]. Sin embargo, el novio de Marta quiere que (b) ………. [trabajar] en una guardería (c) ………. [cercano] a su casa. Mis abuelos quieren que todos sus nietos (d) ………. [estudiar] en una universidad (e) ………. [famoso]. Mi hermano Tom está preocupado de que no le (f) ………. [aceptar] en la Escuela de Pilotos, pero mis padres tienen miedo de que (g) ………. [tener] un accidente. Sin embargo, mis primos pequeños quieren que Tom (h) ………. [ser] policía y les (i) ………. [llevar] en su moto. Y nosotros pensamos que somos jóvenes (j) ………. [inteligentes] y que podemos decidir solos.

3 b Ahora busca cuatro ejemplos del subjuntivo en la página web del ejercicio 1. Escríbelos y tradúcelos a tu idioma.

Ejemplo: Mi padre quiere que sea…

4 Escribe 130-150 palabras en español. Escribe una entrevista imaginaria a una persona joven que admiras y que llegó a ser lo que quería. Debes mencionar:
- cuál es su pasión y cuándo se dio cuenta
- qué profesión querían sus padres para él/ella
- qué hizo al final
- qué planes tiene para el futuro.

5 Mira la foto y prepara unas respuestas detalladas a las siguientes preguntas. Después, con tu compañero/a, túrnate para practicarlas.

1 Describe la imagen, por favor.
2 ¿Cómo crees que se siente esta joven? ¿Por qué?
3 ¿En qué va a trabajar y cómo lo sabes?
4 ¿Qué querrías hacer en el futuro? ¿Por qué?
5 ¿Qué quieren tus padres que hagas en el futuro? ¿Estás de acuerdo? ¿Por qué (no)?

4G Future plans

4G.1 Me gustaría ser artista

Despegue

★ **Hablar de educación y formación adicional**
★ **El condicional**

V

1 Empareja las imágenes (1–6) con las habilidades del recuadro. ¡Atención! Hay más habilidades que imágenes.

Ejemplo: 1 saber idiomas

tratar con los clientes	usar el ordenador	ayudar a la gente
saber idiomas	diseñar	conducir
hablar en público	ser bueno para los negocios	

1

2

3

4

5

6

2 Contesta las preguntas en español basándote en el texto. Escribe la letra correcta.

A lingüísticas	**E** cocina	**I** diseñador	**M** sociable
B paga	**F** informática	**J** carretera	
C *banco*	**G** mecánicas	**K** académicos	
D hospital	**H** boxeador	**L** ricos	

Ejemplo: 1 C

1 Pedro necesita muchas habilidades para trabajar en un…
2 Teresa va a aprender…
3 Adrián tendrá que competir para triunfar como…
4 Es probable que Paquita trabaje en un…
5 A Ruth, Alberto y Zoe les gustaría llegar a ser…
6 A veces se subestiman las habilidades…
7 Lucas seguramente pasará muchas horas en la…
8 El trabajo de cajera es ideal para Marisol porque es muy…

¿En qué trabajarían nuestros compañeros de clase?

A Pedro, si tú haces las prácticas laborales, podrías ser banquero. Hay que manejar bien el dinero, ser bueno para los negocios y calcular con facilidad. Además, ¡tienes que tolerar muy bien el estrés!

B Teresa, como vas a trabajar de secretaria este verano, aprenderás a usar el ordenador y también a escribir cartas, mandar correos electrónicos y hablar por teléfono. ¿Te gusta la idea?

C Si Adrián es artista, va a diseñar ropa muy moderna y elegante. Seguramente necesitará tener mucha imaginación e ideas originales para ser diferente. ¡Hoy en día, el mundo del diseño es muy exigente!

D Como a Paquita le encantaría ayudar a la gente, quiere ser enfermera. Es muy amable y simpática y eso es importante para esa profesión. También tiene que pasar algunas noches despierta. ¡Debe ser muy cansado!

E Ruth, Alberto y Zoe deberían aprender a hablar en público; quieren ser profesores de universidad. Tendrán que habituarse a ser muy pacientes, trabajadores y serios, pero … ¡no demasiado!

F Para encontrar trabajo más fácilmente, todo el mundo debería saber idiomas. El inglés es muy importante, el español se habla en muchos lugares y el italiano es precioso. ¡Lo más difícil es aprender idiomas rápido!

G Lucas, si quieres ser taxista, yo te recomendaría aprender a conducir ya. Así, también puedes considerar otros trabajos como conductor de autobús (o camión), repartidor de pizzas o chófer.

H Marisol seguramente trabaja de cajera en aquel supermercado. Le gusta tratar con los clientes, no le importa trabajar el fin de semana y, además, así puede ganar algo de dinero de bolsillo. Perfecto.

 3 Vas a oír a dos jóvenes, Karina y Leo, hablar de sus planes de futuro. Contesta a las preguntas en español.

Ejemplo: 1 (Le gustaría ser) piloto.

1 ¿Qué le gustaría ser a Karina?

2 ¿Qué le gustaría hacer a Karina este verano?

3 Antes de aprender a volar, ¿cuál debería ser la prioridad de Karina?

4 ¿Qué actividades haría Karina en un año sabático?

5 ¿Qué pasatiempos le gustan mucho a Leo? [3]

6 ¿Qué cree Leo que debería estudiar?

7 ¿Por qué está contento Leo?

8 ¿Por qué sería cansado el trabajo?

 4 El condicional. Consulta el punto N8 de la sección de gramática. Corrige las palabras (a)–(j). Deben estar de acuerdo con la frase. ¡Ojo! No es siempre necesario cambiar las palabras.

Ejemplo: (a) trabajaría

Esta mañana me preguntaba dónde (a) [trabajar] de mayor… Si decido vivir en un país (b) [extranjero], (c) [gustar] mucho aprender idiomas. Esa experiencia (d) [ser] muy útil, sobre todo si trabajo en investigación (e) [académico] con relación a la traducción. Sin embargo, también me encanta el diseño (f) [industrial] y en un estudio de arquitecto (g) [sentirse] feliz. Como para ir a nuestra universidad (h) [preferido] hace falta ahorrar, por ahora mis amigos y yo (i) [necesitar] un trabajo de fin de semana. ¿Usted nos (j) [ofrecer] un puesto?

 5 Trabaja con un(a) compañero/a de clase.

- ¿Qué te gustaría hacer en el futuro?
- ¿Qué habilidades te harán falta?
- ¿Qué tipo de formación necesitarías?
- ¿Tienes interés en trabajar mientras estudias? ¿Por qué (no)?

 6 Escribe entre 60 y 75 palabras en español sobre tus planes de futuro más inmediatos. Debes utilizar todas las palabras mencionadas.

| hacer prácticas | ahorrar | cansado | chófer |

vuelo

4G.2 Cuando termine la carrera...

> ★ **Hablar de lo que quieres ser y estudiar**
> ★ **Presente de subjuntivo de los verbos regulares (después de *cuando, para que, es posible que*)**

En uno de aquellos días, el marinero pasó en la capital algunas horas. Al volver, puso sobre la mesa del comedor unos paquetes. Narcisa corrió a ver las elegantes telas de finos colores. Muy amable, dijo a su hermano Fernando:

– Has hecho compras, ¿eh?

Y él, sonriente, respondió:

– Sí, unos trajes para Carmencita. Es posible que yo mismo avise a la modista de Villazón. Vendría mañana para que la niña elija modelos.

Fernando miró hacia Carmen, inmóvil y maravillada, para decirle:

– ¿Te gustan los colores? – le preguntó mientras abría las telas.

La muchacha no se atrevía a responder ni casi a mirar.

Él se acercó afectuoso y la obligó a levantar la cabeza, cogiéndole con la mano suavemente la redonda cara.

–¿No te he dicho que mientras yo esté en Rucanto no debes tener miedo de nada? Te lo repito para que no lo olvides.

Carmen tenía los ojos llenos de lágrimas y se sentía confusa. Con sinceridad infantil preguntó:

– Y ¿estarás aquí mucho?...

El marinero, siempre sereno, sintió una verdadera emoción de compasión y de afecto. La estaba mirando a los preciosos ojos, cuando contestó:

– Estaré... todo el tiempo que tú quieras...

– Entonces, siempre...

– Pues... siempre... Ya sabes tú que te quiero mucho, ¿verdad?...

– Sí… Y... otra pregunta. Cuando sea mayor, ¿puedo ser marinero como tú o, si no, modista?

Adaptado de La Niña de Luzmela *por Concha Espina*

1 Lee este fragmento de *La Niña de Luzmela*. Carmen es huérfana y Fernando, un marinero, se ocupa de ella. Señala si las afirmaciones son verdaderas (V) o falsas (F). Si son falsas, escribe una frase en español para corregirlas. ¡Atención! Hay cinco afirmaciones que son verdaderas y tres afirmaciones que son falsas.

Ejemplo: 1 F Narcisa corrió a examinar las elegantes telas.

1 A Narcisa no le interesaban los paquetes de Fernando.
2 Es posible que la modista venga mañana.
3 Fernando quiere que Carmen elija los modelos.
4 Carmen no estaba impresionada con la visita de Fernando.

5 Fernando conversa con Carmen para que le diga si le gustan los colores de las telas.

6 Cada vez que Fernando viene, trata a Carmen con mucho afecto.

7 Carmen quiere que Fernando se marche pronto.

8 A Carmen le gusta la profesión de Fernando y también la de modista.

2 ¿Oficios o carreras? Escucha esta conversación sobre las decisiones de los jóvenes. Copia la tabla e escribe en español los aspectos positivos y los aspectos negativos que mencionan. No necesitas escribir frases completas.

	Aspectos positivos	Aspectos negativos
Ejemplo: **Valentina**	1 tener claro lo que les gusta	2
Valentina	3	4
Mario	5	6
	7	8

3 a El presente de subjuntivo de los verbos regulares. Consulta el punto N13 en la sección de gramática. Usa el verbo en el subjuntivo para completar las frases.

Ejemplo: 1 cante

1 Cuando tu hermano .... (*cantar*) en público, se hará famoso.

2 Te voy a dar un buen sueldo, para que .... (*tener*) suficiente para tu formación.

3 Cuando usted .... (*hablar*) alemán, le podré ofrecer el puesto.

4 Intentaremos hacerle director para que .... (*ir*) a la oficina principal.

5 Cuando .... (*aprender*) a cocinar, podrá pensar en ser chef.

6 Es posible que .... (*saber*) francés, si trabajan en Canadá.

7 Cuando .... (*estudiar*) medicina, no tendrás mucho tiempo de salir.

8 Descansad todo el día para que .... (*aguantar*) el estrés del trabajo nocturno.

3 b Ahora busca ocho frases con ejemplos de subjuntivo en el texto del ejercicio 1. Luego tradúcelas a tu idioma.

Ejemplo: Es posible que yo mismo avise.

4 Escribe un informe para tu profesor(a) explicando tus planes para el futuro (130–150 palabras). Explica:
- qué carrera quieres estudiar
- qué vas a hacer para conseguir ese objetivo
- cómo crees que debe ser esa profesión/ocupación
- qué cualidades te hacen idóneo/a para esa carrera.

5 Responde a las siguientes preguntas con un(a) compañero/a de clase. Túrnate para preguntar y contestar a las preguntas.
- ¿Qué te gustaría ser?
- ¿Qué habilidades crees que necesitarás?
- ¿Cómo puedes aprenderlas?
- ¿Qué inconvenientes puede tener ese oficio/profesión?

Work, volunteering, careers

Despegue

4H.1 ¡Voy a coger un año sabático!

★ Hablar de trabajos temporales y de cogerse un año libre
★ Pronombres relativos (2)

1 Escribe el femenino de estos trabajos.

Ejemplo: la camarera

el camarero	el secretario	el recepcionista	el dependiente
el periodista	el cajero	el profesor	el cartero

Quiero cogerme un año sabático, pero para eso tengo que trabajar… He preguntado a mi familia y amigos qué trabajos hacían ellos de jóvenes. Mi madre trabajó de niñera cuidando a una niña que tenía dos años. Mi padre fue profesor de esquí; lo que más le gustaba era trabajar al aire libre. Mi tía Adela hacía de recepcionista; en el hotel en el que trabajó había solamente tres habitaciones. El chico con el que salía Adela se ganaba su dinero de bolsillo como cajero, pero los fines de semana trabajaba de dependiente en una tienda cuyo dueño era millonario. Y a mi tío Alan le encantaba viajar en el autobús en el cual trabajaba como guía turístico. El chico que está en la puerta del restaurante es el camarero, así que voy a preguntar a ver si puedo hacer de ayudante en el mismo restaurante en el que trabaja él.

Amparo Reverte

2 Lee el artículo sobre trabajos temporales y escribe la letra correcta.

Ejemplo: 1 B

1 Amparo necesita trabajar para…
  A seguir una tradición familiar.
  B tener un año libre.
  C acostumbrarse a cuidar niños.
  D aprender nuevas habilidades.

2 A su padre le gustaba…
  A enseñar informática.
  B esquiar por la noche.
  C ganar dinero sin trabajar.
  D no trabajar en un sitio cerrado.

3 Adela era recepcionista en…
  A una gran empresa.
  B una cadena de restaurantes.
  C un hotel pequeño.
  D un negocio familiar.

4 El compañero de Adela tenía un jefe muy…
  A rico.
  B generoso.
  C interesante.
  D trabajador.

5 Su tío Alan trabajaba como…
  A director de un museo.
  B granjero en otro país.
  C chófer de autobús.
  D apoyo para los turistas.

6 Va a hablar con el trabajador del restaurante para pedir…
  A un café.
  B un favor.
  C un trabajo.
  D un ayudante.

3 Vas a oír a cuatro personas hablar sobre su año sabático. En cada frase hay algo que no corresponde a lo que dicen. Escucha y escribe la palabra correcta en español.

Ejemplo: 1 ~~dependienta~~ profesora de esquí

1 Marta va a trabajar de ~~dependienta~~.
2 Marta va a ganar un poco de peso.
3 Chema ha decidido coger un guía.
4 Chema está satisfecho con su conductor.
5 Andrea va a hacer de secretaria.
6 Andrea no va a ganar mucho, pero va a aprender portugués.
7 Rodrigo va a trabajar de dependiente en una tienda de robótica.
8 Rodrigo quiere encontrar un grupo con el que viajar.

4 a Pronombres relativos (2). Consulta el punto J en la sección de gramática. Lee las frases siguientes y reescribe cada grupo de dos frases en una sola frase, uniéndolas con las palabras entre paréntesis.

Ejemplo: Trabajo de dependiente en una tienda que está cerca de mi casa.

1 Trabajo de dependiente en una tienda. La tienda está muy cerca de mi casa. (*que*)
2 Soy el camarero del restaurante. La puerta del restaurante fue forzada. (*cuya*)
3 La niñera no está disponible. Te hablé de la niñera. (*de la que*)
4 Ese profesor vive en el barrio. El hijo del profesor es novelista. (*cuyo*)
5 Me llevo bien con mis compañeros. Puedo confiar en mis compañeros. (*en los que*)
6 La chica italiana no ha venido hoy. Trabajo con una chica italiana. (*con la que*)
7 Estoy decepcionado con el sueldo. El sueldo no es muy bueno. (*que*)
8 Me encuentro en esa oficina. Hay muchas plantas en esa oficina. (*en la que*)

4 b Ahora busca ocho ejemplos de pronombres relativos en el texto del ejercicio 2. Escríbelos (con el contexto) y tradúcelos a tu idioma.

5 Trabaja con tu compañero/a. Simula una entrevista de trabajo. Haz y contesta las siguientes preguntas. Después, cambia los papeles.
- ¿Cuáles son los trabajos que te gustan más? ¿Por qué?
- ¿Por qué estás interesado/a en trabajar aquí?
- ¿Cuánto tiempo libre tienes?
- ¿Cuáles son las tareas que preferirías hacer?

6 Escribe entre 60 y 75 palabras en español sobre si quieres cogerte un año sabático o no, y por qué. Debes utilizar todas las palabras mencionadas.

| dependiente | ganar | en casa | responsabilidad |

vuelo

4H.2 Me aconsejaron que hiciera trabajo voluntario

★ **Hablar sobre voluntariado en relación al futuro profesional**
★ **El imperfecto de subjuntivo**

1

Santiago (Chile) ¿Tienes talento, como escritor pero no un trabajo estable? Si pudieras dedicar unas horas de tu tiempo a nuestro periódico, tendrías la posibilidad de obtener un puesto fijo tras seis meses como voluntario. Horario: 5:00 – 12:00. (Si no te gustaba que tu madre te despertara temprano, este trabajo no es para ti.)

2

Ávila (España) Si tienes tiempo libre y te gusta la lectura y la música, únete a nuestro equipo de voluntarios. Por ejemplo, si nos visitaras un viernes, podrías ayudarnos a leer los cuentos favoritos de los niños en una guardería. También les enseñamos a usar distintos tipos de instrumentos.

Aviso: Es imprescindible ponerse en contacto por carta. Si llamas en lugar de escribir, se rechazará inmediatamente tu solicitud.

3

Costa Rica Se buscan jóvenes interesados en jardinería y en el aire libre, para colaborar en la creación de zonas verdes en barrios desfavorecidos. Importante: Quisiéramos contar solamente con personas muy comprometidas con el medio ambiente.

4

Salta (Argentina) Buscamos estudiantes serios y responsables para atender y educar a niños de la calle. Se requiere interés en la enseñanza y empatía con los más pequeños. Sería recomendable que los candidatos miraran los precios de los vuelos antes de ofrecerse.

5

Haití Se necesita urgentemente personal voluntario con buena forma física para transportar cajas con alimento y medicamentos en situaciones de emergencia. Es imprescindible tener carné de conducir para camiones. Aviso: Ven con ganas de trabajar como si fueras una máquina.

6

Dublín (Irlanda) Si eres un enamorado del teatro y te gusta aprender de los mayores, hazte voluntario. Visitamos residencias de ancianos, donde representamos sus obras favoritas. El último día de cada mes les llevamos nuestra receta favorita y ellos comparten las suyas. ¡Ojalá pudieras unirte a nosotros!

1 a Lee los anuncios de la página web. Corrige los errores en estas frases. Escribe la palabra correcta.

Ejemplo: 1 ~~bailar~~ escribir

    1 Para solicitar el trabajo 1, tienes que saber ~~bailar~~ muy bien.
    2 No solicites el trabajo 1 si necesitas ganar mucho.
    3 En el trabajo 2 visitarías pastelerías todos los viernes.
    4 En el trabajo 2 no aceptan cartas para solicitar el puesto.

5 Con el trabajo 3 trabajarás en las zonas más ricas de la ciudad.

6 Si te interesa el trabajo 4, te tiene que gustar la contaminación.

7 Si no conduces autobuses, no solicites el trabajo 5.

8 Todos los que han solicitado el trabajo 6 deben ser muy buenos profesores.

1 b Escribe cuatro frases explicando qué trabajo elegirías y por qué. Fíjate bien en los requisitos y las características de cada puesto.

2 Viaje a Ecuador. Escucha esta conversación sobre el trabajo voluntario. Copia la tabla en tu cuaderno y escribe en español los aspectos positivos y los aspectos negativos que mencionan. No necesitas escribir frases completas.

	Aspectos positivos	**Aspectos negativos**
Ejemplo: Padre	1 Mercedes ya tiene trabajo	2
Padre	3 4	5
Madre	6	7 8

3 a El imperfecto de subjuntivo. Consulta el punto N13 en la sección de gramática. Localiza y escribe las siete formas del imperfecto de subjuntivo en las frases siguientes. Luego tradúcelas a tu idioma.

Ejemplo: 1 hiciera

1 Mis padres querían que hiciera trabajo voluntario.

2 Dudo de que comieran todo lo que les llevaron los voluntarios.

3 Si encontráramos estudiantes serios, los contrataríamos.

4 Todavía no estoy segura si quiero trabajar de voluntaria.

5 Trabajamos durante horas repartiendo mantas a los refugiados.

6 Si tuviera la oportunidad de trabajar de voluntario, aceptaría seguro.

7 No es que estuviese cansado de Cuba, pero ya quería volver a casa.

8 Vivieran donde vivieran esas gentes, se acercaban a ayudarles.

3 b Ahora busca seis ejemplos del subjuntivo en los anuncios del ejercicio 1. Escríbelos y tradúcelos a tu idioma.

Ejemplo: Si pudieras dedicar…

4 Mira la foto y prepara unas respuestas detalladas a las siguientes preguntas. Después, con tu compañero/a, túrnate para practicarlas.

1 Describe la imagen, por favor.

2 ¿Qué están haciendo estos jóvenes? ¿Por qué?

3 ¿A qué crees que se dedicarán estos jóvenes en el futuro?

4 En tu opinión, ¿están haciendo los jóvenes de la foto un buen trabajo? ¿Por qué (no)?

5 Si tuvieras la oportunidad de trabajar de voluntario, ¿qué harías?

5 Escribe una breve redacción sobre un trabajo de voluntario (real o imaginario) que te ayudaría a conseguir un puesto estable.

Despegue

4J.1 ¿Qué te parece la comunicación electrónica?

★ **Comprender y dar opiniones sobre la comunicación electrónica y la informática**

★ **Los comparativos:** *más / menos de* + número

1 Busca las palabras no relacionadas con la comunicación en estas listas de vocabulario.

Internet	la tableta	la red	el correo electrónico
informativo	el portátil	la red social	la página web
la lavadora	navegar	mandar	el árbol
el dispositivo electrónico	levantarse	compartir	

¿Eres adicto a la red? ¡Haz el test!

Más de un 90% de los jóvenes utiliza la red todos los días. ¿Estás entre ellos?   Sí ⬤   No ⬤

El típico joven de entre 15 y 18 años pasa más de 17 horas por semana navegando por Internet y siguiendo enlaces. ¿Estás entre ellos?   Sí ⬤   No ⬤

La mayoría de los jóvenes ya no ve la televisión con su familia. Prefieren ver películas o programas 'a la carta'. ¿Estás entre ellos?   Sí ⬤   No ⬤

Menos de un 30% de los jóvenes de entre 12 y 16 años habían chateado con alguien que no conocían. ¿Estás entre ellos?   Sí ⬤   No ⬤

Menos de un 5% comparten su nombre de usuario o contraseña con sus amigos o compañeros de clase. ¿Estás entre ellos?   Sí ⬤   No ⬤

Más de un 25% de los jóvenes que tienen perfil en una red social han experimentado algo perturbador. ¿Estás entre ellos?   Sí ⬤   No ⬤

Más de un 40% de los jóvenes dicen que se sienten más felices cuando están navegando por Internet. ¿Estás entre ellos?   Sí ⬤   No ⬤

Más de un 70% de los jóvenes declararon que no podían vivir sin Internet. Están siempre delante de la pantalla de un dispositivo ¿Estás entre ellos?   Sí ⬤   No ⬤

Menos de un 16% de los jóvenes piensan que la comunicación electrónica es siempre mejor que hablar con una persona cara a cara. Lo encuentran más inmediato y más rápido. ¿Estás entre ellos?

Sí ⬤   No ⬤

Un 40% de los jóvenes utiliza más de un dispositivo a la vez. ¿Estás entre ellos?   Sí ⬤   No ⬤

• **Entre 8 y 10 contestaciones 'Sí' – Chaval / Chavala, tienes un problema. Intenta pasar menos tiempo con tu ordenador y busca amistades reales.**

• **Entre 4 y 7 contestaciones 'Sí' – Tío / Tía, eres normal, no tienes por qué preocuparte pero tampoco debes olvidar que los amigos reales son los mejores.**

• **Menos de 3 contestaciones 'Sí' – Te gusta la red, pero no es tu vida. ¡Muy sano!**

2 a Haz el test. ¿Cuál es tu puntuación? Lee lo que dice sobre ti.

2 b Lee de nuevo el test. Para cada una de estas frases escribe la letra apropiada.

Ejemplo: 1 G

1 La ………. de los jóvenes utiliza Internet a diario.
2 Los jóvenes no ven tanto la ………. con sus padres.
3 A veces algunos jóvenes chatean con personas ………. .
4 Un cuarto de los jóvenes han encontrado algo ………. en la red.
5 Muchos jóvenes se sienten más ………. cuando navegan por Internet.
6 Para un 70% de los jóvenes Internet es algo ………. .
7 Algunos jóvenes utilizan dos dispositivos al ………. tiempo.
8 Si tienes una puntuación de 7 eres el usuario ………. .

A normal	**D** esencial	**G** *mayoría*	**J** mismo	**M** segundo
B contentos	**E** extranjeras	**H** minoría	**K** película	**N** televisión
C desconocidas	**F** interesante	**I** malo	**L** preocupante	**O** tristes

3 Escucha a Fatima y Mariano hablando sobre la comunicación electrónica. Lee las siguientes frases. Si son verdad para Fátima escribe (F), para Mariano (M) o para los dos (F/M).

Ejemplo: 1 F/M

1 Internet tiene muchas ventajas.
2 Aprendo muchas cosas que son útiles para mis deberes.
3 Para la gente mayor, usar Internet puede presentar problemas.
4 Alguna gente no tiene Internet en casa.
5 Puedo hablar fácilmente con los miembros de mi familia en otros lugares.
6 Me gusta mucho tener un perfil en las redes sociales.
7 Creo que es más personal hablar con la gente directamente o quedar para salir.
8 Me gusta también cuando alguien me escribe una carta.

4 a Los comparativos *más de* o *menos de* + número. Consulta el punto D1 en la sección de gramática. Completa las frases con *más de* o *menos de*. Traduce las frases enteras a tu idioma.

Ejemplo: 1 más de

1 Hay muchos ordenadores en mi colegio. Creo que hay ………. 150.
2 Hay pocos alumnos en mi clase que no tienen Internet en casa. Creo que hay ………. 10.
3 Tengo ………. 250 amigos en esta red social.
4 Esta tableta es una ganga. Cuesta ………. 100 euros.

4 b Escribe dos frases tuyas con *más de* + un número y dos con *menos de* + un número.

5 Mira la foto y prepara unas respuestas detalladas a las siguientes preguntas. Después, con tu compañero/a, túrnate para practicarlas.
1 Describe esta imagen.
2 ¿Qué dispositivos electrónicos utilizan?
3 ¿Qué harán estas personas más tarde?
4 En tu opinión, ¿las familias de hoy prefieren los ordenadores a hablar?
5 Háblame de las ventajas y desventajas de Internet.

Vuelo

4J.2 ¡Sanos y seguros en la red!

★ **Tratar cuestiones relacionadas con la seguridad en la red**
★ **Imperativo 1**

Cómo asegurar la seguridad para los jóvenes internautas

Sabemos que los niños aprenden con la exploración y la (1) .... natural. Sin embargo, el mundo no es siempre seguro y mientras están creciendo es importante educarles de manera que comprendan los (2) .... que hay en el mundo.

Cuando comprendan y tengan buenos instintos para navegar los potenciales peligros podemos permitir la independencia, pero antes tenemos que estar vigilantes. De niños les enseñamos a (3) .... la calle mirando por todas direcciones, y el uso de Internet no es diferente.

Hasta relativamente recientemente, la mayoría de las casas tenían un solo (4) .... familiar en el cual los padres podían introducir a sus niños a Internet y podían controlar sus actividades. Esta situación ha (5) ...., y ahora es muy común que cada miembro de la familia tenga acceso a (6) .... dispositivos.

Este cambio (7) .... que los padres ahora tienen otro problema más; no solo tienen que vigilar a sus hijos sino que tienen que (8) .... también para que actúen de manera responsable en línea.

He aquí unos consejos:

• <u>Empieza</u> el proceso de la educación a una edad temprana.

• <u>Toma</u> tiempo para enseñar a tus hijos los posibles peligros, pero también las enormes ventajas. Tiene que haber un equilibrio en lo que les dices.

• <u>Habla</u> de manera abierta con tus hijos, sin barreras, así podrás tener un diálogo con ellos.

• <u>No olvides</u> que los jóvenes de hoy son los llamados 'nativos digitales'. Nunca han conocido una época sin ordenadores.

• <u>No prohíbas</u> el uso de Internet. La educación siempre es mejor que la prohibición.
<u>No utilices</u> reglas y normas demasiado estrictas. Es normal experimentar.

1 a Lee la página web y escribe la palabra adecuada del recuadro para rellenar los espacios. ¡Ojo! No tienes que utilizar todas las palabras.

Ejemplo: 1 curiosidad

andar	dormitorio	necesidad	riesgos
cambiado	educarles	ordenador	significa
curiosidad	grandes	pensado	teléfonos
cruzar	múltiples	pero	vuelve

1 b Detective gramatical – Mira con cuidado las palabras subrayadas en la sección de consejos. ¿Puedes deducir la norma gramatical para formar imperativos informales? Traduce las palabras subrayadas a tu propio idioma.

2 a Imperativo 1. Consulta el punto (N15) en la sección de gramática. Dibuja y rellena la tabla con las palabras correctas que faltan.

Ejemplo: 1 no trabajes

Informal +	Informal – (no…)	Formal +	Formal – (no…)
trabaja	1	2	no trabaje
3	no comas	coma	4
ten	no tengas	5	6
7	8	ponga	no ponga

2 b Corrige las palabras (a)–(j). Deben estar de acuerdo con la frase. ¡Ojo! No es siempre necesario cambiar las palabras.

Ejemplo: a esenciales

Internet está aquí y no creas tú que vaya a desaparecer. He aquí tres consejos (a) [esencial] para ti, como joven internauta: Nunca (b) [quedar] con una persona que solo has conocido en línea. Siempre (c) [hablar] con un adulto si te encuentras en una situación (d) [difícil]. No (e) [poner] tus detalles personales en la red. Una vez allí están allí para siempre.

Pero no son solo los jóvenes los que (f) [correr] peligro en la red. Para ustedes los mayores tenemos también consejos: (g) [Guardar] ustedes siempre seguras sus contraseñas. No (h) [usar] ustedes un ordenador (i) [público] para hacer transferencias bancarias. (j) [Recordar] ustedes que a veces sus hijos sabrán más que usted, así que edúquese.

3 a Las redes sociales. Escucha lo que dicen Raúl y Natacha. Dibuja y rellena la tabla en español con los aspectos positivos y negativos que mencionan. No necesitas escribir frases completas.

	Aspectos positivos	Aspectos negativos
Ejemplo: Raúl	No te sientes solo	Obsesión
Raúl	1............................. .... 2.............................	3............................. ....
Natacha	4.............................	5............................. 6............................. ....

3 b Escribe cuatro consejos que darías a un amigo con los mismos problemas de Raúl.

4 Prepara unas respuestas detalladas a las siguientes preguntas y practícalas con tu compañero/a o en grupos.

1 Desde tu punto de vista, ¿qué deben aprender los niños antes de usar la red?

2 En general, ¿qué consejos darías para estar seguro/a en la red?

3 ¿Por qué debemos educar a la gente joven sobre la seguridad en la red?

4 En tu opinión, ¿cómo pueden los padres mirar la seguridad de sus hijos en la red?

5 Lee este *post* sobre el dilema de Marta282 y contesta con tus opiniones y consejos.

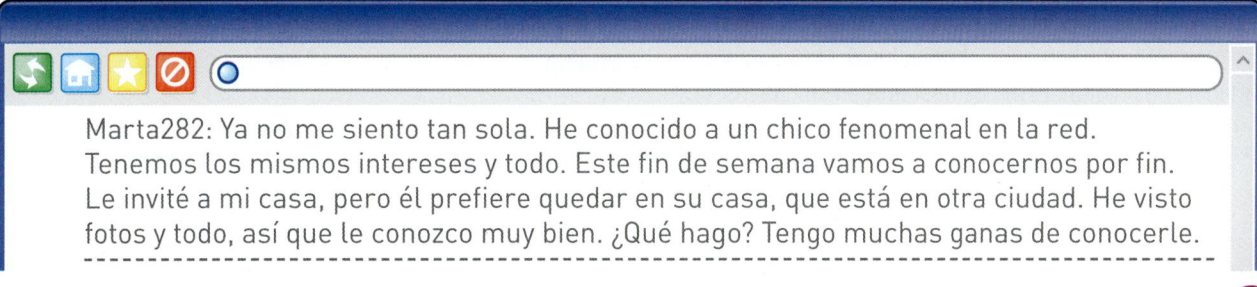

Marta282: Ya no me siento tan sola. He conocido a un chico fenomenal en la red. Tenemos los mismos intereses y todo. Este fin de semana vamos a conocernos por fin. Le invité a mi casa, pero él prefiere quedar en su casa, que está en otra ciudad. He visto fotos y todo, así que le conozco muy bien. ¿Qué hago? Tengo muchas ganas de conocerle.

Keeping informed – radio, newspapers, TV, online

Despegue

4K.1 Se habla de que los jóvenes están siempre conectados

> ★ Hablar de cómo obtener nueva información
> ★ Verbos impersonales (se puede, se necesita, se habla)

1 Trabaja con tu compañero/a. Mira la tabla y compara cómo crees que se informan vuestros abuelos, vuestros padres y vosotros. Después, apunta todo el vocabulario que creas que va a ser útil para esta unidad.

	Por qué medio	Con qué frecuencia
Vuestros abuelos	Radio	Dos veces al día
Vuestros padres		
Vosotros	Whatsapp	Cada cinco minutos

Así cambian los tiempos

¿Cómo se informan y cómo se entretienen las distintas generaciones? Hablamos con una familia para descubrirlo.

'Antiguamente nosotros nos comunicábamos por teléfono o por telégrafo y escuchábamos las noticias en la radio. Leíamos periódicos de papel e íbamos al cine raramente. Se podía utilizar Internet para buscar información.' **Encarnita**

'Se habla de que, si querías divertirte o escuchar música, necesitabas una radiola, un tocadiscos o una videocasete. Después, llegó la televisión, en blanco y negro, claro, y fue una revolución. Sin embargo, muchos hemos aprendido a usar las nuevas tecnologías y a veces leemos el periódico en la red.' **Severiano**

'En nuestra niñez no había ordenadores, pero nuestra madurez es digital. Estamos bastante enganchados a la tecnología y nos sentimos cómodos con ella. Nos ponemos al día de todo con (incluido en correo electrónico) una PDA, un teléfono móvil o las Blackberrys, sobre todo en el trabajo. Aunque mis hijos me dicen que ya están pasadas de moda…' **Mónica**

'Internet y yo nacimos casi a la vez. En nuestra generación, se necesita la tecnología para todo; hay que tener noticias inmediatas. Utilizamos la tecnología sobre todo para entretenernos, como escuchar música. Es útil para saber qué ocurre en el mundo e informarnos de la actualidad. Curiosamente, se supone que usamos ya tecnología antigua…' **Alejandro**

'Internet ha nacido antes que yo. Mi vida sin Google no sería igual. Antes la gente vivía demasiado despacio. Usar SMS, iPod, iPad o tabletas es muy normal para mí. Con mis amigos, estamos siempre buscando todo en Internet y compartiéndolo en las redes sociales. ¡Nos encanta!' **Martín**

2 Lee el artículo. Empareja las frases con la persona apropiada.

Ejemplo: 1   Encarnita
   1 En mi época no se podía ver la tele o usar Internet.
   2 Con Internet se puede estar en contacto con los amigos siempre.
   3 Gracias a Internet se puede escuchar música muy fácilmente.
   4 Antes leíamos el periódico solo en papel.
   5 En el colegio estudiamos con papel y bolígrafo.
   6 Se supone que la televisión en color llegó más tarde.
   7 Para mí es imprescindible usar los motores de búsqueda.
   8 Mi tecnología es más antigua que la de mis hijos.

3 Los cambios que he visto. Escucha a Edurne hablar de cómo ha cambiado la manera en la que se informa de la actualidad. Escribe las palabras o números apropiados.

Ejemplo: 87 años
   1 Edad:
   2 Salud de Edurne:
   3 La familia se reunía en torno a:
   4 Algo importante para los jóvenes:
   5 Año en que la familia de Edurne tuvo televisión:
   6 Regalos de sus hijos [2]:
   7 Gracias a su nieta, Edurne va a escribir…:
   8 Razón por la que Edurne está preocupada:

4 Verbos impersonales. Consulta el punto N21 en la sección de gramática. Corrige las palabras (a)–(j). Deben estar de acuerdo con la frase. ¡Ojo! No es siempre necesario cambiar las palabras.

Ejemplo: 1   analiza
Si se (a) ………. (*analizar*) cómo se informan las personas, hay sorpresas (b) ………. (*inesperado*). Las personas mayores lo hacen por medios (c) ………. (*tradicional*). Sin embargo, se (d) ………. (*creer*) que la gente de mediana edad está muy enganchada a la tecnología. Y se (e) ………. (*poder*) decir que los nietos tienen un papel (f) ………. (*decisivo*) para los abuelos. Les enseñan cómo crear un perfil en las redes sociales y se (g) ………. (*contar*) que mandan ellos sus *whatsapps*. Se (h) ………. (*notar*) que hay una mezcla de fuentes digitales y tradicionales. No obstante, no todos prefieren este entorno (i) ………. (*conectado*), aunque se (j) ………. (*insistir*) en que reina la rapidez y la interactividad.

5 Mira la foto y prepara unas respuestas detalladas a las siguientes preguntas. Después, con tu compañero/a, túrnate para practicarlas.
   1 Describe la imagen, por favor.
   2 ¿De quién crees que es el teléfono móvil? ¿Por qué?
   3 ¿Qué piensas que hará después el abuelo?
   4 ¿Para qué necesita el abuelo la ayuda de la nieta?
   5 En tu opinión, ¿son útiles los teléfonos móviles para obtener información? ¿Por qué?

6 Escribe entre 60 y 75 palabras en español comparando dos personas que se informan de modo diferente. Debes utilizar todas las palabras mencionadas.

| prensa en papel | radio | redes sociales | motor de búsqueda |

vuelo

4K.2 ¡Viva el periodismo independiente!

★ **Hablar sobre el perfil de un periodista**
★ **Imperativo 2**

¡Vivan los móviles en el aula!

Manifestación de jóvenes

16 teléfonos móviles confiscados en un solo aula

No he hablado con nadie, pero eso es lo que pasó. Los estudiantes tienen mucha razón. Los profesores aún no saben que los móviles son ideales para proyectos creativos (como reportajes o vídeos artísticos, por ejemplo). Estoy totalmente en contra de estos profesores ignorantes y anticuados. ¿Usted no?

La próxima manifestación

Si eres estudiante, ven a la próxima manifestación el mes que viene. No dudes en mirar los detalles en tu móvil, mientras estás en clase, claro. ¡Qué vengan más estudiantes a protestar!

Eduardo de la Rosa

Así gritaban unos doce millones de jóvenes. Salieron a la calle furiosos el domingo, 23. Piden tener sus aparatos en el aula. No pueden navegar por Internet, cortar, pegar o chatear. Sus profesores demandan: 'No bajéis contenido de Internet!' '¡No contestéis mensajes!' 'No me deis más excusas.' Los alumnos están permanentemente en línea o haciendo clics.

1 a Lee este artículo periodístico. Escribe las palabras o números apropiados.

Ejemplo: 1 ¡Vivan los móviles en el aula!

1 Eslogan de la manifestación:
2 Número de asistentes:
3 Fecha de la manifestación:
4 Qué piden:

5 Qué no pueden hacer en clase [3]:
6 Instrucciones de los profesores [3]:
7 Cuántos teléfonos se confiscaron:
8 Cómo califica a los profesores:

1 b Lee este breve artículo sobre la misma noticia y escribe al menos tres diferencias.

Ejemplo: dos millones / doce millones de estudiantes

'Se estima que dos millones de estudiantes se manifestaron el domingo, 23. Estaban tranquilos y simplemente con ganas de expresar sus deseos. Quieren tener sus teléfonos móviles en el aula, pero para actividades diferentes a las que esperan sus profesores. Por esa razón, en algún caso excepcional, se han llegado a confiscar dos o tres teléfonos. Aunque pueden celebrarse más manifestaciones, se confía en que pronto habrá un acuerdo, porque ambas partes han expresado su deseo de terminar con el conflicto.'

Juan de la Torre

2 ¿Es difícil ser periodista? Escucha esta conversación en la radio. Escribe las siguientes declaraciones en orden según lo que escuchas para hacer un resumen de la conversación.

Ejemplo: 1 b

    a Juan explica cuáles son las características de un buen periodista.

    b Juan Torres es un periodista que trabaja por libre.

    c Juan opina que el artículo de Eduardo desfavorece el periodismo.

    d La mujer cree que Eduardo es un profesional brillante.

    e Los lectores pueden no coincidir con la opinión de los periodistas.

    f Juan tiene claro que las noticias deben ser siempre genuinas.

    g Juan fue al mismo acontecimiento que Eduardo y habló con los asistentes.

    h Es fundamental que los textos se escriban con claridad.

    i Juan critica que Eduardo no justifique sus argumentos.

    j Juan comenta que no siempre es fácil encontrar contenido riguroso.

3 a Imperativo 2 (formal positivo y negativo, deseos en frases exclamativas). Consulta el punto N15 de la sección de gramática. Clasifica las siguientes frases según sean mandatos formales positivos, negativos o deseos.

Mandato formal positivo	¿Dígame? … No, no, gracias. No quiero hablar con la prensa.
Mandato formal negativo	
Deseo	

    1 ¿Dígame? … No, no, gracias. No quiero hablar con la prensa.

    2 ¡No hablen así a los colaboradores del periódico!

    3 ¡Viva nuestro director editorial!

    4 ¡No me diga que me ha llamado! Tenía el teléfono apagado…

    5 ¡Firme aquí o queda despedido!

    6 ¡Hable sobre ello con el asistente editorial esta misma tarde!

    7 ¡Que vuelva pronto la prensa en papel!

    8 ¡Viva el público afable que responde a los periodistas!

3 b Imperativo 2 (informal negativo). Escribe la forma correcta del imperativo informal para completar las frases.

Ejemplo: 1 inventes

Para ser buen/a periodista…

1 ¡no (*inventar*) información!

2 ¡no (*fomentar*) conflictos!

3 ¡no (*ser*) arrogante!

4 ¡no (*insultar*) a nadie!

Para ser buenos/as periodistas…

5 no (*creer*) todo lo que te digan.

6 no (*intentar*) estar en todas partes.

7 no (*llegar*) tarde a las entrevistas.

8 no (*olvidar*) ser honestos/as con el público.

4 Trabaja con un/a compañero/a. Haz y responde a las siguientes preguntas.

    1 ¿Estarías interesado en hacer la carrera de periodismo? ¿Por qué (no)?

    2 ¿Qué cualidades crees que tienen los buenos periodistas?

    3 ¿Cómo tiene la gente acceso a las noticias y la información más importante?

    4 ¿Opinas que el periodismo seguirá existiendo como carrera?

5 Imagina que eres Juan de la Torre. Inventa un hecho que presenciaste ayer mismo. Escribe un breve artículo sobre dicho suceso, teniendo en cuenta las cualidades de un buen periodista. Debes mencionar:

    ● qué ocurrió (dónde, cómo, cuándo y por qué)

    ● qué hiciste para conseguir la información

    ● cómo han reaccionado otras personas

    ● tu punto de vista sobre los hechos ocurridos.

Vocabulario

4A.1 Cuando era pequeño/a...

abrazar	dormir (*duermo*)	llorar	simpático/a
el adulto	encantar	odiar	*sonriente*
alegre	helado/a	la piel	tener miedo (*tengo*)
la anécdota	el huerto	querer	tímido/a
el bocadillo	*la infancia*	recordar (*recuerdo*)	tranquilo/a
el/la canguro	el juego	la revista	travieso/a
conducir	el juguete	rizado/a	valiente
cuidar	la muñeca	rubio/a	la zanahoria
delgado	nadar	ruidoso/a	

4A.2 Nunca habíamos salido de nuestro pueblo

agradable	*cultivar*	*la impresión*	*el tesoro*
aprender	destruir	joven	traer
la aldea	emocionante	la joya	la verdura
el/la anciano/a	la época	la niña	el vestido
el bosque	*el espejo*	*orgulloso/a*	vestir
cambiar	*el/la esposo/a*	ponerse de moda	viajar
la cara	guardar	el pueblo	
conmovedor/a	*la huerta*	sano	
convertir	*imaginar*	*la sorpresa*	

4B.1 ¿Te portas bien en el instituto?

a tiempo	correr	el instituto	olvidar
el/ la alumno/a	los deberes	la libertad	el profesor
aprender	enseñar	llegar	tarde
el aula (f)	el error	molestar	la tarea
la broma	el examen	nadie	el teléfono
el castigo	el francés	*la norma*	tonto
charlar	fumar	nunca	
copiar	hacer novillos	obligatorio	

4B.2 ¡Tranquilízate un poco con los estudios!

antes	el consejo	mejor	seguir (+gerundio)
apoyar	descansar	pensar	el sentido
aprobar	el dibujo	ponerse	suspender
los apuntes	escuchar	preocuparse	tener éxito
ayer	el estilo	la prueba	único/a
ayudar	fuerte	quizás	
la cara	grabar	repasar	
la cita	lograr	el respeto	

4C.1 ¿Las fotos? ¡Ya te las he enviado!

administrar	el dinero	llevar	el regalo
el aeropuerto	la dirección	la maleta	la ropa
la camiseta	enviar	mandar	saludar
cara a cara	la excursión	la mochila	el viaje escolar
la clase extraescolar	el éxito	el monasterio	el vuelo
conocer	experimentar	necesitar	
contento/a	la familia anfitriona	el pasaporte	
la costumbre	el idioma	prestar	
devolver	el intercambio escolar	*reconocerse*	

4C.2 ¿Se habrá adaptado a la familia anfitriona?

acogedor/a	el/la extranjero/a	el jardín	recoger
el/la cantante	gastar	*la nostalgia*	*recorrer*
compartir	generoso/a	*el pasillo*	*la reflexión*
empujar	hacer windsurf	*perderse*	reírse
enorme	el huésped	la piscina	sorprender
la estancia	*inolvidable*	probar	
estrecho/a	el/la invitado/a	*raro/a*	

4D.1 ¡Este es mi primer partido con el equipo!

el baloncesto	el espíritu de equipo	el partido	sexto
la competición	*la fama*	perder	sonreír
comprender	el fútbol	*el ping pong*	*sustituir*
cuarto/a	ganar	primer/o/a	tener ganas de
divertirse	hacer deporte	*representar*	el tenis
eliminar	el instructor	responsable	tercer(o/a)
la empatía	el jugador	*el respeto*	
enfadarse	marcar un gol	segundo/a	
el equipo	mejorar	séptimo/a	

4D.2 ¡Eres el mejor jugador de la historia!

admirar	el carácter	*jubilarse*	la pierna
aficionado/a	la carrera	*la liga*	el/la presentador/a
al aire libre	el ciclismo	magnífico/a	el polideportivo
alto/a	débil	la mano	rico/a
el atletismo	*entrenar*	la medalla	la rodilla
bailar	el estadio	merecer	seguir
la bicicleta	el fan	*la meta*	*valioso/a*
el campo (de deporte)	*felicitar*	la natación	
cansado/a	increíble	pelota	

4E.1 Estoy muy mareado a causa del golpe

caerse	*grave*	peligroso/a	sufrir
chocarse	hacer judo	la pista de tenis	la tirita
cortarse	hacer natación	marearse	torcerse
el dolor	hacerse daño	quedarse en la cama	la velocidad
el fisioterapeuta	el hielo	respirar	el vendaje
esquiar	*hinchado/a*	romperse	vomitar
fuera de peligro	*la lesión*	sangrar	
golpear	patinar	el suelo	

4E.2 Todavía siento dolor en la rodilla

el accidente	descubrir	*modesto/a*	seguro/a de sí mismo/a
acostumbrarse a	*entrenarse*	montar en bici	*tener cuidado*
el asma	esquiar	*la muleta*	trabajador/a
el calentamiento	la garganta	*el nadador*	la vista
el campeón	el hospital	el pantalón	
ciego/a	la lengua	el patio	
el cuerpo	*el maratón*	*recuperarse*	
dejar	el miedo	*las sandalias*	

4F.1 Cómo entrar en el mercado laboral

el abogado	la basurera	el diseño (gráfico)	*la portera*
la actriz	la cajera	*jubilado*	la profesión
el árbitro	darse bien/mal	*lamentar*	querer
el atleta	*dedicar*	el marinero	saber
la bailarina	el director	la peluquera	el sueño

4F.2 Mi madre quiere que sea periodista

aceptar	dibujar	la guardería	el periodista
aconsejar	la electricidad	*la ingeniería*	el policía
la arquitecta	elegir	*innovador/a*	*profesional*
el arte	estudiar	interesarse	proteger
el azafato	la fábrica	las matemáticas	satisfecho/a
el/la ciudadano/a	la física	el negocio	el sueldo
el contable	la fontanería	pagar	*la tecnología*
creativo/a	la formación	peluquería	la universidad

4G.1 Me gustaría ser artista

el banquero	exigente	*importar*	ser bueno para los negocios
diseñar	la experiencia	*manejar dinero*	*tratar con los clientes*
la enfermera	*la habilidad*	*el repartidor*	una entrevista
estar dispuesto/a (a)	hablar en público	saber idiomas	usar el ordenador

4G.2 Cuando termine la carrera

aguantar	la electricista	*el marinero*	proteger
la biología	elegir	el mecánico	*el puesto*
cocinar	el estrés	el medio ambiente	recomendar
decidir	gastar	*la modista*	*la tela*
descansar	hacer la carrera	*el periodismo*	tener mi propio negocio
descubrir	*la literatura*	la presión	

4H.1 ¡Voy a coger un año sabático!

un año libre/sabático	*el dinero de bolsillo*	el horario	el/la profesor/a
el/la cartero/a	el dueño	*millonario/a*	*trabajador*
coger	estar bien/mal pagado/a	la niñera	trabajar de/como
el/la dependiente/a	el/la guía turístico/a	pedir	

4H.2 Me aconsejaron que hiciera trabajo voluntario

atender			
el barrio	el dibujo	practicar	solicitar
la caja	la emergencia	*el puesto fijo*	el teatro
el camión	el/la empleado/a	la receta	*traducción*
comprometido/a	la empresa	*rechazar*	útil
convencer	*el instrumento*	*no remunerado/a*	voluntario/a
el cuento	la jardinería	*requerir*	
darse cuenta	*madurar*	serio/a	

4J.1 ¿Qué te parece la comunicación electrónica?

la amistad	divertido/a	navegar	la tecla
barato/a	feliz	el ordenador	típico/a
la cara	el inconveniente	la página web	utilizar
el correo electrónico	lento/a	la pantalla	la ventaja
el chaval	la mayoría	la red	
la desventaja	la mitad	tampoco	

4J.2 ¡Sanos y seguros en la red!

el apoyo	enfrentar	la manera	la seguridad
la comprensión	el equilibrio	el miembro	el sentimiento
común	explicar	mismo/a	sin embargo
controlar	extraño/a	mudarse	temprano/a
crecer	la gente	parecer	el uso
desconocido/a	el hincha	la policía	
encontrar	introducir	reciente	

4K.1 Se habla de que los jóvenes están siempre conectados

la actualidad	*estar enganchado/a*	la noticia	*sentirse cómodo/a*
antiguo/a	la generación	pasado de moda	el SMS
el aparato	*la inmediatez*	*el perfil*	la tableta
el blog	*la interactividad*	*ponerse al día*	*el telegrama*
buscar en internet	leer	el portátil	el tocadiscos
el cine	el motor de búsqueda	la prensa (en papel)	
la contraseña	el móvil	la red social	
digital	la música	el reproductor de DVD	

4K.2 ¡Viva el periodismo independiente!

el abuso	*el contenido*	gritar	permitir
añadir	cortar	hacer clic	protestar
apoyar	curioso/a	*impedir*	reciente
la atención	*la desigualdad*	*invertir*	el reportaje
bajar	estar en línea	*la manifestación*	el sitio
borrar	estar harto/a	navegar por Internet	*unirse a*
chatear	*fiable*	el papel	¡viva…!
confiscar	*furioso/a*	pegar	

Revista

Despegue

Qué ver en Madrid y sus alrededores

Ficha de información

¿Qué sabes de Madrid?

General

Madrid es la capital de España y es parte de la Comunidad de Madrid. Está situada prácticamente en el centro de la península, a 655 metros de altura. La población es de 3,2 millones de habitantes. Entre 1940 y 1970 vinieron muchas personas de otras provincias españolas. En los años 90 llegaron muchas personas de varios países latinoamericanos, del este de Europa y del norte de África. Ahora su población es, por tanto, muy diversa. Es difícil encontrar a un madrileño ''de verdad'', cuyos padres y abuelos sean de Madrid.

El oso y el madroño

Clima

''Nueve meses de invierno y tres de infierno''. El tiempo en otoño y primavera es generalmente templado y variable. Los inviernos a veces son muy fríos, especialmente cerca de la Sierra de Guadarrama. Allí se puede esquiar en invierno, algo sorprendente para algunos extranjeros, que piensan que en España hace sol todo el año. En verano, el calor es muy intenso y desagradable, pero… ¡es la ciudad de Europa con más días con cielos azules al año!

Un secreto de Madrid

Y esto no se lo digas a nadie… Si vienes aquí y quieres ver unas vistas espectaculares de la ciudad, ve a Vallecas, al Cerro del Tío Pío. Desde allí podrás ver los edificios más característicos de Madrid con las montañas detrás. Llévate un bocadillo, una cámara y un buen amigo para ver juntos el atardecer. Será una tarde inolvidable.

Curiosidades

A los madrileños se les llama 'gatos', nombre que viene de la invasión de Madrid en el siglo XI. Parece que el rey Alfonso VI se encontró con unas inmensas murallas (paredes muy altas) que eran muy difíciles de traspasar. Había un joven muy interesado en luchar contra los moros que subió la muralla con mucha facilidad. Este joven tiró una cuerda al ejército cristiano y les ayudó a conquistar la ciudad de Madrid. El rey le preguntó su nombre: ''Me llaman gato.'' Desde entonces, se usa la palabra ''gato'' para todos los madrileños.

1 Lee la ficha. Contesta a las preguntas en español.

  1 ¿Dónde se encuentra la capital de España?

  2 ¿Qué ocurrió entre 1940 y 1970?

  3 ¿Qué características hay que tener para ser un madrileño auténtico?

  4 ¿Qué es sorprendente para algunos extranjeros?

  5 ¿Por qué Madrid es especial comparada con otras ciudades europeas?

  6 ¿Dónde está el Cerro del Tío Pío?

  7 ¿Qué problema encontró Alfonso VI al llegar a Madrid?

  8 ¿Quién ayudó a los cristianos a conquistar Madrid?

Juego del 'Encuentrapueblos'

A ¿Quieres conocer la casa donde nació el autor de El Quijote hace unos 500 años? Si te apetece, después puedes ir a tomar unas tapas por la Calle Mayor y visitar el bar más antiguo del centro.

B Es un pueblo pintoresco, con historia y cerca de Madrid. Tiene un castillo muy bonito junto al río y también hay una piscina con vistas. Además, hay siempre muchas actividades como teatro en las calles, conciertos de música y talleres.

C Este monumento fortificado ofrece en verano conciertos, exposiciones, espectáculos de luz y sonido, y un mercado. El embalse de Santillana está prácticamente a sus pies.

D El tren llega aquí directo desde Madrid y luego sigue a Segovia. Hay un parque temático donde puedes ir de aventura por los árboles, y también varias piscinas naturales.

E Este pueblo norteño aparece con otro nombre en la película 'Bienvenido Míster Marshall'. La llegada de los americanos agitó a toda la localidad.

Buitrago de Lozoya

2 Lee las cinco pistas (A–E) y emparéjalas con su pueblo correspondiente (1–5).

1 Castillo de Manzanares: arquitectura militar (alojamiento y defensa)

2 Guadalix de la Sierra: población que saltó a la fama

3 Alcalá de Henares: Miguel de Cervantes (1547-1616)

4 Buitrago de Lozoya: lugar con encanto próximo a la capital

5 Cercedilla: pueblo situado entre dos provincias de España

Excursiones por la Comunidad de Madrid

berni00
Hoy he pasado el día en Cercedilla con unos amigos. Hemos ido a andar y a hacer un picnic, y me ha encantado todo, sobre todo las vistas. En el centro hay una escultura alucinante de Francisco Fernández Ochoa, que era un esquiador español.

pichuca27
Acabo de llegar de Buitrago de Lozoya. El viaje se me ha hecho súper largo y encima me he mareado en el coche. Hemos ido a montar en bici por la zona, pero estaba bastante seca. El pueblo no está mal, aunque los hay más chulos.

chickie_4
Mi amigo Carlos estudió en Alcalá de Henares y hemos ido allí. Está genial, porque se mezclan los extranjeros, los estudiantes y los habitantes de Alcalá y hay un montón de ambiente. Me han dicho que la Universidad Complutense original estaba aquí. ¡Qué pena que la cambiaran! ¿no?

viveya164
Hoy hemos visitado el Castillo de Manzanares, que es del siglo XV. Vas con unos actores y actrices que explican todo fenomenal. En verano la visita es nocturna y es súper divertido. Además, hemos aprendido costumbres y vocabulario medievales. Os lo recomiendo.

casilíder59
En Guadalix de la Sierra, el 15 de mayo celebran San Isidro y hay una cabalgata. Han pasado mogollón de mujeres vestidas de ganaderas y hombres a caballo, mientras tocaba la banda municipal (en mi opinión, bastante mala). La verdad es que ha sido aburrido; vamos, que yo no repetiría.

Las maravillas ocultas de Bolivia

Ficha de información ✓

Teleférico de La Paz

Cerro Rico (Potosí)

¿Qué sabes de Bolivia?

General

Bolivia, cuya capital es La Paz, está situada en el centro-oeste de América Latina. Al noreste está Brasil, al sur Paraguay y Argentina, y al oeste Chile y Perú. Tiene aproximadamente 10.500.000 habitantes. Su moneda es el boliviano. Hay tres idiomas oficiales: español, aymará y quechua. No existe una religión oficial, pero 95% de los bolivianos se declaran católicos. Bolivia ofrece unos paisajes espectaculares.

Clima

Es muy variable e impredecible. La altura puede ser muy diferente dentro del país, por eso las condiciones van del clima tropical en los llanos al polar en el Altiplano. La altitud, el fenómeno del Niño o la proximidad al trópico influyen en el tiempo de este país. Las lluvias se producen entre noviembre y marzo. Hay poca diferencia entre las cuatro estaciones.

Un secreto de Bolivia

¡El teleférico de La Paz! ¿Sabías que las ciudades de La Paz y El Alto están comunicadas por un moderno teleférico a más de 4.000 metros de altura? Sus cabinas cuentan con unas vistas absolutamente extraordinarias y hay varias líneas, como si fuera una especie de metro por el aire. El viaje dura diez minutos y es muy económico. Es el teleférico urbano más alto del mundo.

Curiosidades

Potosí es hoy casi un pueblo olvidado... Sin embargo, en el siglo XVII representó una gran riqueza mineral para los colonizadores españoles. Posiblemente la cantidad de plata extraída de Cerro Rico (principal montaña de la zona) fue enorme. Hasta se podría haber construido un puente entre Potosí y Madrid... De esa riqueza natural viene la expresión 'Vale un potosí.'.

1 Lee la ficha. Indica si las siguientes afirmaciones son verdaderas (V) o falsas (F).

  1 La moneda y los habitantes de Bolivia se llaman igual.

  2 Aunque hay otras, el catolicismo es la religión principal en Bolivia.

  3 Las vistas en Bolivia no suelen ser muy bonitas.

  4 El clima en Bolivia es muy variable, en parte debido a las grandes diferencias de altitud.

  5 Existe una red de teleférico en la ciudad de Sucre.

  6 El teleférico más elevado del mundo está en Antofagasta.

  7 La ciudad de Potosí ha perdido gran relevancia en los últimos cuatro siglos.

  8 La expresión 'Vale un potosí' quiere decir que algo o alguien tiene muchísimo valor.

Silpancho cochabambino… ¡Ordena la receta!

Silpancho

A Ahora que tienes todo, pon una taza de arroz sobre el plato, coloca el bistec, y añade el huevo frito. Coloca los trozos de cebolla y tomate a un lado y acompáñalo con tres o cuatro círculos de patata. Para decorar, añade un poco de perejil por encima. ¡Que aproveche!

B Qué vas a necesitar:
2 tazas de arroz cocido
1 patata grande
2 bistecs de carne blanda
Media taza de aceite y aceite en spray
Media taza de pan rallado
1 cebolla mediana
1 taza de tomates envasados
1 cucharada de perejil picado
2 huevos

C Cuando ya estén cocinados, colócalos en una servilleta de papel para que absorba la grasa. No dejes que se enfríen demasiado. Luego pon una taza de la lata de tomates. Corta la cebolla en trozos pequeños.

D Mientras se enfría, hierve el arroz. Asegúrate de que obtienes dos tazas, una vez cocinado. Si quieres, lo puedes preparar el día anterior.

E Al tiempo que fríes las patatas, puedes preparar los huevos, echando aceite en spray en una sartén. Añade sal y pimienta al gusto.

F Una vez lista la carne, saca la patata de la nevera y córtala en círculos. Pon un cuarto de la taza de aceite en una sartén y fríelas por ambos lados durante dos minutos, hasta que estén doradas. Colócalas en una servilleta de papel para que absorba el exceso de aceite.

G Cuando el arroz esté listo, pon en un plato el pan rallado. Coloca ahí los bistecs y presiona por ambos lados. Fríelos en un cuarto de la taza de aceite, teniendo cuidado de que no se doren demasiado.

H Pela la patata y hiérvela durante 20 minutos con un poco de sal. No la cuezas demasiado. Mientras preparas lo demás, deja que se enfríe y métela en la nevera.

2 ¿Puedes poner en orden los pasos de la receta del 'silpancho'?

3 ¿Cuánto sabes de Bolivia? ¡Haz esta prueba! Mira abajo para ver las respuestas. Hay palabras que no necesitas.

1 Entre La Paz y Los Yungas está la carretera más peligrosa del mundo, denominada la carretera de la ………. .

2 En el departamento de Beni existe el delfín ………., una especie única en el mundo.

3 Al ………. de Bolivia se establecieron en el siglo XVII numerosas misiones jesuitas.

4 El Lago Titicaca es el lago ………. más alto del mundo.

5 La Laguna Colorada es uno de los secretos de Bolivia y está habitada por miles de ………. .

6 El ingeniero de la Terminal de Autobuses de ………. es el mismo que diseñó la Torre Eiffel.

La carretera más peligrosa

| este | rosado | La Paz | esquiable | morado |
| muerte | navegable | flamencos | curva | Sucre |

(Respuestas: 1 muerte, 2 rosado, 3 este, 4 navegable, 5 flamencos, 6 La Paz)

Vuelo

Rincón del examen 4.1

Cómo mejorar tu español escrito

Consejos para planear lo que escribes

Estrategias

➜ Hay siempre tres opciones. Pueden ser una carta, un correo electrónico, un artículo, un ensayo o una tarea con una foto como estímulo.

➜ Selecciona **la pregunta donde más sabes** (vocabulario, contenido, gramática); no será necesariamente la que te interesa más.

➜ También planea dónde vas a incluir opiniones y puntos de vista.

➜ Escribe entre **130 y 150 palabras**. Divide lo que escribes igualmente entre los **cuatro puntos** de la pregunta. Calcula con cuidado.

➜ Piensa especialmente qué tiempos verbales utilizarás para cada punto. El tiempo verbal del punto te da una pista. Si pone *hiciste,* sabes que es pasado, si pone *habrá*, sabes que es futuro.

➜ Planea incluir una variedad de **formas verbales**, por ejemplo presente, pasado, futuro, condicional, gerundio, infinitivo.

Ejemplos para estudiar y analizar

1 Lee las dos contestaciones a esta pregunta y trabaja con otra persona para identificar las diferencias.

Debes escribir 130–150 palabras **en español**.

Pasaste el verano haciendo un trabajo en España. Escribe un artículo para la revista de tu instituto. Debes mencionar:

● el tipo de trabajo y qué hiciste

● una persona que conociste allí

● información sobre España

● tu opinión sobre los beneficios personales de este trabajo.

Contestación básica

En el verano fui a España. En España trabajé en un hotel. En el hotel limpiaba las habitaciones, trabajaba en el restaurante y lavaba los platos en la cocina. El trabajo no era muy interesante.

Un día conocí a un chico. Se llamaba Paco. Era alto y tenía los ojos azules. Trabajaba en el hotel también. Era camarero en el restaurante. Era muy simpático y gracioso. Tenía el pelo moreno y los ojos azules. Era bastante alto.

Pienso que los trabajos de verano son una cosa muy buena porque España es muy interesante y hay mucho para ver y hacer. También puedes ganar dinero y conocer a gente interesante. Me gustaría volver el año que viene.

Durante mi estancia aprendí mucho sobre la cultura de España, por ejemplo la comida, las fiestas, las tiendas, la historia y la música. También aprendí muchas palabras nuevas en español que son buenas para mi examen.

Contestación más sofisticada

> <u>Voy a escribir</u> sobre mis experiencias este verano.
>
> Pasé este verano <u>trabajando</u> de camarero en un hotel que se encontraba en un pequeño pueblo de la costa. Las horas eran bastante largas porque servía <u>no solo</u> las cenas <u>sino</u> también los desayunos.
>
> Hice muchos amigos, y entre ellos un amigo especial, Paco. Teníamos la misma edad, los mismos intereses y, <u>lo más importante</u>, el mismo sentido de humor. ¡Cómo nos reíamos!
>
> <u>Al principio</u> tenía miedo, pero no era necesario. España es un país fantástico. Tiene mucha historia y la gente es muy acogedora. También <u>se puede</u> salir muy tarde y no preocuparse, <u>ya que</u> siempre hay gente en la calle.

2 a Produce 'una caja de herramientas' para mejorar lo que escribes con palabras o frases que podrías reciclar en otras ocasiones.

2 b Estudia las herramientas y apréndelas. Traduce a tu propio idioma las frases de la contestación sofisticada que contienen una herramienta.

Consejos mientras escribes

Estrategias
➜ Sigue los puntos de la pregunta en orden, así no olvidarás nada.
➜ Evita usar listas para llenar el espacio.
➜ Justifica tus opiniones y puntos de vista.
➜ Haz comparaciones.

Consejos al final para comprobar si es todo correcto (estrategia VISA)

Estrategias
➜ **V** = Verbos ¿Son todos correctos? Mira cada verbo detenidamente.
➜ **I** = Idioma ¿Es todo español auténtico? Traducir palabra por palabra no siempre funciona.
➜ **S** = Sustantivos ¿Masculino o femenino? ¿Singular o plural? Mira cada sustantivo. Atención a las terminaciones como *-ción*, *-dad*… siempre femeninas.
➜ **A** = Adjetivos ¿La concordancia es correcta? Mira cada adjetivo para estar seguro.

vuelo

Rincón del examen 4.2

¡Sube el nivel!

Ahora practica las técnicas

1 a Lee la **Pregunta 1**.

Debes escribir 130–150 palabras **en español**.

Has formado un grupo ecologista en vuestro instituto con tus amigos. Escribe una carta a tu amigo/a español/a hablándole del grupo. Debes:

- dar información sobre el medio ambiente
- decir por qué decidisteis formar el grupo
- dar tu opinión sobre las medidas necesarias para proteger el medio ambiente
- describir una actividad que vais a hacer en el futuro.

1 b Lee esta contestación básica.

Contestación básica

Hola Paco,

Ya sabes que me interesa el medio ambiente. Con mis amigos formé un grupo ecologista en el instituto porque pienso que el medio ambiente es importante. También pienso que es importante cuidar el planeta. En nuestro instituto hay mucha basura en el patio y los alumnos no siempre apagan las luces cuando salen de las aulas. ¿Cómo está la situación en tu instituto?

Pienso que debemos tomar duchas en vez de tomar un baño, no dejar basura en las calles, controlar las emisiones de las fábricas y prohibir los coches del centro de la ciudad porque causan mucha contaminación. También pienso que debemos plantar más árboles.

Pronto con el grupo iremos al parque para recoger la basura. Hay mucha basura en el parque. Recogeremos la basura y al final el parque estará limpio otra vez.

Un saludo,

Alan

Unas ideas para subir el nivel

Estrategias

➔ Hay otras maneras de decir 'pienso': por ejemplo 'creo que', 'me parece que', 'desde mi punto de vista', 'a mi juicio'.
➔ Hay otras maneras de decir 'también': por ejemplo 'además', 'adicionalmente', 'otro aspecto importante es'.
➔ Conecta las frases para hacer frases subordinadas: por ejemplo, utilizando 'sin embargo', 'no obstante', 'por otra parte', 'en cambio'.
➔ Busca entre las 'herramientas' de tu caja. ¿Cuáles puedes utilizar para este trabajo?

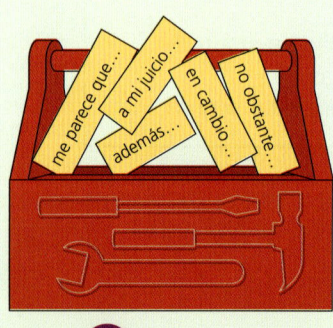

1 c Utiliza tu caja de herramientas y escribe la carta otra vez para subir el nivel a una contestación sofisticada. Mira otra vez las ideas en las páginas 222–23 para planear, escribir y comprobar.

Trabaja primero individualmente y luego intercambia lo que has escrito con otra persona. Comenta lo que habéis escrito para tener más ideas.

2 a Lee la **Pregunta 2**.

Debes escribir 130–150 palabras **en español**.

El miércoles pasado tuviste un accidente mientras practicabas un deporte. Escribe un reportaje. Escribe:

- lo que haces para evitar los accidentes
- lo que pasó exactamente
- tu opinión sobre los peligros de ciertos deportes
- lo que harás para evitar otros accidentes en el futuro.

2 b Lee esta contestación básica.

Contestación básica

Para evitar accidentes, siempre llevo un chaleco amarillo y un casco cuando monto en mi bicicleta de montaña.

Pero, el miércoles pasado tuve un accidente. Estaba subiendo por una ruta en la sierra en mi bicicleta y un coche blanco salió a la derecha. El conductor no vio mi bicicleta y tuve un accidente. Mi bicicleta estaba rota y yo me caí al suelo y me rompí el brazo.

Reconozco que en todos los deportes puede haber accidentes, pero pienso que los deportistas deben siempre considerar su seguridad, y no correr riesgos muy grandes.

En el futuro voy a evitar más accidentes porque voy a evitar las rutas con muchas curvas y voy a poner luces en mi bicicleta. Tristemente ahora no podré montar en bicicleta durante dos meses a causa de mi brazo.

Más ideas para subir el nivel

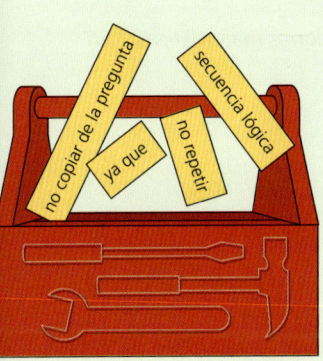

Estrategias

→ Evita utilizar frases enteras de la pregunta: no recibirás puntos y estarás utilizando demasiadas palabras.

→ Intenta crear una historia lógica: aquí el chaleco y el casco no tienen una relación obvia con el accidente.

→ Hay más maneras de decir 'porque': por ejemplo 'ya que', 'puesto que', 'a causa de lo cual'.

→ Utiliza sinónimos para evitar repetir la misma palabra: por ejemplo 'montar' aparece varias veces. ¿Cómo lo podrías decir de otra manera?

2 c Utiliza tu caja de herramientas y escribe el reportaje otra vez para subir el nivel a una contestación sofisticada. Comenta lo que has escrito con otra persona.

Otros consejos

Estrategias

→ Asegura que el registro de lo que escribes es correcto (artículo, carta, correo electrónico, etc.).

→ Controla bien el tiempo en el examen. Necesitarás unos minutos para pensar y preparar, tiempo para escribir y unos minutos para comprobar si es todo correcto.

→ Incluye una variedad de tiempos verbales (presente, pasado, futuro, condicional, etc.) y construcciones verbales (*tener que*, *después de*, *en vez de*, *al* + infinitivo, *si* + imperfecto de subjuntivo, subjuntivo después de opinión negativa, p. ej. *no creo que sea*, etc.).

Gramática

The following grammar summary includes all of the grammar and structure points required for the Edexcel IGCSE® and International Level 1/Level 2 Certificate Spanish.

A

Absolute superlative, ending in -ísimo (*El superlativo absoluto*) D4
Adjectives (*Los adjetivos*) C
Adjectives of nationality (*Los adjetivos de nacionalidad*) C2
Adverbs (*Los adverbios*) K
Affirmative commands (*El imperativo afirmativo*) N15
Age (*La edad*) N19
Approximate numbers (*Los números aproximados*) S3
Articles (*Los artículos*) B
Article with jobs/professions (*El artículo delante de profesiones*) B2
Augmentatives (*Los aumentativos*) R2

B

Basic adverbs (*Adverbios básicos*) K2

C

Cardinal numbers (*Los números cardinales*) S1
Cardinal points of the compass (*Los puntos cardinales*) T5
Clock time (*La hora*) T1
Comparison (*La comparación*) D
Conditional perfect tense (*El condicional perfecto*) N11
Conditional sentences (*Las oraciones condicionales*) N14
Conditional tense (*El condicional*) N8
Conjunctions (*Las conjunciones*) Q
Contracted forms of definite articles (*Las formas contractas del artículo definido*) B1

D

Dates (*Las fechas*) T2
Definite article (*El artículo definido*) B1
Demonstrative adjectives (*Los adjetivos demostrativos*) E1
Demonstrative pronouns (*Los pronombres demostrativos*) E2
Diminutives (*Los diminutivos*) R1
Direct object pronouns (*Los pronombres de objeto directo*) M2
Disjunctive pronouns (*Los pronombres preposicionales*) M5
Distances (*Las distancias*) S7
Doler-type verbs (*Verbos como* doler) N20

E

Exclamatory pronouns and adjectives (*Los pronombres y adjetivos exclamativos*) I1

F

Formation of adverbs with -mente (*La formación de los adverbios con* -mente) K1
Forms of adjectives (*Las formas de los adjetivos*) C1
Fractions (*Las fracciones*) S5
Future perfect tense (*El futuro perfecto*) N10
Future tense (*El futuro*) N6

G

Gender of nouns (*El género de los sustantivos*) A1
Gerund (*El gerundio*) N17
Gustar-type verbs (*Verbos como* gustar) N20

I

Immediate future (*El futuro próximo*) N7
Imperative (*El imperativo*) N15
Imperfect continuous tense (*El pasado continuo*) N5
Imperfect subjunctive (*El imperfecto de subjuntivo*) N13
Imperfect tense (*El imperfecto*) N4
Impersonal verbs (*Los verbos impersonales*) N21
Indefinite adjectives (*Los adjetivos indefinidos*) F1
Indefinite article (*El artículo indefinido*) B2
Indefinite pronouns (*Los pronombres indefinidos*) F2
Indirect object pronouns (*Los pronombres de objeto indirecto*) M3
Infinitive (*El infinitivo*) N23
Interjections (*Las interjecciones*) I2
Interrogative adjectives (*Los adjetivos interrogativos*) H1
Interrogative pronouns (*Los pronombres interrogativos*) H2
Irregular adjectives of comparison (*Los adjetivos de comparación irregulares*) D2
Irregular adverbs of comparison (*Los adverbios de comparación irregulares*) D3

L

Lo + adjective (Lo + *adjetivo*) B4

M

Masculine article with feminine nouns (*Los sustantivos femeninos con artículo masculino*) B3
más/menos de D1
Mathematical expressions (*Las expresiones matemáticas*) S4
Measurements (*Las medidas*) S7

N

Negatives (*Los negativos*) O
Negative commands (*El imperativo negativo*) N15
Nouns (*Los sustantivos*) A
Numbers (*Los números*) S

O

Order of object pronouns (*El orden de los pronombres de objeto*) M4
Ordinal numbers (*Los números ordinales*) S2

P

Passive (*La voz pasiva*) N16
Passive with *se* (*La pasiva con* se) N16
Passive with *ser* (*La pasiva con* ser) N16
Passive using a third-person plural verb (*La pasiva con verbos en tercera persona del plural*) N16
Percentages (*Los porcentajes*) S6
Personal *a* (*La preposición a personal*) P2
Personal pronouns (*Los pronombres personales*) M
Pluperfect tense (*El pluscuamperfecto*) N12

A Nouns (*Los sustantivos*)

A1 Gender of nouns (*El género de los sustantivos*)

As a general rule, nouns ending in *-o* are masculine and nouns ending in *-a* are feminine. However, there are some important exceptions:

el día	day
la mano	hand
el mapa	map
la modelo	(fashion) model
la moto	motorbike
el poema	poem
el problema	problem
el programa	programme
la radio	radio
el sistema	system
el tema	topic

The following groups of nouns are usually masculine:

- nouns ending in *-aje* or *-or*

el garaje	garage
el color	colour

- rivers, seas, mountains, fruit trees, colours, cars, days of the week and points of the compass

el Manzanares	the (river) Manzanares
el Mediterráneo	the Mediterranean
los Alpes	the Alps
el manzano	apple tree
el verde	green
el BMW	BMW
el domingo	Sunday
el norte	north

The following groups of nouns are usually feminine:

- nouns endings in *-ión, -dad, -tad, -triz, -tud, -umbre, -anza, -cia, -ie*

la región	region
la ciudad	town
la dificultad	difficulty
la actriz	actress
la inquietud	concern
la muchedumbre	crowd
la esperanza	hope
la diferencia	difference
la serie	series

- letters of the alphabet

la eñe	the letter *ñ*

- islands and roads

las (islas) Canarias   the Canary Islands

la M50   the M50

Nouns ending in *-ista* have no separate masculine or feminine form:

el/la artista   artist

el/la periodista   journalist

A2 Plural of nouns (*El plural de los sustantivos*)

Spanish nouns form their plurals in different ways:

- by adding *-s*, if the noun ends in a vowel, whether stressed or unstressed

el piso — los pisos   flat/s

la mano — las manos hand/s

el café — los cafés   coffee/s

- by adding *-es*, if the noun ends in a consonant

el color — los colores colour/s

la red — las redes   net/s, network/s

- nouns ending in *-z* change the ending to *-ces*

la voz — las voces   voice/s

- nouns that have an accent on the last syllable lose the accent in the plural

la región — las regiones   region/s

el inglés — los ingleses   English person/people

Exception:

el país — los países   country/countries

- days of the week, except *sábado* and *domingo*, have the same form for singular and plural

el lunes — los lunes   Monday/s

el sábado — los sábados   Saturday/s

- nouns ending in *-en* which are stressed on the penultimate syllable add an accent in the plural

el examen — los exámenes examination/s

la imagen — las imágenes   image/s

B Articles (*Los artículos*)

B1 Definite article (*El artículo definido*)

The definite articles ('the') are *el/los* for the masculine and *la/las* for the feminine:

	Singular	Plural
Masculine	*el día*	*los días*
Feminine	*la chica*	*las chicas*

When the masculine singular definite article is preceded by *a* or *de*, the preposition combines with it to make one word (called a contracted article):

*Vamos **al** parque.*
Let's go to the park. (*a + el = al*)

*Salieron **del** cine.*
They came out of the cinema. (*de + el = del*)

The other forms of the definite article, *la, los* and *las*, are unchanged after *a* and *de*.

The definite article is used in Spanish, but not in English, for:

- nouns used in a general sense

No me gusta el chocolate.
I don't like chocolate.

- languages, colours, days of the week (preceded by 'on' in English), the time, percentages, sports teams

El español es una lengua muy hermosa.
Spanish is a beautiful language.

Me gusta más el rojo que el amarillo.
I like red better than yellow.

El miércoles vamos a la piscina.
On Wednesday we are going to the swimming pool.

a las dos
at 2 o'clock

El 50% de los chicos tiene el pelo rubio.
50% of the children have blond hair.

el Real Madrid
Real Madrid

- abstract nouns

Todos buscamos la felicidad.
We are all looking for happiness.

The definite article is omitted in Spanish, but used in English, for:

- the names of monarchs and popes with Roman numerals (when speaking)

Alfonso XIII (Alfonso trece)
Alfonso XIII (Alfonso the thirteenth)

- nouns that are in apposition

Rodríguez Zapatero, antiguo presidente de España,…
Rodríguez Zapatero, the former prime minister of Spain,…

B2 Indefinite article (*El artículo indefinido*)

The indefinite articles ('a', 'an') are *un/unos* for the masculine and *una/unas* for the feminine:

	Singular (a/an)	Plural (some)
Masculine	*un piso*	*unos pisos*
Feminine	*una chica*	*unas chicas*

The indefinite article is omitted in Spanish where it is used in English:

● with occupations after *ser*

Mi padre es enfermero.
My father is a nurse.

● when the noun is in apposition

Llegó Juan, amigo de mi padre.
Juan, a friend of my father, arrived.

● with a number of common words, especially *otro, qué* and *mil*

El gamberrismo es otro problema.
Hooliganism is another problem.

¡Qué milagro!
What a miracle!

Te lo he dicho mil veces.
I've told you a thousand times.

B3 Masculine article with feminine nouns (*Los sustantivos femeninos con artículo masculino*)

The masculine definite and indefinite articles *el* and *un* replace the feminine forms *la* and *una* before feminine nouns in the singular that begin with stressed *a* or *ha*. These nouns remain feminine in gender:

Singular	Plural
el/un agua	*las/unas aguas*
el/un hambre	*las/unas hambres*

B4 *Lo* + adjective (*Lo + adjetivo*)

Lo is used as a neuter article and can act as a noun when followed by an adjective, e.g. *bueno, importante*:

Los exámenes han terminado y eso es lo bueno.
The exams are over and that's the good thing.

Lo importante es no perder el tren.
The important thing is not to miss the train.

C Adjectives (*Los adjetivos*)

C1 Forms of adjectives (*Las formas de los adjetivos*)

Adjectives that end in *-o* (masculine) or *-a* (feminine) add *-s* for the plural:

	Singular	Plural
Masculine	*limpio*	*limpios*
Feminine	*limpia*	*limpias*

Most adjectives that end in a vowel other than *-o/-a* or a consonant have the same form for masculine and feminine in the singular and plural. In the plural, *-s* is added to those ending in a vowel and *-es* to those ending in a consonant.

	Singular	Plural
Masculine	*triste*	*tristes*
Feminine	*triste*	*tristes*

	Singular	Plural
Masculine	*azul*	*azules*
Feminine	*azul*	*azules*

Adjectives ending in *-z* change the *z* to *c* in the plural:

	Singular	Plural
Masculine	*feliz*	*felices*
Feminine	*feliz*	*felices*

Adjectives ending in *-or* add *-a* for the feminine singular, *-es* for the masculine plural and *-as* for the feminine plural:

	Singular	Plural
Masculine	*encantador*	*encantadores*
Feminine	*encantadora*	*encantadoras*

Note: comparative adjectives ending in *-or* do not have a separate feminine form:

	Singular	Plural
Masculine	*mejor*	*mejores*
Feminine	*mejor*	*mejores*

When two nouns of different gender stand together, the adjective that qualifies them is masculine plural:

Eva y Jorge están contentos.
Eva and Jorge are happy.

C2 Adjectives of nationality (*Los adjetivos de nacionalidad*)

Adjectives that denote a country or a region and finish in a consonant normally have a feminine form ending in -*a*. Adjectives ending in -*és* lose the accent in the other three forms.

Masculine singular	Feminine singular	Masculine plural	Feminine plural
inglés	*inglesa*	*ingleses*	*inglesas*
español	*española*	*españoles*	*españolas*
catalán	*catalana*	*catalanes*	*catalanas*

C3 Position of adjectives (*Posición de los adjetivos*)

Adjectives are normally placed after nouns:

una lengua difícil   a difficult language

Some common adjectives are usually placed before the noun: *buen(o)/a*, *mal(o)/a*, *pequeño/a* and *gran(de)*:

¡Que tengas un buen día!   Have a good day!

¡Buena suerte!   Good luck!

Cardinal and ordinal numbers and *último* are placed before the noun:

cien pasajeros   a hundred passengers

el quinto piso   the fifth floor

su última novela   his/her/your (formal) last/latest novel

C4 Shortening of adjectives (*Los adjetivos apocopados*)

Several common adjectives lose the final -*o* when they come before a masculine singular noun. This is called 'apocopation':

alguno/a — algún	any	*malo/a — mal*	bad
primero/a — primer	first	*uno/a — un*	one, a
bueno/a — buen	good	*ninguno/a — ningún*	no
tercero/a — tercer	third		

Volveré algún día.
I'll come back some day.

Hace mal tiempo hoy.
The weather is bad today.

el primer hijo de la familia
the first son of the family

Grande shortens to *gran* before masculine and feminine singular nouns:

mi gran amiga, Paula
my great friend, Paula

D Comparison (*La comparación*)

D1 Types of comparison (*Tipos de comparación*)

There are three basic types of comparison:

- of superiority (more…than) — *más…que*
- of inferiority (less…than) — *menos…que*
- of equality (as…as) — *tan(to)…como*

Hace más frío en Escocia que en España.
It's colder in Scotland than in Spain.

Hace menos frío en España que en Escocia.
It's less cold in Spain than in Scotland.

Hace tanto calor en Madrid como en Caracas.
It's as hot in Madrid as in Caracas.

Comparatives can be adjectives or adverbs.

Notes:

- When a number comes after *más,* it must be followed by *de* and not *que.*

Hay más de treinta alumnos en la clase.
There are more than 30 pupils in the class.

- When comparing quantities, if *más* or *menos* is followed by a clause containing a verb, *más / menos del que / de la que / de lo que* etc. must be used.

*Tenemos **menos** dinero **del que** pensábamos.*
We've got less money than we thought.

*Estudia **más de lo que** imaginas.*
He studies more than you imagine.

- After *bastante, para* or *como para* is used.

No soy bastante rico (como) para comprar un piso en el centro.
I'm not wealthy enough to buy a flat in the centre.

D2 Irregular adjectives of comparison (*Adjetivos de comparación irregulares*)

Certain common adjectives have special comparative forms:

Adjective	Comparative
bueno (good)	*mejor* (better)
malo (bad)	*peor* (worse)
mucho (much)	*más* (more)
poco (few)	*menos* (fewer, less)
grande (big, great)	*mayor* (bigger, greater)
pequeño (little, small)	*menor* (smaller)

Pedro tiene mejor apetito que Enrique.
Pedro has a better appetite than Enrique.

D3 Irregular adverbs of comparison (*Adverbios de comparación irregulares*)

Certain common adverbs have special comparative forms, which are invariable:

Adverb	Comparative
bien (well)	*mejor* (better)
mal (bad)	*peor* (worse)
mucho (a lot)	*más* (more)
poco (not much)	*menos* (less)

Mi hermano cocina mejor que mi hermana.
My brother cooks better than my sister.

D4 Superlatives (*Los superlativos*)

The way to express the idea of 'most' in Spanish is by placing the definite article before the noun being described and the comparative adjective after the noun:

La montaña más alta de España está en Canarias.
The highest mountain in Spain is in the Canaries.

Chile es el país más largo de América Latina.
Chile is the longest country in Latin America.

Note that 'in' after a superlative is expressed by *de*.

Absolute superlative, ending in -ísimo
To express the idea of a quality possessed to an extreme degree, you can add *-ísimo* to the adjective:

Salamanca es una ciudad hermosísima.
Salamanca is a very beautiful city.

Chile es un país larguísimo.
Chile is an extremely long country.

Note that some *-ísimo* endings, as with the adjective *largo* in the example, require a spelling change to the last consonant of the adjective:

largo — larguísimo	long — extremely long
rico — riquísimo	rich — very rich
feliz — felicísimo	happy — extremely happy

E Demonstrative adjectives and pronouns (*Los adjetivos y pronombres demostrativos*)

E1 Demonstrative adjectives (*Los adjetivos demostrativos*)

There are three forms of demonstrative adjective in Spanish:

- *este, esta, estos, estas*, meaning 'this'
- *ese, esa, esos, esas*, meaning 'that' (near the listener)
- *aquel, aquella, aquellos, aquellas*, meaning 'that' (distant from both the speaker and the listener)

Masculine singular	Feminine singular	Masculine plural	Feminine plural
este chico (this boy)	*esta chica* (this girl)	*estos chicos* (these boys)	*estas chicas* (these girls)
ese chico (that boy)	*esa chica* (that girl)	*esos chicos* (those boys)	*esas chicas* (those girls)
aquel chico (that boy over there)	*aquella chica* (that girl over there)	*aquellos chicos* (those boys over there)	*aquellas chicas* (those girls over there)

E2 Demonstrative pronouns (*Los pronombres demostrativos*)

Demonstratives pronouns are the equivalent of 'this one' and 'that one'. They agree in gender and number with the noun they stand for:

Masculine singular	Feminine singular	Masculine plural	Feminine plural
este (this (one))	*esta* (this (one))	*estos* (these (ones))	*estas* (these (ones))
ese (that (one))	*esa* (that (one))	*esos* (those (ones))	*esas* (those (ones))
aquel (that (one))	*aquella* (that (one))	*aquellos* (those (ones))	*aquellas* (those (ones))

Quiero comprar una camisa.
I want to buy a shirt.

No, prefiero esa/aquella.
No, I prefer that one.

¿Le gusta esta?
Do you like this one?

Note: demonstrative pronouns are sometimes found with an accent on the first e (*éste, aquél* etc), in order to distinguish them from demonstrative adjectives.

The neuter forms of the demonstrative pronouns are:

esto	this	*eso*	that	*aquello*	that

The neuter form refers to an indeterminate idea and not necessarily to a specific object:

¿Por qué no te gusta eso?
Why don't you like that?

F Indefinite adjectives and pronouns (*Los adjetivos y pronombres indefinidos*)

Indefinites are words which refer to persons or things that are not specific. They can be adjectives or pronouns. Many indefinites, such as *otro* and *mucho* can act as either adjective or pronoun, depending on their function in the sentence.

F1 Indefinite adjectives (*Los adjetivos indefinidos*)

The following words are common indefinite adjectives:

alguno/a/os/as	some, any
bastante/s	enough
cada	each, every
cualquiera/cualesquiera	any
demasiado/a/os/as	too much, too many
mucho/a/os/as	much, many, a lot of
otro/a/os/as	(an)other
poco/a/os/as	few, little
todo/a/os/as	all, any, every
uno/a/unos/unas	one
varios/as	several

Algún día visitaré Argentina.
Some day I'll visit Argentina.

Me llamaba cada dos horas.
He used to ring me every two hours.

No hay otra posibilidad.
There isn't another possibility.

F2 Indefinite pronouns (*Los pronombres indefinidos*)

The following words are common indefinite pronouns:

algo	something, anything
alguien	someone, anyone
alguno/a/os/as	some, any
cada uno/a	each one
cualquiera	anyone
mucho/a/os/as	much, many, a lot
otro/a/os/as	(an)other (one)
todo/a/os/as	all, every, everything
uno/a, unos/unas	one, some
un poco	a little
varios/as	several

Alguien llamó a la puerta.
Somebody knocked at the door.

¿Has perdido algo?
Have you lost something?

Lo sabes todo.
You know everything.

G Possessive adjectives and pronouns (*Los adjetivos y pronombres posesivos*)

G1 Possessive adjectives (*Los adjetivos posesivos*)

Singular	Plural
mi (my)	*mis* (my)
tu (your)	*tus* (your)
su (his, her, its, your (formal))	*sus* (his, her, its, your (formal))
nuestro/a (our)	*nuestros/as* (our)
vuestro/a (your)	*vuestros/as* (your)
su (their, your (formal))	*sus* (their, your (formal))

The possessive adjective agrees in number and gender with the noun that follows it:

Raúl nunca va al colegio con su hermana.
Raúl never goes to school with his sister.

Has dejado tus zapatillas en mi casa.
You've left your trainers at my house.

The possessive adjective *su(s)* can mean 'his'/'her'/'its'/'their' or 'your' (formal):

Deme su pasaporte, señor.
Give me your passport, sir. (formal 'your')

Sabe que su pasaporte está caducado.
He/She knows that his/her passport is out of date.

Tu(s), vuestro/a/os/as or su(s) can all mean 'your', depending on whether the relationship with the person(s) addressed is familiar or formal:

Tus amigos han llegado, papá.
Your friends have arrived, dad.

Vuestro desayuno está listo, hijos.
Your breakfast is ready, children.

Por favor, abra su maleta, señora.
Open your suitcase, please, madam.

G2 Possessive pronouns (*Los pronombres posesivos*)

Singular	Plural
(el/la) mío/a (mine)	*(los/las) míos/as* (mine)
(el/la) tuyo/a (yours)	*(los/las) tuyos/as* (yours)
(el/la) suyo/a (his, hers, yours (formal))	*(los/las) suyos/as* (his, hers, yours (formal))
(el/la) nuestro/a (ours)	*(los/las) nuestros/as* (ours)
(el/la) vuestro/a (yours)	*(los/las) vuestros/as* (yours)
(el/la) suyo/a (theirs, yours (formal))	*(los/las) suyos/as* (theirs, yours (formal))

Possessive pronouns are used to replace nouns in order to avoid repetition. They agree in number and gender with the object possessed:

Ese boli, ¿es tuyo o mío?
Is that biro yours or mine?

Su coche nuevo no va tan rápido como el nuestro.
Their/your new car doesn't go as fast as ours.

Note: the definite article is usually omitted after the verb *ser* (to be).

H Interrogative adjectives and pronouns (*Los adjetivos y pronombres interrogativos*)

H1 Interrogative adjectives (*Los adjetivos interrogativos*)

The interrogative adjectives are:

● *¿qué?*   what?

¿De qué parte de España eres?
What part of Spain are you from?

● *¿cuánto/a/os/as?*   how much/many?

¿Cuántos kilos de patatas quieres?
How many kilos of potatoes do you want?

H2 Interrogative pronouns (*Los pronombres interrogativos*)

The interrogative pronouns are:

● *¿qué?*   what?

¿Qué te gustaría hacer esta noche?
What would you like to do tonight?

¿En qué trabajas?
What are you working on?

● *¿cuál? ¿cuáles?*   which? what? (often for choosing between alternatives)

¿Cuál de los vestidos prefieres, el azul o el rojo?
Which dress do you prefer, the blue one or the red one?

● *¿quién/quiénes?*   who?

¿Con quién sales esta noche?
Who are you going out with tonight?

● *¿(de) quién/quiénes?*   whose?

¿De quién es esta bici?
Whose bike is this?

● *¿cómo?*   how? what? why?

¿Cómo estás?
How are you?

● *¿(a)dónde?*   where?

¿Adónde vamos este fin de semana?
Where shall we go this weekend?

● *¿por qué?*   why?

¿Por qué no quieres salir con nosotros?
Why don't you want to come out with us?

● *¿cuándo?*   when?

¿Cuándo nació tu hermano?
When was your brother born?

● *¿cuánto?*   how much?

¿Cuánto vale?
How much is it/How much does it cost?

Notes:

● Interrogative adjectives and pronouns always have a written accent.

● Direct questions in Spanish are preceded by an inverted question mark.

I Exclamations

I1 Exclamatory adjectives and pronouns (*Los adjetivos y pronombres exclamativos*)

Some of the pronouns and adjectives used for questions are also used for exclamations:

- *¡cuánto(a/os/as)!* how (much, many)!

¡Cuánto calor hace!
How hot it is!

- *¡qué!* what a...! how...!

¡Qué lástima!
What a shame!

- *¡cómo!* how! what!

¡Cómo me duele la cabeza!
How my head aches!

I2 Interjections (*Las interjecciones*)

Interjections are exclamatory words and phrases used to express strong feelings, e.g. approval, surprise, a wish.

Annoyance:	*¡Ay! ¡Caramba! ¡Caray!*	Good grief!
Approval:	*¡Qué bien!*	Great! Well done!
Surprise:	*¡Anda! ¡Caramba! ¡Vaya!*	Come on! Good heavens! Wow!
Enthusiasm:	*¡Estupendo!*	Great!
Warning:	*¡Cuidado!*	Look out!
Wish:	*¡Ojalá!*	If only (I could etc.)!

Note that an exclamation mark is placed *before* and *after* exclamatory words and phrases.

J Relative pronouns (*Los pronombres relativos*)

Relatives are words like *que* and *cuyo*, which link two parts, or 'clauses', of a sentence:

- *que* (who, which, that) can be used as subject or object pronoun.

El chico que está hablando con tu amigo es mi hermano.
The boy who is speaking to your friend is my brother.

La chica que ves en la plaza es mi hermana.
The girl (that) you can see in the square is my sister.

- *el/la/los/las que* (who, which, that) is used mostly after prepositions.

La casa en la que vivíamos está en las afueras de la ciudad.
The house that we used to live in is on the outskirts of the town.

- *el cual, la cual, los cuales, las cuales* are also used mostly after prepositions. They are more formal than *el que* etc.

El supermercado delante del cual hay una estatua…
The supermarket in front of which there is a statue…

- *lo que* (what) refers to an idea or an action rather than a specific noun.

Haz lo que quieras.
Do what you like.

- *quien(es)* (who, whom) is used only for people and is often used after a preposition. It is usually used in 'non-restrictive' clauses, preceded by a comma, where it may be replaced by *que*.

La chica con quien trabajo se marchó ayer.
The girl (that) I work with left yesterday.

Mi amigo Jorge, quien/que habla portugués, está en Lisboa.
My friend Jorge, who speaks Portuguese, is in Lisbon.

- *cuyo/a/os/as* (whose) is an adjective that agrees in number and gender with the noun it qualifies.

La chica cuya madre está en el hospital…
The girl whose mother is in hospital…

K Adverbs (*Los adverbios*)

Adverbs tell you *when* something is done (time), *how* it is done (manner) and *where* it is done (place).

K1 Formation with *-mente* (*La formación con* -mente)

Many adverbs are formed from the feminine of an adjective, by adding the suffix *–mente*:

Masculine adjective	Feminine adjective	Adverb
claro	*clara*	*claramente*
fácil	*fácil*	*fácilmente*
feliz	*feliz*	*felizmente*

Note: when two *-mente* adverbs come together and are joined by *y*, the first one loses the *-mente* ending:

Trabajamos rápida y eficazmente.
We worked quickly and effectively.

K2 Basic adverbs (*Adverbios básicos*)

Other common adverbs and adverbial phrases are:

● time

ahora	now
a menudo	frequently
antes	before
a veces	sometimes
después	later, afterwards
enseguida, en seguida	at once, immediately
entonces	then, at that time
luego	then, later, soon
pronto	soon
siempre	always
tarde	late
temprano	early
todavía	still
ya	already, now

● manner

así	like this, thus
bien	well
de la misma manera	in the same way
de repente	suddenly
despacio, lentamente	slowly
mal	badly

● place

abajo	down, below
adelante	forward(s)
allí, allá	there
aquí, acá	here
arriba	above
atrás	back(wards)
cerca	near(by)
debajo	underneath
delante	in front
(a)dentro	inside
detrás	behind
encima	above, on top
en todas partes	everywhere
(a)fuera	outside
lejos	far

K3 Position of adverbs (*Posición de los adverbios*)

In general, adverbs are placed just after the verb that they modify:

Jorge está arriba, en su dormitorio.
Jorge is upstairs in his bedroom.

Salió mal.
It turned out badly.

Me acosté temprano.
I went to bed early.

Adverbs must not be placed between an auxiliary verb and a participle:

Siempre he trabajado bien con ella.
I've always worked well with her.

*No he tenido **nunca** motivo para quejarme.*
I've never had any reason to complain.

In certain common adverbial expressions the word order is the opposite of the English equivalent:

ahora mismo	right now
todavía no	not yet
ya no	no longer
aquí dentro	in here

L Quantifiers (*Los cuantificadores*)

A number of adverbs, known as quantifiers, refer to the degree or amount to which something is (done). The most common quantifiers are:

● *bastante*   enough, quite

La película fue bastante buena.
The film was quite good.

● *demasiado*   too

¡Eres demasiado bueno!
You are too good!

● *mucho*   (very) much

Va a hacer mucho más calor.
It's going to get much hotter.

● *muy*   very

El partido fue muy emocionante.
The match was very exciting.

● *(un) poco*   (a) little

Ese político es poco conocido.
That politician is little known.

M Personal pronouns (*Los pronombres personales*)

M1 Subject pronouns (*Los pronombres de sujeto*)

The subject pronouns are:

Singular	Plural
yo (I)	*nosotros/as* (we)
tú (you)	*vosotros/as* (you)
él (he, it)	*ellos* (they)
ella (she, it)	*ellas* (they)
usted (you (formal))	*ustedes* (you (formal))

Subject pronouns are used far less than in English. Usually the verb on its own is sufficient to express the meaning: *Habla español* means 'He/She speaks Spanish', without needing a subject pronoun to express 'he/she'.

You might include the subject pronoun, however, if you want to emphasise for some reason who it is who speaks Spanish:

Ella habla español, pero él no.
She speaks Spanish, but *he* doesn't.

Subject pronouns are also used standing on their own:

¿Hablas francés?   *Yo no. ¿Y tú?*
Do you speak French?   No, I don't. Do you?

There are two forms of the subject pronoun for 'you':

- *tú* and *vosotros/as* for the familiar mode of address. This mode of address is for informal situations, for family, friends and pets, and when talking to children.

- *usted* and *ustedes* for the formal mode of address. This mode of address is used to address strangers, people in authority and those you want to show respect to.

Notes:

- The second-person plural *vosotros/as* is used only in Spain. In Spanish America *vosotros/as* is replaced by *ustedes*.

- *usted* and *ustedes* are always used with the third person form of the verb.

¿Conoce usted a mi profesor de español?
Do you know my Spanish teacher?

In the *tú* form this question would be:

¿Conoces a mi profesor de español?

M2 Direct object pronouns (*Los pronombres de objeto directo*)

The direct object pronouns are:

Singular	Plural
me (me)	*nos* (us)
te (you)	*os* (you)

lo/le (him, it, you (formal masc.))	*los/les* (them (masc.), you (formal masc.))
la (her, it, you (formal fem.))	*las* (them (fem.), you (formal fem.))

Notes:

- The familiar second–person plural pronoun *os* is used only in Spain.

- The third-person direct object pronouns *lo/le*, *la* ('him', 'her') and *los/les/las* ('them') are also used for 'you' (formal).

Lo/los and *le/les* are interchangeable:

Lo/le conozco bien.
I know him/it/you well.

La vi en Madrid.
I saw her/it/you in Madrid.

Los/les/las vi en Londres.
I saw them/you in London.

Direct object pronouns are usually placed before the verb:

Me vio ayer en la calle.
He saw me yesterday in the street.

They are always added to the end of the affirmative imperative:

¡Míralo!
Look at it!

They can be added to the end of an infinitive:

Quiero verlos enseguida.
I want to see them at once.

However, it is also possible to say:

Los quiero ver enseguida.

They are normally added to the end of a gerund:

Está escribiéndola.
He's writing it (e.g. a letter).

(Note that escribiendo has to have an accent to preserve the stress.)

However, it is also possible to say:

La está escribiendo.

M3 Indirect object pronouns (*Los pronombres de objeto indirecto*)

Singular	Plural
me (to me)	*nos* (to us)
te (to you)	*os* (to you)
le (to him, her, it, you (formal))	*les* (to them, you (formal))

- **Note:** the familiar second-person plural pronoun *os* is used only in Spain.

The indirect object pronouns receive the action of the verb *indirectly* (whereas the direct object pronouns receive it *directly*). In the sentence, 'We gave the ball to him', 'the ball' is the direct object and 'to him' is the indirect object: **Le** dimos el balón.

Me vas a decir la verdad.
You are going to tell me the truth.

No te puedo recomendar aquel hotel.
I can't recommend that hotel to you.

Like direct object pronouns, indirect object pronouns are always added to the end of the affirmative imperative:

Tráigame la cuenta.
Bring me the bill / the bill to me.

They can be added to the end of an infinitive:

Voy a decirle lo que pienso.
I'm going to tell him what I think.

However, it is also possible to say:

Le voy a decir lo que pienso.

They are normally added to the end of a gerund:

Está escribiéndoles.

He's writing to them. (Note that escribiendo has to have an accent to preserve the stress.)

However, it is also possible to say:

Les está escribiendo.

M4 Order of object pronouns (*El orden de los pronombres de objeto*)

In sentences that contain both a direct and an indirect object pronoun, the indirect one is always placed first:

Te lo daré mañana.
I'll give it to you tomorrow.

In the above sentence, *te* is the indirect object and *lo* the direct object pronoun.

The indirect object pronoun *le/les* changes to *se* before a third person direct object pronoun:

Se lo di.
I gave it to him/her/you/them.

A él, a ella, a usted, a ellos, a ellas, a ustedes may be added for clarity:

Se lo di a ella.
I gave it to her.

M5 Disjunctive pronouns (*Los pronombres preposicionales*)

Disjunctive pronouns are pronouns that are used after prepositions:

Singular	Plural
mí (me)	*nosotros/as* (us)
ti (you)	*vosotros/as* (you)
él (him, it)	*ellos* (them)
ella (her, it)	*ellas* (them)
usted (you (formal))	*ustedes* (you (formal))
sí (himself, herself, yourself (formal))	*sí* (themselves, yourselves (formal))

Vamos a visitar el Prado con ellas.
We are going to visit the Prado with them.

Jorge no ha venido. ¿Salimos sin él?
Jorge hasn't come. Shall we go out without him?

A mí no me gusta nada el fútbol.
I don't like football at all.

Mí, ti and *sí* combine with the preposition *con* to make *conmigo* (with me), *contigo* (with you) and *consigo* (with him/her(self) etc.):

¿Por qué no le deja ir conmigo?
Why don't you let him go with me?

Saldré contigo si me dejas conducir.
I'll go out with you if you let me drive.

M6 Reflexive pronouns (*Los pronombres reflexivos*)

Reflexive pronouns refer back to the subject of the sentence. They are the equivalent of 'myself' 'yourself' etc. in English.

Singular	Plural
me (myself)	*nos* (ourselves)
te (yourself)	*os* (yourselves)
se (himself, herself, yourself (formal))	*se* (themselves, yourselves (formal))

The reflexive pronoun normally precedes the verb but, like the object pronouns, it is added to the end of affirmative imperatives, gerunds and infinitives:

Se fue a Venezuela ayer.
He went to Venezuela yesterday.

¡Levántate!
Get up!

Está divirtiéndose.
She's enjoying herself.

Fueron a Las Vegas para casarse.
They went to Las Vegas to get married.

N Verbs (*Los verbos*)

N1 Present tense (*El presente*)

The present tense is formed by adding the highlighted endings to the stem of the infinitive:

	hablar	**comer**	**vivir**
	(to speak)	(to eat)	(to live)
yo	habl**o**	com**o**	viv**o**
tú	habl**as**	com**es**	viv**es**
él/ella/usted	habl**a**	com**e**	viv**e**
nosotros/as	habl**amos**	com**emos**	viv**imos**
vosotros/as	habl**áis**	com**éis**	viv**ís**
ellos/ellas/ustedes	habl**an**	com**en**	viv**en**

The present tense is used for:

● something that exists at the time of speaking

Hace frío en Soria.
It's cold in Soria.

● describing a habit

Nos reunimos en la discoteca todos los viernes.
We meet at the disco every Friday.

● general statements of fact

Los Pirineos están en el norte de España.
The Pyrenees are in the north of Spain.

● future intention

¿Vas a ver el partido?
Are you going to see the match?

Note: some irregular verbs have a special form in the first person singular:

conocer	to know	cono**zco**, conoces, conoce...
construir	to build	constru**yo**, construyes, construye...
dar	to give	d**oy**, das, da...
decir	to say	di**go**, dices, dice...
estar	to be	est**oy**, estás, está...
hacer	to do/make	ha**go**, haces, hace...
ir	to go	**voy**, vas, va...
oír	to hear	oi**go**, oyes, oye...
poner	to put	pon**go**, pones, pone...
salir	to leave	sal**go**, sales, sale...
ser	to be	**soy**, eres, es...
tener	to have	ten**go**, tienes, tiene...
traer	to bring	trai**go**, traes, trae...
venir	to come	ven**go**, vienes, viene...

Note: some of these verbs have other irregularities.

Some verbs change the vowel of the stem in the first three persons of the singular and the third person plural (see also radical-changing verbs, N24):

pensar   to think
p**ie**nso, p**ie**nsas, p**ie**nsa, pensamos, pensáis, p**ie**nsan

encontrar   to find
enc**ue**ntro, enc**ue**ntras, enc**ue**ntra, encontramos, encontráis, enc**ue**ntran

pedir   to ask for
p**id**o, p**id**es, p**id**e, pedimos, pedís, p**id**en

N2 Present continuous tense (*El presente continuo*)

The present continuous tense is formed by the present tense of verb *estar* plus the gerund. The gerund is the form of the verb that ends in *-ando* (*-ar* verbs) or *-iendo* (*-er* and *-ir* verbs):

This form of the present tense describes actions that are happening *now*:

Está hablando con Alex en su móvil.
She's talking to Alex on her mobile.

Estamos comiendo nuestro desayuno.
We're eating our breakfast.

N3 Preterite tense (*El pretérito indefinido*)

The preterite tense is formed by adding the highlighted endings to the stem of the infinitive:

	-ar verbs	*-er* verbs	*-ir* verbs
yo	habl**é**	com**í**	viv**í**
tú	habl**aste**	com**iste**	viv**iste**
él/ella/usted	habl**ó**	com**ió**	viv**ió**
nosotros/as	habl**amos**	com**imos**	viv**imos**
vosotros/as	habl**asteis**	com**isteis**	viv**isteis**
ellos/ellas/ustedes	habl**aron**	com**ieron**	viv**ieron**

There are many irregular preterites, the most common being:

andar — anduve, anduviste, anduvo, anduvimos, anduvisteis, anduvieron

conducir — conduje, condujiste, condujo, condujimos, condujisteis, condujeron

dar — di, diste, dio, dimos, disteis, dieron

decir — dije, dijiste, dijo, dijimos, dijisteis, dijeron

estar — estuve, estuviste, estuvo, estuvimos, estuvisteis, estuvieron hacer — hice, hiciste, hizo, hicimos, hicisteis, hicieron

ir — fui, fuiste, fue, fuimos, fuisteis, fueron

poder — pude, pudiste, pudo, pudimos, pudisteis, pudieron

poner — puse, pusiste, puso, pusimos, pusisteis, pusieron

querer — quise, quisiste, quiso, quisimos, quisisteis, quisieron

saber — supe, supiste, supo, supimos, supisteis, supieron

ser — fui, fuiste, fue, fuimos, fuisteis, fueron

tener — tuve, tuviste, tuvo, tuvimos, tuvisteis, tuvieron

traer — traje, trajiste, trajo, trajimos, trajisteis, trajeron

venir — vine, viniste, vino, vinimos, vinisteis, vinieron

ver — vi, viste, vio, vimos, visteis, vieron

Notes on the form of the preterite

- In -ar and –ir regular verbs, the first person plural has the same form in the preterite as in the present tense.

- The verbs ir and ser have exactly the same form in the preterite for all persons: fui, fuiste, fue, fuimos, fuisteis, fueron.

The irregular preterite forms should be learned (see also the verb tables on pp. 253–56).

The preterite tense is used to express a *completed* action in the past that happened at a specific time:

El Rey de España fue a Argentina en mayo.
The King of Spain went to Argentina in May.

These actions are often a series of events that took place within a specific period of time.

Ayer fui con Rosa al bar de Manolo. Ella tomó una coca-cola y yo una cerveza. Hablamos de las vacaciones. Ella dijo que odiaba Benidorm y que no quería ir allí otra vez. ¡No nos pusimos de acuerdo! Luego llegó Roberto. Le pregunté qué pensaba. Él respondió que no sabía. ¡Qué lata!
Yesterday I went to Manolo's bar with Rosa. She had a coke and I had a beer. We spoke about the holidays. She said she hated Benidorm and didn't want to go there again. We didn't agree! Then Roberto arrived. I asked him what he thought. He said he didn't know. What a pain!

Note: students of Spanish who are also studying French often use the Spanish perfect tense (he hablado) when they should use the preterite (hablé). This is because they don't realise that the French perfect tense (j'ai parlé etc.) is similar in its use to the Spanish preterite tense (hablé etc.). Thus, 'I spoke to her' in Spanish would normally be 'Hablé con ella', and not 'He hablado con ella'.

N4 Imperfect tense (*El imperfecto*)

The imperfect tense is formed by adding the highlighted endings to the stem of the infinitive:

	-ar verbs	-er verbs	-ir verbs
yo	habl**aba**	com**ía**	viv**ía**
tú	habl**abas**	com**ías**	viv**ías**
él/ella/usted	habl**aba**	com**ía**	viv**ía**
nosotros/as	habl**ábamos**	com**íamos**	viv**íamos**
vosotros/as	habl**abais**	com**íais**	viv**íais**
ellos/ellas/ustedes	habl**aban**	com**ían**	viv**ían**

Three verbs are irregular in the imperfect tense:

ir — iba, ibas, iba, íbamos, ibais, iban

ser — era, eras, era, éramos, eráis, eran

ver — veía, veías, veía, veíamos, veíais, veían

The imperfect tense is used for:

- actions/situations that happened regularly in the past, i.e. what we *used to* do

Mi abuela siempre estaba sentada al lado del fuego.
My grandma always sat by the fire.

Íbamos a la playa todos los días.
We went/used to go to the beach every day.

- descriptions in the past

José Carlos era un hombre alto.
José Carlos was a tall man.

Su amiga llevaba un vestido azul.
Her friend wore a blue dress.

N5 Imperfect continuous tense (*El pasado continuo*)

The imperfect continuous tense is formed by the imperfect tense of the verb estar plus the gerund. The gerund is the form of the verb that ends in -ando (-ar verbs) or -iendo (-er and -ir verbs).

This form of the imperfect tense describes actions that were happening at that time:

Estaba hablando con Alex en su móvil.
He was talking to Alex on his mobile.

Estábamos andando en la playa.
We were walking on the beach.

N6 Future tense (*El futuro*)

The future tense is formed by adding the highlighted endings to the infinitive of the verb:

	-ar verbs	-er verbs	-ir verbs
yo	hablar**é**	comer**é**	vivir**é**
tú	hablar**ás**	comer**ás**	vivir**ás**
él/ella/usted	hablar**á**	comer**á**	vivir**á**
nosotros/as	hablar**emos**	comer**emos**	vivir**emos**
vosotros/as	hablar**éis**	comer**éis**	vivir**éis**
ellos/ellas/ustedes	hablar**án**	comer**án**	vivir**án**

A number of common verbs have an irregular future stem. The most important of these are:

decir — diré, etc. hacer — haré, etc. poder — podré, etc. poner — pondré, etc. querer — querré, etc. saber — sabré, etc. salir — saldré, etc. tener — tendré, etc. venir — vendré, etc.

The future tense expresses future plans and intentions:

Volverán de Segovia a las dos.
They'll return from Segovia at 2 o'clock.

Hablaré con ella mañana.
I'll speak to her tomorrow.

N7 Immediate future (*El futuro próximo*)

The immediate future is formed using *ir a* plus the infinitive of the verb. It is often used to express future intention, especially in colloquial Spanish. This form is often interchangeable with the future (see the section above).

¿Vas a verla?
Are you going to see her?

Voy a buscar pan.
I'm going to get some bread.

N8 Conditional tense (*El condicional*)

The conditional tense is formed by adding the highlighted endings to the infinitive of the verb:

	-*ar* verbs	-*er* verbs	-*ir* verbs
yo	*hablaría*	*comería*	*viviría*
tú	*hablarías*	*comerías*	*vivirías*
él/ella/usted	*hablaría*	*comería*	*viviría*
nosotros/as	*hablaríamos*	*comeríamos*	*viviríamos*
vosotros/as	*hablaríais*	*comeríais*	*viviríais*
ellos/ellas/ ustedes	*hablarían*	*comerían*	*vivirían*

A number of common verbs have an irregular form in the conditional. These are the same verbs as those that have an irregular future, i.e. *decir* (*diría*, etc.), *hacer* (*haría*, etc.), *poder* (*podría*) etc. (See the section above on the future tense.)

The conditional tense expresses what would happen, and is often used in 'if' clauses:

¿Te gustaría pasar el día en el campo?
Would you like to spend the day in the country?

¿Qué preferirías hacer, ir al cine o a la discoteca?
What would you prefer to do, go to the cinema or the disco?

Si ganaras la lotería, ¿qué harías con el dinero?
If you won the lottery, what would you do with the money?

The conditional is also used to make polite requests:

Por favor, ¿podría darme un folleto?
Could you please give me a leaflet?

N9 Present perfect tense (*El pretérito perfecto*)

The present tense of the perfect tense is a compound tense, formed from the auxiliary verb *haber* plus the past participle of the verb (*hablado, comido, escrito* etc.).

	-*ar* verbs	-*er* verbs	-*ir* verbs
yo	*he hablado*	*he comido*	*he vivido*
tú	*has hablado*	*has comido*	*has vivido*
él/ella/usted	*ha hablado*	*ha comido*	*ha vivido*
nosotros/as	*hemos hablado*	*hemos comido*	*hemos vivido*
vosotros/as	*habéis hablado*	*habéis comido*	*habéis vivido*
ellos/ellas/ ustedes	*han hablado*	*han comido*	*han vivido*

The perfect tense is used to connect past time with present time. It describes actions that have begun in the past and are continuing and/or have an effect now:

He empezado a estudiar italiano.
I've started to study Italian (and I am continuing to study Italian now).

The perfect tense is also used to express the very recent past, especially events that happened today:

Esta mañana me he levantado a las 7.30.
I got up this morning at 7.30.

Note: there are a number of irregular past participles of common verbs, which should be learned. These are the most common:

abrir	to open	*muerto*	died
abierto	opened		
		poner	to put
decir	to say	*puesto*	put
dicho	said		
		romper	to break
escribir	to write	*roto*	broken
escrito	written		
		ver	to see
hacer	to do/make	*visto*	seen
hecho	done/made		
		volver	to return
morir	to die	*vuelto*	returned

When used as part of the perfect tense, the past participle **never** agrees in number or gender with the subject of the sentence:

Hemos tenido buena suerte.
We've been lucky. (i.e. We've had good luck.)

Tu hermana ha ganado el concurso, ¿no?
Your sister has won the competition, hasn't she?

N10 Future perfect tense (*El futuro perfecto*)

The future perfect tense is formed from the future tense of the auxiliary verb *haber* plus the past participle of the verb.

	-ar verbs	-er verbs	-ir verbs
yo	habré hablado	habré comido	habré vivido
tú	habrás hablado	habrás comido	habrás vivido
él/ella/usted	habrá hablado	habrá comido	habrá vivido
nosotros/as	habremos hablado	habremos comido	habremos vivido
vosotros/as	habréis hablado	habréis comido	habréis vivido
ellos/ellas/ ustedes	habrán hablado	habrán comido	habrán vivido

The future perfect indicates a future action which will have happened.

*Cuando llegues a la estación el tren ya **habrá salido***.
When you get to the station the train will have already departed.

N11 Conditional perfect tense (*El condicional perfecto*)

The conditional perfect tense is formed from the conditional tense of the auxiliary verb *haber* plus the past participle of the verb.

	-ar verbs	-er verbs	-ir verbs
yo	habría hablado	habría comido	habría vivido
tú	habrías hablado	habrías comido	habrías vivido
él/ella/usted	habría hablado	habría comido	habría vivido
nosotros/as	habríamos hablado	habríamos comido	habríamos vivido
vosotros/as	habríais hablado	habríais comido	habríais vivido
ellos/ellas/ ustedes	habrían hablado	habrían comido	habrían vivido

The conditional perfect indicates a past action which would have happened.

*Si no me hubieras dado las entradas no **habría ido** al partido.*
If you hadn't given me the tickets I wouldn't have gone to the match.

N12 Pluperfect tense (*El pluscuamperfecto*)

The pluperfect tense is formed from the imperfect tense of *haber* and the past participle of the verb (*hablado, comido, escrito*).

	-ar verbs	-er verbs	-ir verbs
yo	había hablado	había comido	había vivido
tú	habías hablado	habías comido	habías vivido
él/ella/usted	había hablado	había comido	había vivido
nosotros/as	habíamos hablado	habíamos comido	habíamos vivido
vosotros/as	habíais hablado	habíais comido	habíais vivido
ellos/ellas/ ustedes	habían hablado	habían comido	habían vivido

This tense expresses what had happened before another action in the past:

*La fiesta ya **había comenzado** cuando llegó Jaime.*
The party had already started when Jaime arrived.

N13 Subjunctive (*El subjuntivo*)

The subjunctive is one of three moods of the verb (the others being the indicative and the imperative). The subjunctive is used in four tenses: the present, the imperfect, the perfect and the pluperfect. All four tenses of the subjunctive are widely used.

Present subjunctive

The present subjunctive is formed by adding the highlighted endings to the stem of the infinitive:

	-ar verbs	-er verbs	-ir verbs
yo	habl**e**	com**a**	viv**a**
tú	habl**es**	com**as**	viv**as**
él/ella/usted	habl**e**	com**a**	viv**a**
nosotros/as	habl**emos**	com**amos**	viv**amos**
vosotros/as	habl**éis**	com**áis**	viv**áis**
ellos/ellas/ ustedes	habl**en**	com**an**	viv**an**

The endings of -ar verbs are the same as the present indicative endings of -er verbs, and those of -er and -ir verbs are the same as the present indicative endings of -ar verbs, with the exception of the first person singular.

The present subjunctive of most irregular verbs is formed by removing the final -o from the end of the first person singular of the present indicative and adding the endings listed above. Most irregular verbs keep the final consonant of the first person singular for all persons. For example:

hacer (to do, make) — ha**g**a, ha**g**as, ha**g**a, ha**g**amos, ha**g**áis, ha**g**an.

See verb tables on pp. 253–56 for more irregular subjunctives.

Imperfect subjunctive

The imperfect subjunctive is formed by removing the ending of the third person plural of the preterite tense and adding the highlighted endings:

	-ar verbs	-er verbs	-ir verbs
yo	habl**ara/ase**	com**iera/ese**	viv**iera/ese**
tú	habl**aras/ses**	com**ieras/eses**	viv**ieras/eses**
él/ella/usted	habl**ara/ase**	com**iera/ese**	viv**iera/ese**
nosotros/as	habl**áramos/ ásemos**	com**iéramos/ ésemos**	viv**iéramos/ ésemos**
vosotros/as	habl**arais/ aseis**	com**ierais/ eseis**	viv**ierais/eseis**
ellos/ellas/ ustedes	habl**aran/asen**	com**ieran/ esen**	viv**ieran/esen**

The –ara / -ase and –iera / -iese endings are interchangeable.

Perfect subjunctive

The perfect subjunctive is formed from the present subjunctive of *haber* plus the past participle.

	-ar verbs	-er verbs	-ir verbs
yo	haya hablado	haya comido	haya vivido
tú	hayas hablado	hayas comido	hayas vivido
él/ella/usted	haya hablado	haya comido	haya vivido
nosotros/as	hayamos hablado	hayamos comido	hayamos vivido
vosotros/as	hayáis hablado	hayáis comido	hayáis vivido
ellos/ellas/ustedes	hayan hablado	hayan comido	hayan vivido

Pluperfect subjunctive

The pluperfect subjunctive is formed from the imperfect subjunctive of *haber* plus the past participle.

	-ar verbs	-er verbs	-ir verbs
yo	hubiera hablado	hubiera comido	hubiera vivido
tú	hubieras hablado	hubieras comido	hubieras vivido
él/ella/usted	hubiera hablado	hubiera comido	hubiera vivido
nosotros/as	hubiéramos hablado	hubiéramos comido	hubiéramos vivido
vosotros/as	hubierais hablado	hubierais comido	hubierais vivido
ellos/ellas/ustedes	hubieran hablado	hubieran comido	hubieran vivido

Uses of the subjunctive

The subjunctive is used in two main areas: subordinate clauses and main clauses.

In subordinate clauses, important uses of the subjunctive are:

- after conjunctions of time, such as *cuando*, *hasta que*, *antes de que*, *en cuanto* and *mientras*, when expressing the future

*Cuando **tenga** 18 años voy a dar una fiesta enorme.*
When I'm 18 I'm going to have a huge party.

*Hugo tendrá que buscar trabajo temporal mientras **viaje** por Latinoamérica.*
Hugo will have to look for temporary work while he travels round Latin America.

- after verbs of wishing, command, request and emotion

*Laura quiere que la **acompañes** al cine.*
Laura wants you to go with her to the cinema.

*Espero que me **escribas** pronto.*
I hope you will write to me soon.

*Te digo que no **salgas** esta noche.*
I'm telling you not to go out tonight.

*Pídele que me **compre** las entradas.*
Ask him to buy me the tickets.

- to express purpose, after *para que*, *a fin de que*

*Te daré la llave para que **puedas** entrar en el piso.*
I'll give you the key so that you can get into the flat.

- to express possibility, probability and necessity

*Es posible que la selección española **gane** la copa.*
It's possible that the Spanish team will win the cup.

*No es necesario que ellos **vayan** a la estación con nosotros.*
It's not necessary for them to go to the station with us.

- to express permission and prohibition

*¡Déjale que **venga**!*
Let him come!

- after verbs of saying and thinking used in the negative

*No creo que los estudiantes **encuentren** fácil el trabajo.*
I don't think the students will find the work easy.

- to express the formal imperative and the negative form of the familiar imperative (for the imperative see N15)

The subjunctive is found in main clauses after words and expressions which denote uncertainty or strong wishes:

- Words meaning 'perhaps', e.g. *quizá(s)*

Quizás venga mañana.
Perhaps he'll come tomorrow.

- *Que...* used for a command or strong wish

¡Que tengas suerte!
Good luck!

- *Ojalá* (I hope, I wish) used to express a strong wish or hope

¡Ojalá vuelva ella pronto!
I do hope she comes back soon!

N14 Conditional sentences (*Las oraciones condicionales*)

There are three main types of conditional sentences:

- Open conditions, for statements which may or may not happen.

For this type, the *si* clause is in the present indicative. In the main clause either the present indicative, the future indicative or the imperative, is used.

*Si **voy** a Barcelona, **me reuniré** con mi primo.*
If I go to Barcelona, I'll meet my cousin.

*Si no te **gusta** el postre, **déjalo**.*
If you don't like the dessert, leave it.

- Unlikely or impossible conditions, which express a wish rather than a real possibility.

The imperfect subjunctive is used in the *si* clause and the conditional in the main clause.

Si **tuviera** mil euros, los **daría** a una organización que ayude a migrantes.
If I had a thousand euros, I'd give them to an organisation that helps migrants.

● Conditions which are contrary to fact, indicating an unfulfilled wish.

The pluperfect subjunctive is used in the *si* clause and the conditional perfect in the main clause.

Si **hubiera conseguido** el empleo **habría viajado** a Estados Unidos con frecuencia.
If I had got the job, I would have travelled frequently to the United States.

N15 Imperative (*El imperativo*)

The imperative mood is for instructions and commands.

Affirmative commands

For regular verbs, the informal *tú* imperative is formed by removing the last letter, *-s*, from the second person singular of the present indicative:

hablas — habla   comes — come   escribes — escribe

There are nine irregular forms, which have to be learned:

Verb	Tú imperative
decir (to say)	*di*
hacer (to do)	*haz*
ir (to go)	*ve*
oír (to hear)	*oye*
poner (to put)	*pon*
salir (to go out)	*sal*
ser (to be)	*sé*
tener (to have)	*ten*
venir (to come)	*ven*

Escríbeme pronto.
Write to me soon.

Pon el libro en la mesa.
Put the book on the table.

The *vosotros* imperative is formed by replacing the final *-r* of the infinitive with *-d*. Note that the final *-d* is omitted from reflexive forms:

Volved conmigo, amigos.
Come back with me, friends.

¡Levantaos!
Get up!

In the formal *usted/ustedes* form, both the singular and the plural are the same as the third person (*usted/ustedes*) of the present subjunctive.

Por favor, firme aquí.
Sign here please.

Dígame lo que ocurre.
Tell me what is happening.

Perdonen, señoras.
Excuse me, ladies.

Negative commands

Negative familiar commands use the second person (*tú/vosotros*) of the present subjunctive:

¡No hables así!
Don't speak like that!

¡No salgas!
Don't go out!

No me lo digáis.
Don't tell me.

Negative *usted/ustedes* commands, like the affirmative ones, use the third person of the present subjunctive:

¡No me diga!
You don't say!

No se molesten.
Don't get upset / Don't worry about it.

Note: *que* + the subjunctive may be used for wishes and commands. *Que* is sometimes omitted:

Que vayan todos.
Let them all go.

¡(Que) viva el Rey!
Long live the King!

N16 The passive (*La voz pasiva*)

A passive sentence has the same meaning as an active one, but the parts of the sentence are in a different order. For example, 'My handbag was stolen by a thief' is a passive sentence, which can also be expressed actively as 'A thief stole my handbag'.

● In a passive sentence, there is normally an agent, usually preceded by the preposition *por*. However, the agent may be 'implied' and omitted from the sentence, as in:

La carta fue escrita ayer.
The letter was written yesterday (i.e. by someone).

The passive is formed from *ser* plus the past participle, which agrees in number and gender with the subject of the sentence:

El acuerdo fue firmado por el presidente.
The agreement was signed by the president.

La novela será publicada mañana.
The novel will be published tomorrow.

● *se* is used to express the passive without an agent. The verb will always be in the third person, either singular or plural.

Se destruyó el castillo en el siglo XV.
The castle was destroyed in the 15th century.

Se venden pisos aquí.
Flats (are) sold here.

Note that with modal verbs (*poder, saber, querer, tener que* etc.) in this construction, agreement with plural nouns is required.

Se pueden ver glaciares en las altas montañas.
Glaciers can be seen in the high mountains.

● The passive can also be expressed by using the third-person plural of an active verb.

Dicen que esta tradición empezó en el siglo XVIII.
It is said/They say that this tradition began in the eighteenth century.

N17 The gerund (*El gerundio*)

The gerund expresses the idea of the *duration* of the action of the verb. It is sometimes referred to as the present participle.

To form the gerund, add *-ando* to the stem of *-ar* verbs and *-iendo* to the stem of *-er* and *-ir* verbs. The gerund is invariable in form.

hablar — hablando   comer — comiendo   vivir — viviendo

The gerund is used for actions that take place at the same time as the main verb:

Van corriendo por la calle.
They go running along the street.

It is used for the continuous form of the verb:

Estaban mirando el cielo para ver si iba a llover.
They were looking at the sky to see if it was going to rain.

Continuar, seguir and *llevar* are followed by the gerund to emphasise the duration of the action of the of verb:

Por favor, sigue hablando.
Carry on talking, please.

Llevamos tres años viviendo en Barcelona.
We've been living in Barcelona for three years.

Note: The English *-ing* form after a preposition is translated by an infinitive:

Después de terminar mis deberes, me acosté.
After finishing my homework, I went to bed.

N18 *Ser* and *estar* (Ser *y* estar)

These two verbs both mean 'to be', but they are used in different circumstances.

Ser refers to characteristics that are 'inherent' to a person, thing or idea, such as identity, permanent features, occupation, time:

Soy gallego.
I'm Galician.

Madrid es la capital de España.
Madrid is the capital of Spain.

Es policía.
He's a policeman.

Son las nueve y media.
It's half past nine.

Estar refers to a temporary state or to *where* a person or thing is, whether temporarily or permanently:

Estamos contentos.
We're happy (but this is a momentary feeling).

Málaga está en el sur de España.
Malaga is in the south of Spain.

Ser *and* estar with adjectives
Some adjectives are always used with *ser*, others always with *estar*:

Ser		Estar	
(in)justo/a	(un)fair	*bien/mal/fatal*	good/bad/terrible
(in)necesario/a	(un)necessary	*de buen/mal humor*	in a good/mad mood
(in)conveniente	(in)appropriate	*enfadado/a*	angry
importante	important	*enfermo/a*	ill
inteligente	intelligent	*ocupado/a*	busy

Certain adjectives can be used with either *ser* or *estar*, but their meaning is different. *Ser* meanings always reflect permanent characteristics; *estar* meanings refer to temporary states. The most common of these adjectives are:

Adjective	Used with *ser*	Used with *estar*
aburrido/a	boring	bored
listo/a	clever	ready
malo/a	bad, evil	ill
nervioso/a	nervous (disposition)	nervous (temporarily)
triste	sad (disposition)	sad (temporarily)

N19 Expressions using *tener* (*Expresiones con* tener)

Tener is frequently followed by a noun in the sense of the English 'to be'. For example:

tener ….años	to be …years old
tener calor/frío	to be hot/cold
tener éxito	to be successful
tener fiebre	to have a temperature
tener ganas (de)	to be keen (to)
tener hambre/apetito	to be hungry
tener miedo a (algo)	to be afraid of (something)
tener prisa	to be in a hurry
tener razón	to be right

tener sed	to be thirsty
tener sueño	to be sleepy
tener suerte	to be lucky

El Universo tiene 14 millones de años.
The Universe is 14 million years old.

Vamos a acostarnos porque tenemos sueño.
We're going to bed because we're sleepy.

— *Tienes hambre?* — *No, pero tengo mucha sed.*
'Are you hungry?' 'No, but I'm very thirsty.'

N20 Verbs like *gustar* (*Verbos como gustar*)

Verbs such as *gustar, encantar, costar, doler, faltar, hacer falta, interesar* and *molestar* are used with a special construction that is the reverse of the English one.

The sentence:

Me gusta la dieta mediterránea.
I like the Mediterranean diet.

can be broken down literally in English as follows:

Indirect object	Third person verb	Subject
Me	gusta	la dieta mediterránea
To me	is pleasing	the Mediterranean diet

If the subject is plural, the verb must also be plural, as in:

Le gustan los tomates.
He likes tomatoes. (Literally 'To him are pleasing tomatoes.')

Frequently, the person concerned is emphasised by adding *a* plus a personal pronoun:

A mí me gustan los tomates.
I like tomatoes.

The same construction can be seen in the following examples:

¿Te duele la cabeza?
Have you got a headache?

Les encanta la playa.
They love the beach.

Me costó un dineral.
It cost me a fortune.

¿A ti te molesta que venga Julio?
Are you bothered that Julio's coming?

N21 Impersonal verbs (*Los verbos impersonales*)

Impersonal verbs are verbs whose subject has no identity (usually 'it' in English). There are three main types:

● verbs denoting the weather or the time of day

amanecer	to dawn
anochecer	to get dark
hacer buen/mal tiempo	to be good/bad weather
hacer sol	to be sunny
hacer calor/frío	to be hot/cold
llover	to rain
nevar	to snow

¿Llueve mucho en Galicia?
Does it rain a lot en Galicia?

Aquí nevó mucho en invierno.
It snowed a lot here in winter.

Hace calor. Me voy a nadar.
It's hot. I'm going for a swim.

Anochece.
It's getting dark.

● *hay* (there is, there are); *hay que* (it is necessary)

No hay nadie en casa.
There's no one at home.

Hay que abrir la tienda a las 8.30 en punto.
The shop must be opened at 8.30 sharp.

● *se* can be used impersonally with a number of common verbs, e.g. *decir, saber, poder.*

Se dice que el 20% de la población europea es pobre.
It is said that 20% of the population of Europe is poor.

N22 Reflexive verbs (*Los verbos reflexivos*)

In Spanish, reflexive verbs are always accompanied by a reflexive pronoun ('myself, 'yourself' etc. in English), which changes according to the subject of the verb. For example:

levantarse	**to get up**
me levanto	I get up
te levantas	you get up
se levanta	he/she/it/you (formal) gets up
nos levantamos	we get up
os levantáis	you get up
se levantan	they/you (formal) get up

Reflexive verbs often do not have a reflexive pronoun when translated into English, for example: *acostarse* to go to bed; *afeitarse* to shave; *casarse* to get married.

N23 The infinitive (*El infinitivo*)

Many common verbs are followed by a preposition, usually either *a, de, en, con, para* or *por*, before an infinitive. Some of the most common of these verbs are given below.

Verb + *a* + infinitive

acercarse a	to get near to
aprender a	to learn to
ayudar a	to help to
comenzar a	to begin to
decidirse a	to decide to
empezar a	to begin to
enseñar a	to teach to
invitar a	to invite to
ir a	to go to
volver a	to (do) again

Por favor, ayúdame a preparar la cena.
Help me to get dinner, please.

Comenzaron a entrar a las 9.00.
They started to go in at 9.00.

Verb + *de* + infinitive

acabar de	to finish (doing); to have just
acordarse de	to remember to
alegrarse de	to be pleased about
olvidarse de	to forget to
terminar de	to stop (doing)
tratar de	to try to

Me alegro de saber eso.
I'm pleased to know that.

¡Trata de hacerlo!
Try to do it!

Verb + *en* + infinitive

dudar en	to hesitate to
insistir en	to insist on (doing)
interesarse en	to be interested in (doing)
tardar en	to take time in (doing)

El tren tardaba mucho en salir.
The train was very late departing.

Verb + *con* + infinitive

amenazar con	to threaten to
contentarse con	to be happy to
soñar con	to dream of (doing)

Sueña con ser piloto.
He dreams of being a pilot.

Verb + *para* + infinitive

prepararse para	to prepare oneself to
faltar [tiempo / distancia] para	to have time/distance to go

Se está preparando para hacer el examen.
He's preparing to take the exam.

Falta poco para llegar a Zaragoza.
It's not far to Zaragoza.

Verb + *por* + infinitive

comenzar por	to begin by (doing)
empezar por	to begin by (doing)
luchar por	to fight/struggle to

Se debe luchar por terminar con la pobreza.
We must fight to put an end to poverty.

Three special constructions with the infinitive

- *Al* + the infinitive is used with the meaning 'when…', referring to an action that happens at the same time as that of the main verb:

Al llegar a la estación vio que el tren había salido.
When he got to the station he saw that the train had left.

- *Volver* followed by *a* + the infinitive means 'to do something again':

No he vuelto a verle.
I haven't seen him again.

- *Acabar* followed by *de* + the infinitive means 'to have just (done something)':

Acaban de volver.
They have just come back.

N24 Radical-changing verbs (*Los verbos que cambian la raíz*)

Radical-changing verbs are so called because they make changes to the 'root' or stem of the verb. Many Spanish verbs are of this type. For example, in the verb *pensar* (to think) the stem is *pens-* (i.e. the infinitive without the *-ar* ending). In this verb, the *-e* of the stem changes to *-ie*: 'I think' is *pienso*.

Radical changes affect *-ar*, *-er* and *-ir* verbs. It is not easy to predict whether a given verb will have a stem change or not, so the radical-changing verbs have to be learned.

Conjugation of radical-changing verbs

In the present indicative tense of *-ar* and *-er* verbs, the main vowel of the stem splits into two when it is stressed. The vowel changes from *e* to *ie* and *o* to *ue* in the first, second and third persons singular and the third person plural:

cerrar (to close)	encontrar (to find)	perder (to lose)	volver (to return)
cierro	encuentro	pierdo	vuelvo
cierras	encuentras	pierdes	vuelves
cierra	encuentra	pierde	vuelve
cerramos	encontramos	perdemos	volvemos
cerráis	encontráis	perdéis	volvéis
cierran	encuentran	pierden	vuelven

The stem also changes in the *tú* (familiar) form of the imperative:

cierra   *encuentra*   *pierde*   *vuelve*

Other common -*ar* and -*er* verbs that follow the same pattern are:

● *e → ie*

-*ar* verbs	-*er* verbs
calentar (to heat)	*defender* (to defend)
comenzar (to begin)	*encender* (to switch on, to light)
despertar (to wake)	*entender* (to understand)
empezar (to begin)	*querer* (to wish, to want)
*nevar** (to snow)	
pensar (to think)	
recomendar (to recommend)	
sentarse (to sit down)	

* *nevar* is used only in the third person singular

● *o → ue*

-*ar* verbs	-*er* verbs
acordarse de (to remember)	*doler* (to hurt)
acostarse (to go to bed)	*llover** (to rain)
contar (to count, to tell)	*mover* (to move)
costar (to cost)	*poder* (to be able)
probar (to prove, taste, try (on))	*soler* (to do habitually)
recordar (to remember)	*torcer* (to turn, twist)
soñar (to dream)	
volar (to fly)	

* *llover* is used only in the third person singular

Note: *jugar* (to play), with stem vowel *u*, follows the same pattern as verbs with stem vowel *o*: *juego, juegas, juega, jugamos, jugáis, juegan.*

There are three types of radical-changing -*ir* verbs:

● those that change the stem vowel in the present tense from *e* to *i*, such as *pedir* (to ask for):

● those that change the stem vowel in the present tense from *e* to *ie*, such as *sentir* (to feel, to be sorry)

● those that change the stem vowel in the present tense from *o* to *ue*, such as *dormir* (to sleep)

In the present indicative, the changes take place in the first, second and third persons singular and the third person plural, when the stress falls on the stem:

e → i	*e → ie*	*o → ue*
pedir (to ask for)	*sentir* (to feel)	*dormir* (to sleep)
pido	*siento*	*duermo*
pides	*sientes*	*duermes*
pide	*siente*	*duerme*
pedimos	*sentimos*	*dormimos*
pedís	*sentís*	*dormís*
piden	*sienten*	*duermen*

In the stem of the preterite, in the third persons singular and plural, *e* changes to *i* and *o* changes to *u*:

pedí	*sentí*	*dormí*
pediste	*sentiste*	*dormiste*
pidió	*sintió*	*durmió*
pedimos	*sentimos*	*dormimos*
pedisteis	*sentisteis*	*dormisteis*
pidieron	*sintieron*	*durmieron*

The stem also changes in the *tú* (familiar) form of the imperative, following the pattern of the present indicative:

pide   *siente*   *duerme*

In the gerund, the stem changes from *e → i* or *o → u*:

pidiendo   *sintiendo*   *durmiendo*

Other common verbs which follow the *e → i* pattern are:

conseguir	to succeed
corregir	to correct
despedir	to dismiss, say goodbye to
elegir	to choose
impedir	to prevent
medir	to measure
reír	to laugh (*río, ríes, ríe…*)
reñir	to quarrel
repetir	to repeat
seguir	to follow
sonreír	to smile (*sonrío, sonríes, sonríe…*)
vestir	to dress

Other common verbs that follow the *e → ie* pattern are:

convertir	to convert
divertir	to entertain
herir	to wound
mentir	to lie
preferir	to prefer
referir	to refer

The only verbs to follow the *o → ue* pattern are:

dormir	to sleep
morir	to die

N25 Spelling changes in verbs (*Los verbos con cambios ortográficos*)

Some Spanish verbs make spelling changes in order to comply with the rules of Spanish pronunciation. These changes are of two types and affect:

- the consonant immediately before the verb ending, which changes in order to keep the correct sound

- the use of the accent, which is needed in order to keep the required stress on a vowel

Changes to the spelling of the final consonant

For -ar verbs, these changes occur before the vowel -e:

- c → qu   buscar   to look for

present subjunctive: *busque, busques, busque* etc.
preterite: *busqué, buscaste* etc.

- g → gu   llegar   to arrive

present subjunctive: *llegue, llegues, llegue* etc.
preterite: *llegué, llegaste* etc.

- z → c   empezar to begin

present subjunctive: *empiece, empieces, empiece* etc.
preterite: *empecé, empezaste* etc.

For -er and -ir verbs, these changes occur before the vowel -o in the first person singular of the present indicative and before -a in the present subjunctive:

- c → z   vencer   to conquer

present indicative: *venzo, vences* etc.
present subjunctive: *venza, venzas, venza* etc.

- g → j   coger   to take, catch

present indicative: *cojo, coges* etc.
present subjunctive: *coja, cojas* etc.

- gu → g   seguir   to follow

present indicative: *sigo, sigues* etc.
present subjunctive: *siga, sigas, siga* etc.

Addition of an accent in order to keep the correct stress

Verbs ending in -uar and -iar do not have an accent in their infinitive form but they add an accent in the first, second and third persons singular and in the third person plural of the present indicative, the present subjunctive and in the *tú* form of the imperative:

continuar (to continue)		
Present indicative	Present subjunctive	Imperative
continúo	*continúe*	
continúas	*continúes*	*continúa*
continúa	*continúe*	
continuamos	continuemos	
continuáis	continuéis	
continúan	*continúen*	

enviar (to send)		
Present indicative	Present subjunctive	Imperative
envío	*envíe*	
envías	envíes	*envía*
envía	envíe	
enviamos	enviemos	
enviáis	enviéis	
envían	*envíen*	

O Negatives (*Los negativos*)

It is usual in Spanish for the negative to be expressed by two words, with the exception of *no* meaning 'not'. All the negatives below can, however, be expressed either:

- as two words, with *no* before the verb and the negative word after it, or

- as one word placed before the verb, eliminating the need for *no*

For example, 'They say that it never snows in Malaga' can be translated as:

Dicen que no nieva nunca en Málaga.

Dicen que nunca nieva en Málaga.

The most common negative words in Spanish are:

no	not, no
nunca	never, not ever
jamás	never, not ever [more emphatic than *nunca*]
nada	nothing, not anything
nadie	nobody, not anybody
ninguno/a	no, not any, none, no one
ni (siquiera)	nor, not even
ni...ni...	neither...nor...
tampoco	neither, nor, not either
apenas	scarcely

Negative	Example
no	*No viene.* (He isn't coming.)
nunca	*No llueve nunca.* (It never rains.)
jamás	*No voy a volver jamás.* (I'm never going to come back.)
tampoco	*Tampoco lo sabían ellos.* (They didn't know either.)
ni...ni...	*Ayer no vinieron ni Carlos ni Pepe.* (Neither Carlos nor Pepe came yesterday.)
nada	*No sabe nada.* (He doesn't know anything.)
nadie	*No hay nadie aquí.* (There is nobody here.)
ninguno/a	*No hay ninguna persona en la calle.* (There is no one in the street.)

P Prepositions (*Las preposiciones*)

Prepositions are words that link a noun, noun phrase or pronoun to the rest of the sentence.

P1 Prepositions followed by verbs

When a preposition is followed by a verb in Spanish, the verb must be in the infinitive:

__Antes de salir__ me voy a despedir de la abuela.
Before going out I'm going to say goodbye to grandma.

Aprobó el examen __sin trabajar__ demasiado.
He passed the exam without working too hard.

P2 Specific prepositions

a

a translates the English word 'at' when it refers to a precise time or rate:

a la una
at one o'clock

Están viajando a solo 20 kilómetros por hora.
They are only travelling at 20 kph.

Personal *a* precedes the direct object when the object is human or an animal referred to affectionately:

Conocí a tu hermana el año pasado en Buenos Aires.
I met your sister last year in Buenos Aires.

Queremos mucho a nuestro perro.
We love our dog.

Note: personal *a* is not normally used after *tener*:

Tengo tres hermanos.
I have three brothers.

de

de means 'of', indicating possession, and 'from', indicating origin. It can also mean 'by', 'about' and 'in':

Están hablando de ti.
They are talking about you.

Vienen de Almagro.
They are coming from Almagro.

en

en means 'in' and 'at' of location:

en casa
at home

Estaba esperando en la estación.
He was waiting at the station.

enfrente de and *frente a*

These two prepositional phrases mean 'opposite':

La oficina de turismo está enfrente de/frente a la catedral.
The tourist office is opposite the cathedral.

para

para means 'for' and '(in order) to' in the sense of destination or purpose:

Llevamos una botella de agua fría para el viaje.
We're taking a bottle of cold water for the journey.

Voy a utilizar mi tarjeta de crédito para pagar el hotel.
I'm going to use my credit card to pay for the hotel.

por

por is used for cause and origin. The English equivalents of *por* are 'by', 'through', 'on behalf of' and 'because of':

Lo compré por Internet.
I bought it on the internet.

Hablaremos por teléfono.
We'll speak by phone.

Salió por la puerta principal.
He went out by the main door.

Contesté por él.
I answered on his behalf.

por is also used to introduce the agent in passive sentences:

Ese poema fue escrito por García Lorca.
That poem was written by García Lorca.

sobre

sobre means 'on (top of)', 'above' or 'over':

El avión voló sobre mi casa.
The plane flew over my house.

Tus postales están sobre la mesa.
Your postcards are on the table.

sobre is also used to indicate an approximate time or number:

Llegarán sobre las nueve.
They'll arrive around 9 o'clock.

Q Conjunctions (*Las conjunciones*)

Conjunctions are words that link words, phrases and sentences. Examples of conjunctions are:

y
and

o
or

pero
but

cuando
when

porque
because

Quiero ir al cine pero mi madre no me deja salir.
I want to go to the cinema but my mother won't let me go out.

Ha venido porque quiere hablar con el profesor.
He's come because he wants to speak to the teacher.

Note: *y* becomes *e* before 'i' and 'hi':

Pedro es serio e inteligente.
Pedro is serious and intelligent.

o becomes *u* before 'o' and 'ho':

siete u ocho
seven or eight

R Diminutives and augmentatives (*Los diminutivos y aumentativos*)

Diminutives suffixes, alluding to small size, and augmentative suffixes, alluding to large size, are used widely in Spanish. As well as indicating size, they may be used with emotional associations: for example, the use of a diminutive might indicate the warmth that is felt towards a person. Sometimes a spelling change to the word is necessary when the suffix is added.

R1 Diminutives (*Los diminutivos*)

The most common diminutive suffixes are *-(c)ito/a* and *-(c)illo/a.*

la abuela	grandmother
la abuelita	grandma
la chica	girl
la chiquita	little girl [c changes to *qu* in the diminutive]

el pan	bread
el panecillo	roll [-*ec*- is inserted before -*illo*]

R2 Augmentatives (*Los aumentativos*)

The most common augmentative suffixes are *-ón/ona* and *-azo/a.*

el golpe	blow
el golpetazo	hard blow [-*t*- is inserted before -*azo*]
mujer	woman
mujerona	big woman
la silla	chair
el sillón	armchair (note change of gender)

S Numbers (*Los números*)

S1 Cardinal numbers (*Los números cardinales*)

The numbers that are used for counting are called cardinal numbers:

1	*uno/una*	11	*once*
2	*dos*	12	*doce*
3	*tres*	13	*trece*
4	*cuatro*	14	*catorce*
5	*cinco*	15	*quince*
6	*seis*	16	*dieciséis*
7	*siete*	17	*diecisiete*
8	*ocho*	18	*dieciocho*
9	*nueve*	19	*diecinueve*
10	*diez*	20	*veinte*

21	*veintiuno/una*	50	*cincuenta*
22	*veintidós*	60	*sesenta*
23	*veintitrés*	70	*setenta*
24	*veinticuatro*	80	*ochenta*
25	*veinticinco*	90	*noventa*
26	*veintiséis*	100	*cien(to)*
27	*veintisiete*	101	*ciento uno/una*
28	*veintiocho*	102	*ciento dos*
29	*veintinueve*	153	*ciento cincuenta y tres*
30	*treinta*	200	*doscientos/as*
31	*treinta y uno*	300	*trescientos/as*
32	*treinta y dos*	400	*cuatrocientos/as*
40	*cuarenta*	500	*quinientos/as*

600	seiscientos/as	4.005	cuatro mil cinco
700	setecientos/as	7.238	siete mil doscientos treinta y ocho
800	ochocientos/as		
900	novecientos/as	1.000.000	un millón
1000	mil	9.000.000	nueve millones
1001	mil uno/una		

Notes:

- Numbers up to 30 are written as one word.

- *uno* becomes *un* before a masculine singular noun:

un billete one ticket

cuarenta y un años forty-one years

- Cardinal numbers containing *un(o)* and multiples of *ciento* have a masculine and a feminine form; other numbers do not:

trescientas libras three hundred pounds

- *Ciento* is shortened to *cien* before a noun or an adjective but not before another number, except *mil*:

cien kilómetros a hundred kilometres

ciento veinte litros a hundred and twenty litres

cien mil habitantes a hundred thousand inhabitants

- There is no indefinite article before *cien* and *mil*, unlike the English 'a hundred' and 'a thousand':

mil euros a thousand euros

- *Un millón* (a million) is preceded by the indefinite article, as in English, and is followed by *de*:

un millón de habitantes a million inhabitants

- Numbers over a thousand are frequently written with a dot after the figure for a thousand:

20.301 20,301

S2 Ordinal numbers (*Los números ordinales*)

Ordinal numbers indicate the order or sequence of things (1st, 2nd, 3rd, 4th etc.):

1st	1°/1ª primero/a
2nd	2°/2ª segundo/a
3rd	3°/3ª tercero/a
4th	4°/4ª cuarto/a
5th	5°/5ª quinto/a
6th	6°/6ª sexto/a
7th	7°/7ª séptimo/a
8th	8°/8ª octavo/a
9th	9°/9ª noveno/a
10th	10°/10ª décimo/a

Ordinal numbers agree with the noun in number and gender:

las primeras horas de la mañana
the first hours of the morning

Primero and *tercero* drop the final *-o* before a masculine singular noun:

el primer día de la primavera
the first day of spring

el tercer piso
the third floor

Ordinal numbers are normally used up to 10, after which cardinal numbers are used:

Carlos V (read 'quinto')
Charles V (the fifth)

but

el siglo XXI (read 'veintiuno')
the twenty-first century

S3 Approximate numbers (*Los números aproximados*)

unos/as (pocos/as), algunos/as	a few
una docena (de)	a dozen
una veintena	about 20, a score

Unos pocos amigos llegaron para celebrar su cumpleaños.
A few friends arrived to celebrate his birthday.

una docena de huevos a dozen eggs

S4 Mathematical expressions (*Las expresiones matemáticas*)

tres y cuatro son siete	three and four make seven
dos por cuatro son ocho	two times four equals eight
doce dividido por dos son seis	twelve divided by two is six
diez menos cinco son cinco	ten minus five equals five

S5 Fractions (*Las fracciones*)

It is common for the ordinal number + *parte* to be used to express fractions.

la tercera parte de la población a third of the population

There are specific words for the following:

la mitad*	half
un tercio	a third
un cuarto	a quarter
tres cuartos	three quarters

Haremos la mitad del trabajo hoy.
We'll do half the work today.

tres cuartos de hora
three-quarters of an hour

*medio also means 'half', but it is used only as an adjective or adverb in this meaning. *Mitad* is a noun.

S6 Percentages (*Los porcentajes*)

Por ciento is preceded by either *el* or *un* and followed by a verb in the singular:

El 65% (sesenta y cinco por ciento) de la población participó en el referéndum.
65% of the population took part in the referendum.

Las ventas online han crecido en un diez por ciento este año.
Online sales have increased ten per cent this year.

Note: in Spanish a comma is used for the decimal point:

35,5 por ciento   35.5 percent

S7 Measurements and distances (*Las medidas y las distancias*)

For measurements, the construction *tener…de largo/ancho/alto* is used:

Este armario tiene dos metros de alto y un metro de ancho.
This cupboard is two metres high and one metre wide.

For asking about distances, *¿Cómo de lejos?* or *¿Qué tan lejos…?* are used:

¿Cómo de lejos está tu casa?
How far is it to your house?

In reply, the construction *estar + a +* distance is used:

Está a un kilómetro y medio.
It's a kilometre and a half (away).

T Time, dates and years (*El tiempo, las fechas y los años*)

T1 Clock time (*La hora*)

Cardinal numbers are used to tell the time. With *la una*, the singular of *ser* is used; the plural is used with all other times:

¿Qué hora es?
What time is it?

Es la una y media.
It's half past one.

Son las ocho y media.
It's half-past eight.

Note that the 24-hour clock is used for timetables:

El tren salió a las 20.45.
The train left at 8.45 p.m.

The phrases 'de la mañana' (a.m.) and 'de la tarde/noche' (p.m.) are often placed after the number:

las seis de la mañana
6 a.m.

las diez y cuarto de la noche
10.15 p.m.

T2 Dates (*Las fechas*)

For dates, cardinal numbers are used except for the first of the month, where sometimes the ordinal number is used:

el 4 de julio
4th July

el uno/primero de enero
1st January

Note that when writing the date it is usual to insert *de* before the month and year:

el 3 de marzo de 2015
3rd March 2015

T3 Years (*Los años*)

Years are expressed by listing thousands, hundreds, tens and units.

mil novecientos cincuenta y nueve
nineteen hundred and fifty-nine

dos mil dieciocho
two thousand and eighteen

T4 Time expressions (*Las expresiones temporales*)

The idea of 'for' with a period of time can be expressed by using *desde hace* plus the time expression:

Vivimos en México desde hace tres años.
We've lived in Mexico for three years.

or *llevar* followed by the gerund:

Llevamos tres años viviendo en México.

Note that this construction involves a change of tense from the English perfect to the Spanish present. Similarly, the pluperfect tense in English is translated by the imperfect tense in Spanish:

Vivíamos en México desde hacía tres años.   or

Llevábamos tres años viviendo en México.
We had lived in Mexico for three years.

T5 Cardinal points of the compass (*Los puntos cardinales*)

norte north   *sur* south   *este* east   *oeste* west

For points in between, note that *norte* shortens to *nor-*:

noreste	northeast
noroeste	northwest
sureste (or *sudeste*)	southeast
suroeste (or *sudoeste*)	southwest

Modelos de conjugación verbal

Verbos regulares

hablar
Imperativo familiar: habla, hablad — **Gerundio:** hablando — **Participio pasado:** hablado

Presente de indicativo	Pretérito imperfecto	Pretérito indefinido	Futuro simple	Condicional	Presente de subjuntivo	Imperfecto de subjuntivo
hablo	hablaba	hablé	hablaré	hablaría	hable	hablara/ase
hablas	hablabas	hablaste	hablarás	hablarías	hables	hablaras/ases
habla	hablaba	habló	hablará	hablaría	hable	hablara/ase
hablamos	hablábamos	hablamos	hablaremos	hablaríamos	hablemos	habláramos/ásemos
habláis	hablabais	hablasteis	hablaréis	hablaríais	habléis	hablarais/aseis
hablan	hablaban	hablaron	hablarán	hablarían	hablen	hablaran/asen

comer
Imperativo familiar: come, comed — **Gerundio:** comiendo — **Participio pasado:** comido

Presente de indicativo	Pretérito imperfecto	Pretérito indefinido	Futuro simple	Condicional	Presente de subjuntivo	Imperfecto de subjuntivo
como	comía	comí	comeré	comería	coma	comiera/ese
comes	comías	comiste	comerás	comerías	comas	comieras/eses
come	comía	comió	comerá	comería	coma	comiera/ese
comemos	comíamos	comimos	comeremos	comeríamos	comamos	comiéramos/ésemos
coméis	comíais	comisteis	comeréis	comeríais	comáis	comierais/eseis
comen	comían	comieron	comerán	comerían	coman	comieran/esen

escribir
Imperativo familiar: escribe, escribid — **Gerundio:** escribiendo — **Participio pasado:** escrito

Presente de indicativo	Pretérito imperfecto	Pretérito indefinido	Futuro simple	Condicional	Presente de subjuntivo	Imperfecto de subjuntivo
escribo	escribía	escribí	escribiré	escribiría	escriba	escribiera/ese
escribes	escribías	escribiste	escribirás	escribirías	escribas	escribieras/eses
escribe	escribía	escribió	escribirá	escribiría	escriba	escribiera/ese
escribimos	escribíamos	escribimos	escribiremos	escribiríamos	escribamos	escribiéramos/ésemos
escribís	escribíais	escribisteis	escribiréis	escribiríais	escribáis	escribierais/eseis
escriben	escribían	escribieron	escribirán	escribirían	escriban	escribieran/esen

Verbos irregulares frecuentes

conocer
Imperativo familiar: conoce, conoced — **Gerundio:** conociendo — **Participio pasado:** conocido

Presente de indicativo	Pretérito imperfecto	Pretérito indefinido	Futuro simple	Condicional	Presente de subjuntivo	Imperfecto de subjuntivo
conozco	conocía	conocí	conoceré	conocería	conozca	conociera/ese
conoces	conocías	conociste	conocerás	conocerías	conozcas	conocieras/eses
conoce	conocía	conoció	conocerá	conocería	conozca	conociera/ese
conocemos	conocíamos	conocimos	conoceremos	conoceríamos	conozcamos	conociéramos/ésemos
conocéis	conocíais	conocisteis	conoceréis	conoceríais	conozcáis	conocierais/eseis
conocen	conocían	conocieron	conocerán	conocerían	conozcan	conocieran/esen

dar
Imperativo familiar: da, dad — **Gerundio:** dando — **Participio pasado:** dado

Presente de indicativo	Pretérito imperfecto	Pretérito indefinido	Futuro simple	Condicional	Presente de subjuntivo	Imperfecto de subjuntivo
doy	daba	di	daré	daría	dé	diera/ese
das	dabas	diste	darás	darías	des	dieras/eses
da	daba	dio	dará	daría	dé	diera/ese
damos	dábamos	dimos	daremos	daríamos	demos	diéramos/ésemos
dais	dabais	disteis	daréis	daríais	deis	dierais/eseis
dan	daban	dieron	darán	darían	den	dieran/esen

decir
Imperativo familiar: di, decid — **Gerundio:** diciendo — **Participio pasado:** dicho

Presente de indicativo	Pretérito imperfecto	Pretérito indefinido	Futuro simple	Condicional	Presente de subjuntivo	Imperfecto de subjuntivo
digo	decía	dije	diré	diría	diga	dijera/ese
dices	decías	dijiste	dirás	dirías	digas	dijeras/eses
dice	decía	dijo	dirá	diría	diga	dijera/ese
decimos	decíamos	dijimos	diremos	diríamos	digamos	dijéramos/ésemos
decís	decíais	dijisteis	diréis	diríais	digáis	dijerais/eseis
dicen	decían	dijeron	dirán	dirían	digan	dijeran/esen

estar

Imperativo familiar	Presente de indicativo	Pretérito imperfecto	Pretérito indefinido	Futuro simple	Condicional	Presente de subjuntivo	Imperfecto de subjuntivo
está	estoy	estaba	estuve	estaré	estaría	esté	estuviera/ese
estad	estás	estabas	estuviste	estarás	estarías	estés	estuvieras/eses
	está	estaba	estuvo	estará	estaría	esté	estuviera/ese
	estamos	estábamos	estuvimos	estaremos	estaríamos	estemos	estuviéramos/ésemos
	estáis	estabais	estuvisteis	estaréis	estaríais	estéis	estuvierais/eseis
	están	estaban	estuvieron	estarán	estarían	estén	estuvieran/esen

Gerundio: *estando* **Participio pasado:** *estado*

haber (*verbo auxiliar*)

Imperativo familiar	Presente de indicativo	Pretérito imperfecto	Pretérito indefinido	Futuro simple	Condicional	Presente de subjuntivo	Imperfecto de subjuntivo
—	he	había	hube	habré	habría	haya	hubiera/ese
	has	habías	hubiste	habrás	habrías	hayas	hubieras/eses
	ha	había	hubo	habrá	habría	haya	hubiera/ese
	hemos	habíamos	hubimos	habremos	habríamos	hayamos	hubiéramos/ésemos
	habéis	habíais	hubisteis	habréis	habríais	hayáis	hubierais/eseis
	han	habían	hubieron	habrán	habrían	hayan	hubieran/esen

Gerundio: *habiendo* **Participio pasado:** *habido*

hacer

Imperativo familiar	Presente de indicativo	Pretérito imperfecto	Pretérito indefinido	Futuro simple	Condicional	Presente de subjuntivo	Imperfecto de subjuntivo
haz	hago	hacía	hice	haré	haría	haga	hiciera/ese
haced	haces	hacías	hiciste	harás	harías	hagas	hicieras/eses
	hace	hacía	hizo	hará	haría	haga	hiciera/ese
	hacemos	hacíamos	hicimos	haremos	haríamos	hagamos	hiciéramos/ésemos
	hacéis	hacíais	hicisteis	haréis	haríais	hagáis	hicierais/eseis
	hacen	hacían	hicieron	harán	harían	hagan	hicieran/esen

Gerundio: *haciendo* **Participio pasado:** *hecho*

ir

Imperativo familiar	Presente de indicativo	Pretérito imperfecto	Pretérito indefinido	Futuro simple	Condicional	Presente de subjuntivo	Imperfecto de subjuntivo
ve	voy	iba	fui	iré	iría	vaya	fuera/ese
id	vas	ibas	fuiste	irás	irías	vayas	fueras/eses
	va	iba	fue	irá	iría	vaya	fuera/ese
	vamos	íbamos	fuimos	iremos	iríamos	vayamos	fuéramos/ésemos
	vais	ibais	fuisteis	iréis	iríais	vayáis	fuerais/eseis
	van	iban	fueron	irán	irían	vayan	fueran/esen

Gerundio: *yendo* **Participio pasado:** *ido*

leer

Imperativo familiar	Presente de indicativo	Pretérito imperfecto	Pretérito indefinido	Futuro simple	Condicional	Presente de subjuntivo	Imperfecto de subjuntivo
lee	leo	leía	leí	leeré	leería	lea	leyera/ese
leed	lees	leías	leíste	leerás	leerías	leas	leyeras/eses
	lee	leía	leyó	leerá	leería	lea	leyera/ese
	leemos	leíamos	leímos	leeremos	leeríamos	leamos	leyéramos/ésemos
	leéis	leíais	leísteis	leeréis	leeríais	leáis	leyerais/eseis
	leen	leían	leyeron	leerán	leerían	lean	leyeran/esen

Gerundio: *leyendo* **Participio pasado:** *leído*

oír

Imperativo familiar	Presente de indicativo	Pretérito imperfecto	Pretérito indefinido	Futuro simple	Condicional	Presente de subjuntivo	Imperfecto de subjuntivo
oye	oigo	oía	oí	oiré	oiría	oiga	oyera/ese
oíd	oyes	oías	oíste	oirás	oirías	oigas	oyeras/eses
	oye	oía	oyó	oirá	oiría	oiga	oyera/ese
	oímos	oíamos	oímos	oiremos	oiríamos	oigamos	oyéramos/ésemos
	oís	oíais	oísteis	oiréis	oiríais	oigáis	oyerais/eseis
	oyen	oían	oyeron	oirán	oirían	oigan	oyeran/esen

Gerundio: *oyendo* **Participio pasado:** *oído*

pedir

Participio pasado: *pedido* — Gerundio: *pidiendo*

Imperativo familiar	Presente de indicativo	Pretérito imperfecto	Pretérito indefinido	Futuro simple	Condicional	Presente de subjuntivo	Imperfecto de subjuntivo
	pido	pedía	pedí	pediré	pediría	pida	pidiera/ese
pide	pides	pedías	pediste	pedirás	pedirías	pidas	pidieras/eses
pedid	pide	pedía	pidió	pedirá	pediría	pida	pidiera/ese
	pedimos	pedíamos	pedimos	pediremos	pediríamos	pidamos	pidiéramos/ésemos
	pedís	pedíais	pedisteis	pediréis	pediríais	pidáis	pidierais/eseis
	piden	pedían	pidieron	pedirán	pedirían	pidan	pidieran/esen

poder

Participio pasado: *podido* — Gerundio: *pudiendo*

Imperativo familiar	Presente de indicativo	Pretérito imperfecto	Pretérito indefinido	Futuro simple	Condicional	Presente de subjuntivo	Imperfecto de subjuntivo
—	puedo	podía	pude	podré	podría	pueda	pudiera/ese
	puedes	podías	pudiste	podrás	podrías	puedas	pudieras/eses
	puede	podía	pudo	podrá	podría	pueda	pudiera/ese
	podemos	podíamos	pudimos	podremos	podríamos	podamos	pudiéramos/ésemos
	podéis	podíais	pudisteis	podréis	podríais	podáis	pudierais/eseis
	pueden	podían	pudieron	podrán	podrían	puedan	pudieran/esen

poner

Participio pasado: *puesto* — Gerundio: *poniendo*

Imperativo familiar	Presente de indicativo	Pretérito imperfecto	Pretérito indefinido	Futuro simple	Condicional	Presente de subjuntivo	Imperfecto de subjuntivo
	pongo	ponía	puse	pondré	pondría	ponga	pusiera/ese
pon	pones	ponías	pusiste	pondrás	pondrías	pongas	pusieras/eses
poned	pone	ponía	puso	pondrá	pondría	ponga	pusiera/ese
	ponemos	poníamos	pusimos	pondremos	pondríamos	pongamos	pusiéramos/ésemos
	ponéis	poníais	pusisteis	pondréis	pondríais	pongáis	pusierais/eseis
	ponen	ponían	pusieron	pondrán	pondrían	pongan	pusieran/esen

querer

Participio pasado: *querido* — Gerundio: *queriendo*

Imperativo familiar	Presente de indicativo	Pretérito imperfecto	Pretérito indefinido	Futuro simple	Condicional	Presente de subjuntivo	Imperfecto de subjuntivo
	quiero	quería	quise	querré	querría	quiera	quisiera/ese
quiere	quieres	querías	quisiste	querrás	querrías	quieras	quisieras/eses
quered	quiere	quería	quiso	querrá	querría	quiera	quisiera/ese
	queremos	queríamos	quisimos	querremos	querríamos	queramos	quisiéramos/ésemos
	queréis	queríais	quisisteis	querréis	querríais	queráis	quisierais/eseis
	quieren	querían	quisieron	querrán	querrían	quieran	quisieran/esen

saber

Participio pasado: *sabido* — Gerundio: *sabiendo*

Imperativo familiar	Presente de indicativo	Pretérito imperfecto	Pretérito indefinido	Futuro simple	Condicional	Presente de subjuntivo	Imperfecto de subjuntivo
	sé	sabía	supe	sabré	sabría	sepa	supiera/ese
sabe	sabes	sabías	supiste	sabrás	sabrías	sepas	supieras/eses
sabed	sabe	sabía	supo	sabrá	sabría	sepa	supiera/ese
	sabemos	sabíamos	supimos	sabremos	sabríamos	sepamos	supiéramos/ésemos
	sabéis	sabíais	supisteis	sabréis	sabríais	sepáis	supierais/eseis
	saben	sabían	supieron	sabrán	sabrían	sepan	supieran/esen

salir

Participio pasado: *salido* — Gerundio: *saliendo*

Imperativo familiar	Presente de indicativo	Pretérito imperfecto	Pretérito indefinido	Futuro simple	Condicional	Presente de subjuntivo	Imperfecto de subjuntivo
	salgo	salía	salí	saldré	saldría	salga	saliera/ese
sal	sales	salías	saliste	saldrás	saldrías	salgas	salieras/eses
salid	sale	salía	salió	saldrá	saldría	salga	saliera/ese
	salimos	salíamos	salimos	saldremos	saldríamos	salgamos	saliéramos/ésemos
	salís	salíais	salisteis	saldréis	saldríais	salgáis	salierais/eseis
	salen	salían	salieron	saldrán	saldrían	salgan	salieran/esen

seguir

Participio pasado: *seguido* — Gerundio: *siguiendo*

Imperativo familiar	Presente de indicativo	Pretérito imperfecto	Pretérito indefinido	Futuro simple	Condicional	Presente de subjuntivo	Imperfecto de subjuntivo
	sigo	seguía	seguí	seguiré	seguiría	siga	siguiera/ese
sigue	sigues	seguías	seguiste	seguirás	seguirías	sigas	siguieras/eses
seguid	sigue	seguía	siguió	seguirá	seguiría	siga	siguiera/ese
	seguimos	seguíamos	seguimos	seguiremos	seguiríamos	sigamos	siguiéramos/ésemos
	seguís	seguíais	seguisteis	seguiréis	seguiríais	sigáis	siguierais/eseis
	siguen	seguían	siguieron	seguirán	seguirían	sigan	siguieran/esen

Imperativo familiar	Presente de indicativo	Pretérito imperfecto	Pretérito indefinido	Futuro simple	Condicional	Presente de subjuntivo	Imperfecto de subjuntivo
sentir					Gerundio: *sintiendo*		Participio pasado: *sentido*
siente	siento	sentía	sentí	sentiré	sentiría	sienta	sintiera/ese
sentid	sientes	sentías	sentiste	sentirás	sentirías	sientas	sintieras/eses
	siente	sentía	sintió	sentirá	sentiría	sienta	sintiera/ese
	sentimos	sentíamos	sentimos	sentiremos	sentiríamos	sintamos	sintiéramos/ésemos
	sentís	sentíais	sentisteis	sentiréis	sentiríais	sintáis	sintierais/eseis
	sienten	sentían	sintieron	sentirán	sentirían	sientan	sintieran/esen
ser					Gerundio: *siendo*		Participio pasado: *sido*
sé	soy	era	fui	seré	sería	sea	fuera/ese
sed	eres	eras	fuiste	serás	serías	seas	fueras/eses
	es	era	fue	será	sería	sea	fuera/ese
	somos	éramos	fuimos	seremos	seríamos	seamos	fuéramos/ésemos
	sois	erais	fuisteis	seréis	seríais	seáis	fuerais/eseis
	son	eran	fueron	serán	serían	sean	fueran/esen
tener					Gerundio: *teniendo*		Participio pasado: *tenido*
ten	tengo	tenía	tuve	tendré	tendría	tenga	tuviera/ese
tened	tienes	tenías	tuviste	tendrás	tendrías	tengas	tuvieras/eses
	tiene	tenía	tuvo	tendrá	tendría	tenga	tuviera/ese
	tenemos	teníamos	tuvimos	tendremos	tendríamos	tengamos	tuviéramos/ésemos
	tenéis	teníais	tuvisteis	tendréis	tendríais	tengáis	tuvierais/eseis
	tienen	tenían	tuvieron	tendrán	tendrían	tengan	tuvieran/esen
traer					Gerundio: *trayendo*		Participio pasado: *traído*
trae	traigo	traía	traje	traeré	traería	traiga	trajera/ese
traed	traes	traías	trajiste	traerás	traerías	traigas	trajeras/eses
	trae	traía	trajo	traerá	traería	traiga	trajera/ese
	traemos	traíamos	trajimos	traeremos	traeríamos	traigamos	trajéramos/ésemos
	traéis	traíais	trajisteis	traeréis	traeríais	traigáis	trajerais/eseis
	traen	traían	trajeron	traerán	traerían	traigan	trajeran/esen
venir					Gerundio: *viniendo*		Participio pasado: *venido*
ven	vengo	venía	vine	vendré	vendría	venga	viniera/ese
venid	vienes	venías	viniste	vendrás	vendrías	vengas	vinieras/eses
	viene	venía	vino	vendrá	vendría	venga	viniera/ese
	venimos	veníamos	vinimos	vendremos	vendríamos	vengamos	viniéramos/ésemos
	venís	veníais	vinisteis	vendréis	vendríais	vengáis	vinierais/eseis
	vienen	venían	vinieron	vendrán	vendrían	vengan	vinieran/esen
ver					Gerundio: *viendo*		Participio pasado: *visto*
ve	veo	veía	vi	veré	vería	vea	viera/ese
ved	ves	veías	viste	verás	verías	veas	vieras/eses
	ve	veía	vio	verá	vería	vea	viera/ese
	vemos	veíamos	vimos	veremos	veríamos	veamos	viéramos/ésemos
	veis	veíais	visteis	veréis	veríais	veáis	vierais/eseis
	ven	veían	vieron	verán	verían	vean	vieran/esen
volver					Gerundio: *volviendo*		Participio pasado: *vuelto*
vuelve	vuelvo	volvía	volví	volveré	volvería	vuelva	volviera/ese
volved	vuelves	volvías	volviste	volverás	volverías	vuelvas	volvieras/eses
	vuelve	volvía	volvió	volverá	volvería	vuelva	volviera/ese
	volvemos	volvíamos	volvimos	volveremos	volveríamos	volvamos	volviéramos/ésemos
	volvéis	volvíais	volvisteis	volveréis	volveríais	volváis	volvierais/eseis
	vuelven	volvían	volvieron	volverán	volverían	vuelvan	volvieran/esen